근현대 민족주의 정치사상

이 책은 2007년도 한국학중앙연구원의
공동연구과제로 수행된 연구 결과물임

근현대 민족주의 정치사상

유병용·오일환·정영순
권성아·이완범 공 저

景仁文化社

목 차 ———————————————————————

목 차

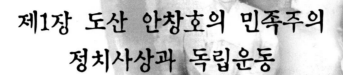

제1장 도산 안창호의 민족주의 정치사상과 독립운동

유병용(한국학중앙연구원 교수)

I. 머리글

도산 안창호(1878~1938)에 관한 연구는 그의 생애와 관련한 전기류와 독립운동, 교육사상 등에 대해 많이 이루어졌다. 그러나 안창호의 민족주의 정치사상에 관한 연구는 아직까지 미흡한 부분이 많다. 도산의 민족주의 정치사상인 대공주의는 그가 중국활동 후기에 주장한 사상으로서 중도 우파적 민족주의론의 한 유형으로 인식되고 있다. 본고는 도산의 민족주의 정치사상을 그의 사상이 가장 잘 나타나고 있는 한국독립당 활동과 함께 검토해 보고자 한다.

도산에 대한 초기 저술에는 이광수가 저술한 『도산 안창호』가[1] 있다.

이어 주요한의 『안도산전서』는 도산의 민족운동을 다루었고 많은 관련
자료를 수록하고 있다.[2] 도산에 대한 전기는 흥사단과 대한인국민회 등
에서 안창호와 함께 활동했던 인사들에 의해 이루어졌다. 안창호에 대한
연구 중에는 그가 사회경제적 문제와 평등에 대한 성찰을 결여하여 사회
경제적 문제를 도외시하고 개개의 윤리각성과 인격혁명만으로 독립을
쟁취하려 한 현실성 없는 이상주의자였다고 주장하는 연구가 있다.[3] 역
사사회학적 시각에서 쓰여진 연구들은 안창호의 민족주의를 문화적 민
족주의, 또는 민족개량주의로 보고 개항기 개화파들과 계몽운동기의 실
력양성론자, 식민지치하의 민족개량주의자들 대다수가 친일파로 변절한
점을 들어 부르주아 민족운동에 대한 비판론을 제시했다. 이러한 연구에
서 안창호는 대표적인 타협적 점진주의자로 묘사되었고, 국내 민족주의
자의 타협적인 경향을 촉진하는 데 크게 영향을 주었다고 보았다.[4] 그러
나 안창호의 민족주의 정치사상인 대공주의는 균등의 문제에 주목하였
고, 사회민주주의적인 요소를 가지고 있었다.

　　한말 이래 전개되어온 시민적 민족주의는 망명정부라는 한계를 갖고
있기는 하였지만 임정에 의해 한국정치의 발전과정에서 하나의 중요한
선을 긋게 되었다. 그러나 상해 임정의 임시 헌법에서 표명된 시민적 민

---

1) 이광수, 『도산 안창호』, 도산안창호선생기념사업회, 1947.

2) 주요한 편, 『안도산전서』, 삼중당, 1963.

3) 박명규, 「도산 안창호의 사회사상」, 『한국학보』 33, 일지사, 1983; 서중석, 「한말
일제침략하의 자본주의 근대화론의 성격―도산 안창호의 사상을 중심으로―」, 『손
보기교수정년기념 한국사학논총』, 1989; 신일철, 「민족성 개혁의 선구자」, 『안도
산 연구』(하), 범양사, 1993; 이명현, 「개혁적 창조와 사회」, 『안도산연구』(하),
범양사, 1993.

4) 강동진, 『일제한국침략정책사』, 한길사, 1980. 국외 독립운동 세력의 실력양성론
과 준비론은 일제와의 독립전쟁을 전제로 한 주장이며 궁극적으로 독립전쟁을 민
족운동의 목표로 했고, 민족개조론은 독립을 위한 대동단결을 위해 주창되었다는
점에서 일제 통치체제하에서 개량주의자와는 달랐다.

족주의, 민족적 민족주의의 논리만으로는 전민족적 결속이 어렵다는 문제의식이 곧바로 나타나게 되었다. 특히 러시아혁명에 고무되어 3·1운동 이후에 대두된 사회·공산주의 운동에 영향을 받은 민족운동은 이러한 문제를 간과할 수 없게 되었다. 이들은 식민지·피식민지의 민족적 모순보다 착취와 피착취의 계급적 모순을 더 본질적인 것으로 간주하여 민족해방보다 계급해방이 더 중요한 투쟁목표라고 설정함으로써 종래의 항일운동전선에 이념적 분열을 가져왔다.

이 시기의 민족주의사상은 그 이전의 시민적 민족주의와 구별하여 사회적 민족주의라고 할 수 있다. 사회적 민족주의는 대중이 정치무대에 등장하고 그에 상응하여 사회경제적 차원에서 평등문제가 강조되면서 복지국가로의 전환을 추구하였다. 이의 지향하는 방향은 민족주의의 입장에서 자유주의와 사회주의의 장점을 흡수하고 민족사회의 구성원리로서 균등의 요소를 강조하면서 특정 계급이 지배하고 특정 세력에게만 유익한 계급국가가 아니라 초계급적·전민족적 국가를 형성할 것을 추구하는 것이었다.

II. 민족주의 정치사상의 형성과 성격

1. 형성배경

도산 안창호는 사상적으로 독립운동 진영이 분열된 시기에 균등의 원리에 입각하여 좌우합작과 민족적 단결을 달성할 수 있는 민족주의 이론을 모색하려 하였다. 도산의 사상형성에 영향을 미친 요인으로는 독립협회와 대동사상, 삼민주의, 무정부주의, 사회공산주의사상, 양계초의 사상,

기독교의 영향 등을 들 수 있다. 독립운동전선의 가장 뛰어난 지도자의
한 사람이던 도산은 이들 사상에 관하여 폭 넓은 지식을 가지고 있었다.
그는 사회주의에 상당한 자극을 받았으면서도 민족주의와 사회주의 간
에 모순점을 인식하고 이것을 양자택일이 아닌 양자종합의 제3의 길로써
해결하려 하였으며, 정치·경제·사회의 제제도, 제사상에 깊은 관심을 갖
고 이들 사회적 현실을 그의 대공주의로 해결해 보고자 하였다.

　　도산은 독립협회의 서구민주주의 사상에서 많은 영향을 받았다. 대공
주의는 그 이념과 노선에서 민족주의와 민주주의를 기준으로 내세웠다.
민족국가의 자주성을 주장하여 대공주의의 정통성을 강조하고 민주주의
를 통해 대공주의의 진보성을 주장한 것이다. 독립협회의 사상은 근대적
인 시민의식에 근거한 민주주의 사상이었다. 도산은 독립협회활동에 적
극적이었으며 특히 서구시민사상에 많은 영향을 받았다.[5] 독립협회는 개
인의 언론·집회·결사의 자유와 재산권의 옹호를 강조하였다. 또한 독립
협회는 민족공동체의 주체성을 강조하여 근대적 민족주의 사상을 강조
하였으며 민주주의적 사상과 민족주의를 결합시켜 자주적인 민족독립국
가를 형성하려 하였다. 도산의 말과 글 속에는 독립협회의 사상에 영향
을 받은 민주주의적이고 민족주의적인 요소들이 자주 보인다.

　　대공주의는 서구식의 자본주의적 민주주의는 자본가 계급의 독재이
며 소련의 공산주의적 민주주의는 노농계급의 독재에 불과하므로 민족
대다수의 집체적 총 기관을 설립함으로써 다수 자신을 옹호하는 자치기
능의 임무를 충실히 실천할 수 있는 독립정부를 수립할 것을 주장하였
다. 또한 서구식 민주주의는 정치민주화에 집중하여 경제와 교육의 민주
화에 실패했고 소련의 민주주의는 경제의 민주화에만 집중하여 교육과

---

5) 신용하, 「신민회의 창건과 그 국권회복운동」(상), 『한국학보』, 1977년 가을호,
　105쪽.

정치의 민주화는 달성하지 못했다고 보고 정치·경제·교육의 세 분야의 민주화를 도모하는 것이 필요하다고 보았다. 따라서 대공주의는 기존의 이념들을 경쟁하거나 병존하는 개념이 아니라 그것들을 극복한 한 차원 높은 이념을 지향했다.

도산의 사상형성에 영향을 미친 동양사상으로는 대동사상을 들 수 있다. 당시 동양은 서양의 제국주의적 침략 속에서 동양사회의 봉건적 불합리성을 깨달은 동시에 서구의 민권사상이나 자유평등 사상을 근간으로 하는 국민국가 건설이라는 명제 앞에서 어떻게 이러한 서구 선진사상을 동양사회에 토착화 시키느냐가 문제였다고 할 수 있다. 따라서 역사적 기초를 동양사상에 두면서 봉건적 모순을 제거하고 민권의식을 강조한 강유위의 대동사상은 호소력이 있었다.

19세기말의 동양은 서양제국주의의 침략 속에서 동양사회의 근대민족국가 건설이라는 명제를 달성하기 위해 고민하던 때였다. 강유위는 인류가 갖고 있는 일체 고뇌가 해소된 완전한 유토피아를 대동의 세계로 그려 동양의 전통적인 가족제도, 사유재산제, 남녀차별, 직업상의 귀천, 계급제도와 인종차별, 국가 간의 불평등을 모두 배격하여 완전평등의 이상세계를 주장하였다.[6]

대공주의와 대동사상은 서구의 자유 평등을, 강유위는 중국의 역사에서, 안창호는 한민족의 역사에서 찾으려 했다. 대동사상이 중국민의 구제에만 그치지 않고 국가, 국제, 개인 상호 간의 관계가 평등자립임을 강조함으로써 일종의 국제연합적인 대동의 세계를 구상함은 안창호가 민족 간의 평등을 주장한 것과 같은 맥락이다.

강유위의 대동사상은 당시의 민주적 개혁론자들의 좋은 증거로 인용되었고 도산 뿐만 아니라 한말의 많은 애국지사들 역시 그의 감화를 받

---

6) 홍선희, 『조소앙의 삼균주의 연구』, 한길사, 1982, 38~41쪽.

고 있었다. 그의 동양적인 전제정치, 계급제도를 부인하는 평등사상, 민
권사상이 종래의 가치관을 전복시켰을 뿐만 아니라, 그것의 이론적 기초
를 공자에게서 구했다.

도산의 정치사상은 중국 국민당의 정치노선인 삼민주의에 영향을 받
은 것으로 볼 수 있다. 삼민주의는 중국의 손문이 제창한 것으로 민족·민
권·민생주의를 말하며 민권주의는 정치적 권한으로서의 선거, 파면, 법
령제정·거부권에 대한 권한과 입법·사법·행정·고시·검찰의 5권 분립론
을 주장하며 민생주의는 지권평등, 자본절제 등을 포함하고 있는 중국을
구하기 위한 구국사상이다.

도산은 손문의 민족·민권·민생 내지 종족 상호부조에 근거한 자유연
합사회사상 등을 종합하여 그 모든 장점을 취하고 단점을 제거한 조화적
건설이념을 세우려 하였다.[7] 즉 대공주의와 삼민주의는 거의 같은 시대
에 같은 운명에 대하여 같이 몸부림쳤던 상황에서 잉태된 것으로 도산은
개인적으로 삼민주의에 상당히 공감하였다. 당시 재중 독립지사의 대부
분은 한국이 독립을 쟁취하기 위해서는 중국 국민당과의 협조가 불가피
함을 인식하였다. 따라서 도산의 사상형성에는 국민당의 삼민주의 노선
이 적잖이 작용하였음을 부인할 수 없다. 그러나 그는 삼민주의를 모방
하거나 변용시키려 한 것은 아니었다고 생각된다.

삼민주의가 중국을 구하는 구국주의인 데 반해, 대공주의는 완전한
세계평화를 지향하는 구세주의이다. 삼민주의의 민족주의는 중국국민의
해방과 독립에 국한한 반면 대공주의의 민족주의는 전세계의 평등이라
는 원리에서 출발한 것이다. 삼민의 민생주의나 대공주의의 경제적 균등
은 전자가 국민의 생활권 보장에 목적을 두고 있는 데 비해 후자는 부의
균등화에 목적이 있다. 삼민주의는 자유와 평등의 절충적인 입장이고 대

---

7) 도산기념사업회 편, 『도산 안창호』 5, 삼협문화사, 1973.

공주의는 철저한 평등론의 입장이다. 대공주의의 교육적 평등론은 삼민
주의에는 없다.

도산은 1926년 늦가을부터 북경에서 무정부주의자로 활동해 왔던 유
기석과 함께 대독립당의 결성과 이상촌 후보지를 시찰하기 위해 만주의
길림으로 같이 간 바가 있다. 무정부주의의 정신은 동서고금을 통해 일
찍이 존재하였으며 이것이 이념으로 체계화 된 것은 19세기 유럽에서 시
작된다. 무정부주의는 개인의 자유와 평등을 극대화한 사회를 주장하고
정부와 통치권의 존재가치를 부정하고 일체의 제약이 소멸된 완전자유
의 자연 상태로서의 복귀를 지향한다.

무정부주의는 개인의 자유와 평등을 극대화한 사회를 주장하여 정부
와 통치권의 존재가치를 부정하고 모든 제약이 소멸된 완전 자유 상태로
의 복귀를 지향한다. 당시 무정부주의에 영향 받은 우리의 독립지사들과
청년들은 우선 전통적 구체제의 유산과 일제를 무정부주의로 전면 거부
하고, 모든 압제와 착취를 과격한 행동으로 파괴하는 급진적인 투쟁노선
을 취하기도 하였다. 도산은 무정부주의를 채용하였으나 그 자신이 임정
의 요원으로 참가하면서부터 무정부주의에 회의를 품게 되었고 더구나
무정부주의자들이 대부분 1920년부터 공산주의 쪽으로 전향하자 그는
공산주의에 반대하는 민족주의적 입자에서 무정부주의에 비판적 견해를
갖게 되었다.[8]

러시아 혁명 후 세계적으로 널리 퍼진 사회공산주의 사상은 독립운동
가와 정치 엘리트들에게 파급되었는데, 당시의 사회주의자들은 대부분
지리적인 관계로나 현실적 필요성과 경험 등의 제약 때문에 러시아의 볼
세비즘에만 관심을 기울였고 서구의 사회주의 혹은 사회민주주의 노선
에는 별로 관심을 기울이지 않았다. 더구나 망국민의 의식은 급진적이고

8) 추헌수, 『자료 한국독립운동』 제2권, 연세대학교 출판부, 1975, 155쪽.

폭력적인 방법에 의존하지 않을 수 없었으며, 일제의 탄압이 심할수록 그것에 대한 반작용 역시 극열화되어 볼세비키에 의존하는 경향이 점점 커졌다. 한인의 초기 사회주의 운동은 한국혁명에 관한 확고한 주체적 입장에서가 아닌 볼세비키 집단 내지 코민테른의 전략·전술에 이용되었다고 할 수 있다. 초기 사회주의운동에 가담한 한인의 대부분은 러시아 볼세비키 혁명의 본질에 공감했기 때문이라기보다는 러시아 세력에 한국독립의 새로운 기대를 걸었기 때문이다. 많은 독립운동가들은 일제침략에 대한 반발로서 대국 러시아의 힘을 빌리려고 하였고 이에 약한 민족의 해방이 프롤레타리아 혁명의 일단계라고 주장한 레닌의 공산주의 전선과 연결됨으로서 1920년부터 한국에 실질적인 사회주의 내지 공산주의운동이 전개되었던 것이다.

도산은 초기에는 한국독립의 지원책으로서 사회주의를 이용하려 했던 것 같다. 이러한 계기가 후에 유럽의 비볼세비키적 사회주의에 대한 관심으로 연결되어 남달리 독자적인 사회주의사상을 형성할 수 있었던 것이다. 후일 그가 주장한 대공주의의 경제적 평등에서 나타난 사회주의적 요소는 어디까지나 공산주의적 입장보다는 민족적 입장에서 좌파 민족운동자들을 포용하기 위한 진보적 입장과 연결성을 갖는 것이라고 할 수 있다.

한국독립당과 공산당의 차이점은 민족대립투쟁 대 계급투쟁, 피압박 민족의 연합을 통한 제국주의 타도 대 국내외 무산계급의 단결을 통한 자본국가의 타도라는 차이가 있다. 또한 공산주의는 민족의 경제만을 중시하여 국가의 말살과 주권의 포기 즉, 민족 자주권을 부정하기 때문에 민족주의와 다르다.

안창호는 기존의 민족주의를 계승했고, 대공주의는 공산주의와 대립하여 기존의 민족주의 이념의 발전적 계승에 무게를 두었다고 할 수 있다.

양계초의 사상은 도산의 사상형성에 적지 않은 영향을 준 것 같다. 도산은 양계초의 『음빙실문집』을 대성학교의 교재로 사용한 적이 있고 애국운동으로 이 책을 권장하였다.9) 양계초는 정치와 정치가를 판단하는 궁극적 기준을 도덕과 양심에서 구했고, 특히 근대적인 서구의 민주적 공중도덕, 근대적 국가관념과 민권·자유·자치·독립사상 등을 주장하였으며, 급격한 혁명을 반대하고 공공도덕의 변화를 주장하였다.10)

도산은 기독교에 대해서도 많은 관심을 가졌다. 도산은 구세학당에 들어가면서 기독교에 입교하였다. 또한 신민회 시절 대성학교에서는 성경을 가르쳤고 교회출석을 권장하였다.11) 도산은 기독교 사상을 적극적이고 진취적인 것으로 보았으며 기독교는 인간의 완전무결을 원하는 것이 아니라 적극적으로 사랑과 의를 행하는 것으로 보았다. 도산은 기독교를 사회적 차원에서 보려고 하였으며 독립운동을 기독교의 사랑의 실천으로 파악하려 하였다.

2. 성 격

도산이 제창한 민족주의 정치사상인 대공주의는 1920년대 후반부터 중국에서의 한국 독립운동의 방향을 제시한 이론이었으며 사회주의 수용 이후의 한국민족주의의 사상적 대응을 표현한 것이었다. 도산이 대공주의라는 말을 처음 쓰기 시작한 것은 1927년부터로 알려져 있다.12)

주요한은 도산이 50평생에 생각하여 온 인생관과 정치철학을 정리 종

---

9) 주요한, 앞의 책, 87쪽.
10) 신용하, 앞의 글, 46~47쪽.
11) 주요한, 앞의 책, 85~86쪽.
12) 유병용, 「도산 안창호의 정치사상에 관한 재검토」, 『도산사상연구회·미국 남가주대학 공동주최 국제학술회의논문초록』 5, 로스엔젤레스 남가주대학, 994쪽.

합한 것을 대공주의라는 이름으로 표현하였다고 말하고, 그때는 민족주의·사회주의·공산주의·무정부주의·삼민주의 등 주의의 유행시대였으며, 도산은 한국 민족운동의 공통적 표어를 마련할 목적으로 대공주의라는 용어를 창작했다고 하였다. 그는 또 도산이 진정한 의미에서 민주주의적인 정치가였다고 말하고 대공주의는 곧 현대 민주사회의 도의적 정치적 경제적 규범을 말하는 것이라고 보았다.13) 또한 『도산 안창호』에서는 대공주의란 도산의 독창이니 그가 세계 개조사상의 풍조를 깊이 고찰하고 이를 소화하여 스스로 도달한 이상의 총칭을 명명한 것이라고 지적하였다.14)

대공주의의 정신적 논리적 의의는 일개인은 민족에게 봉사함으로써 그의 천직을 다한다는 국가제일 민족지상의 인생관을 총괄한 것이며, 대공은 곧 전민족의 복지, 공공의 이익, 국가의 요청을 표시하고 그에 대하여 개체·소아·사익을 희생할 것을 요구하니 이는 공리주의, 자유주의, 개인주의에 대한 비판을 의미하는 것이라고 하였다. 경세적으로 본 대공주의는 이상사회 건설의 설계도니 도산은 침략주의에 대한 민족해방사상, 정치적 민주주의사상, 경제적 착취에 반항하는 사회혁명사상, 링컨의 민유·민치·민형, 손문의 민족·민권·민생 내지 종족 상호부조에 근거한 자유연합 사회사상등을 종합하여 그 모든 장점을 취하고 단점을 거한 조화적 건설이념을 세우려 한 것이었다고 말하고, 도산은 당면의 정책으로 민족평등·정치평등·경제평등·교육평등의 네 가지 평등을 주장하였다고 하였다.15)

한국독립운동에 대하여 중국국민당에서 파악한 자료에 의하면 한국독립당의 강령은 도산에 의해 만들어졌고 그 기본정신은 반일과 민주에

---

13) 주요한, 앞의 책, 402~404쪽.
14) 도산기념사업회, 앞의 책, 5쪽.
15) 위의 책, 6쪽.

있다고 하였다.[16] 중국에서 활동했던 김성숙은 한국독립당이 창당될 때 삼민주의의 영향을 받은 도산이 삼균주의를 들고 나왔고 그가 주창하여 삼균주의를 한국독립당의 사상으로 만들었으며 후에 조소앙이 이를 다시 들고 나왔다고 말하였다.[17] 또한 조소앙도 도산이 국내에서 타계했다는 소식을 듣고 추도시를 지어 발표하면서 도산이 한국독립당의 당의와 당강을 수립하는 데 공로가 있음을 말하였다고 한다.

흥사단 원동위원부 회원이었던 구익균은 도산이 임정을 비롯한 해외 독립운동가들이 민족주의와 사회주의로 분열된 위험을 막기 위해서 독립이라는 공동목적을 위해 화합하도록 힘썼다고 말하고, 도산 자신은 어디까지나 민족주의자였으나 사회주의를 잘 이해했었고 또 그 사상 중에서 취할 점도 잘 알고 있어서 사회주의의 합리성을 활용할 의도에서 대공주의라는 독특한 신어로 표현했다고 하였다. 그 내용에 대해서는 민주주의를 구현하기 위한 정치평등·경제평등·교육평등의 3대 평등강령을 그 내용으로 했다고 말했다. 또 그는 도산의 3평등주의는 곧 1928년 상해에서 결성된 한국독립당의 강령에 삽입되었고 후에 조소앙이 이를 발전시켜 삼균주의라고 칭하게 되었다고 하였다.[18]

이상에서 살펴볼 때 대공주의는 1920년대 중후반 독립운동가들 간의 이념적 분열을 극복하기 위한 도산의 노력과 직결되어 있는데, 구체적으로는 당시 급속히 세력이 커진 사회주의자들과의 제휴 내지는 이들을 적극적으로 포용해내려는 의도에서 주장되었다는 점을 알 수 있다. 대공주의는 1920년대 말 상해의 민족주의자들의 결집체인 한국독립당의 강령으로 수용되었다. 이상에서 볼 때 도산의 대공주의는 정도의 차이는 있으나 본질적으로 기본정신과 방향에 있어서 민세의 신민족주의나 조소

---

16) 추헌수, 앞의 책, 69쪽.
17) 김학준 편, 『혁명가들의 항일회상』, 미음사, 1988, 115쪽.
18) 구익균이 1995년 9월 10일 흥사단 본부에서의 증언한 내용.

앙의 삼균주의 등 중도적 민족주의 사상과 같은 맥락에 선 것이었음을
알 수 있다.

III. 안창호와 한국독립당

1. 한국독립당의 결성과 활동

안창호의 민족주의 정치사상과 밀접한 관련이 있는 한국독립당의 성
격을 파악하기 위해 이의 성립과정과 조직 및 이념을 살펴보기로 한다.
1924년 무렵부터 국내외에 걸친 민족운동계에 제기되었던 좌우합작 논
의는 점차 구체화되어 국내에서는 신간회운동으로 나타났고 중국과 만
주지역에서도 민족유일당운동이 활발히 전개되었다. 이때 중국에서의 유
일당운동과 만주에서의 유일당운동을 본격적인 단계로 이끌어간 주도
인물이 도산이었다. 도산이 미국으로부터 상해에 도착한 후 대독립당 결
성을 위한 움직임이 본격화되었는데 그는 독립운동을 추진할 기구의 결
성과 국외 독립운동의 근거지가 될 이상촌 건설의 구상을 갖고 있었
다.19)

그러나 그의 처음 구상과는 달리 대독립당운동의 착수에 앞서 우선
당시 상해지역의 당면 과제이던 임시정부를 유지시키는 일에 한 달 이상
을 노력해야만 되었다. 1923년에 열린 국민대표회의가 개조파와 창조파
간의 대립으로 결렬되어 개조 혹은 폐지의 위기는 넘길 수 있었지만, 계
속되는 독립운동가들의 분열이탈과 극심한 재정난에 부딪혀 임정은 이
때 존폐의 기로에서 표류하고 있었다. 임시대통령 이승만을 탄핵 축출한

---

19) 국회도서관, 『한국민족운동사료』, 대한민국국회, 1976, 593쪽.

뒤 국무령제도를 채택했던 임정은 서간도지역의 지도자 이상룡을 국무령에 추대하였지만 그는 내각구성에 실패한 채 면직당하고 말았다.[20] 이어 한말에 대한매일신보사의 사장을 지냈으며 당시 만주의 길림에 있던 양기탁이 선출되었으나 그가 취임을 거부하였으므로 결국 임정의 의정원에서는 다시 귀환도상의 안창호를 국무령으로 선출해 놓고 그의 도착만을 기다리는 실정이었다.[21] 그러나 안창호 역시 원래의 구상에 따라 취임을 거부하였다. 대신 그는 홍진을 국무령에 천거해 내각을 구성하도록 돕고 자신은 임시정부 경제후원회를 조직해 재정지원을 책임지기로 하였다.[22] 그리하여 임정의 존속이 일단 가능하게 된 다음에야 대독립당운동에 나설 수 있게 된 것이다.

도산은 1926년 7월 8일 삼일당에서 행한 "우리 혁명운동과 임시정부 문제에 대하여"라는 연설에서 우리 민족의 당면 과제는 일제의 식민통치를 파괴하고 자주독립의 신국가를 건설하려는 것으로 이는 어느 특정 계급만의 과제가 아닌 전민족적 과제로서 민족혁명이라는 점을 강조 하였다. 따라서 독립 이후의 문제인 정체와 주의를 놓고 안에서 미리 싸울 것이 아니라 전민족이 우선 독립을 쟁취하는 데 공동일치하여 협력하자고 주장하였다. 동시에 그는 우리의 독립은 점진적 개조의 방법으로써가 아니라 무력에 의한 혁명으로써만 가능하다고 주장하면서 당시 국내 일각에서 제기되고 있던 자치론이나 실력양성론이 현실적 여건에 비추어 적합하지 못하다고 비판하였다. 이같은 전제 위에서 그는 일본과의 투쟁을 효과적으로 추진하기 위해서는 전민족적 대혁명당의 조직이 필요하다고 제안하였다.[23]

---

20) 위의 책, 579~583쪽.
21) 위의 책, 597.
22) 위의 책, 597~605쪽.
23) 위의 책, 559~600쪽.

한편 안창호의 주선과 후원에 의해 임정 국무령에 선출된 홍진도 같은 날 임시의정원에서 취임식을 갖고 대독립당운동의 전개를 포함한 3개조의 정강을 발표하였다. 이처럼 안창호와 홍진이 임정의 안팎에서 대독립당 결성의 여론을 집약해 냄으로써 대독립당운동은 본격적인 실천단계로 들어서게 됐다. 이때 홍진이 발표한 국무령 정강은 다음과 같다. 비타협적 자주독립의 신운동을 촉진할 것. 전민족을 망라하여 공고한 당체를 조직할 것. 전세계 피압박 민족과 연맹하여 협동전선을 조직하는 동시에 또 연락이 가능한 우방과 제휴할 것.[24)]

상해에서 대독립당운동을 크게 고취시킨 도산은 곧 북경과 만주에 가서 대독립당 결성을 역설하였다. 8월 말부터 10월 중순까지는 주로 북경을 왕래하며 그곳의 유력자인 원세훈 등을 상대로 취지를 설명하고 그 실현 방안을 논의했다. 당시 사회주의 성향을 띠고 있던 원세훈은 도산과는 달리 반임정 노선을 걸어온 인물이었다. 이들은 그동안 이념적으로 차이가 있었고 임정에 대한 태도에 차이가 있었으나 대독립당 결성의 취지에 대해서는 의견이 일치하였다. 이들은 대독립당의 결성 방법으로 각 지역의 독립운동가들이 먼저 지역별 단위조직을 만든 뒤 이를 통일하여 대독립당을 만들자는 데 의견의 일치를 보았다. 그리하여 10월 하순 북경에서 유일독립당 북경촉성회가 결성되어 대표에는 조성환이 회원에는 원세훈, 장건상 등 23명이 참여하였다.

북경촉성회는 그 선언서에서 동일한 목적 동일한 성공을 위하여 운동하고 투쟁하는 혁명가들이 반드시 하나의 기치 아래 모이고 하나의 호령 아래 모여야만 비로소 상당한 효과를 거둘 수 있다고 전제하고, 그 역사적 성공 사례로서 소련공산당과 중국국민당 그리고 아일랜드의 신페인당을 열거한 다음, 이는 일계급 일국민 일민족의 행복과 자유를 생각하

---

24) 위의 책, 615쪽.

는 동서의 혁명가들이 각각 일정한 주의 강령과 훈련 규율 아래에서 일
당에 결합하였음을 증명하는 것이라 하여 유일당운동의 취지에 전폭적
인 찬성을 표하였다. 그러나 선언서는 "나아가 전세계 인류의 행복을 위
해 세계적 혁명을 완성시키는 것도 또한 같은 것으로 세계 일당의 원칙
하에 그 총 참모부이고 대본영인 코민테른의 붉은 기치 아래 모이는 것
은 누구라도 잘 알고 있는바 아닌가."라고 하여 궁극적으로는 공산주의
세계혁명의 완성을 목표로 한 코민테른 중심의 국제주의적 지향을 명확
히 표명하였다. 이는 안창호 등 민족주의자들이 강조하던 민족단위의 자
주적 결합 의도와는 근본적인 차이를 갖는 것이 아닐 수 없었다.

　북경촉성회는 최초의 지역단위 조직으로 대독립당 운동에 큰 영향을
미쳤다. 이어 도산은 같은 해 1926년 늦가을부터는 북경에서 무정부주의
자로 활동해 왔던 유기석과 함께 대독립당의 결성과 이상촌 후보지를 시
찰하기 위해 만주의 길림으로 갔다. 당시 만주에는 100만이 넘는 교민을
토대로 정의부·신민부·참의부의 3부체제가 성립되어 있었으며 그 저변
에서는 청년동맹·농민동맹 등의 공산주의 단체가 조선공산당 만주총국
의 지도 아래 세력을 키워가고 있어 역시 단체 간 통합은 물론 좌우익
간의 합작이 가장 큰 과제로 되어 있었다. 도산이 만주에 도착하자 각지
의 주요단체 간부들이 모여 도산과 만주지역 지도자들 간에 재만민족운
동의 기본강령에 관한 토론과 통일기관의 조직에 관한 논의가 있었다.[25]
도산은 또한 대중강연을 통해 대독립당운동의 취지를 설명하였다. 1927
년 2월 14일 길림에서 400~500명이 참석한 비밀 대중집회가 개최되었
으며 도산은 일시적 분산적 행동의 지양과 통일적이고 장기적인 투쟁전
략의 수립을 역설하였다. 도산의 활동을 계기로 만주지역에서도 대독립
당 결성의 분위기가 무르익어 마침내 4월 15일에는 각 단체들의 통합을

---

25) 주요한, 앞의 책, 394~395쪽.

논의하는 회의가 신안둔에서 열렸다.[26]

유일당운동은 비타협주의론과 전선통일론에 이론적 기반을 두었으며 이 운동은 중국 국민당의 이당치국 개념과 국공합작 형태를 받아들인 것으로 임정을 중심으로 보면 민족운동에서 제3차 좌우합작에 해당하고 본격적인 이데올로기적 분열현상을 극복하고자 시도되었던 운동이었으며, 근대적 개념에서 보면 최초의 정당설립운동이었다. 그러나 좌우합작의 시도는 1929년 10월에 좌익의 일방적인 이탈로 좌절되었다. 이어서 사회주의 세력은 유호동맹을 결성하였으며 이에 임시정부를 중심으로 하는 민족주의 세력은 새로운 방략을 모색해야만 했다.

유일당촉성회가 깨져 나가는 상황에서 안창호는 좌우통합의 유일당 결성이 어렵다고 판단하고 먼저 중국과의 항일공동전선을 구축하고자 했다.[27] 이를 위해 1929년 11월, 안창호는 독립운동계에 민족 대동단결과 통일 운동의 필요성을 호소했다.[28] 안창호는 상해·천진·북경 등지의 독립운동 단체를 규합해 1929년 12월경, 대한민국임시정부 사무실에서 한국독립당 조직을 결의했다. 한국독립당조직에 참여한 이는 안창호를 비롯해 이동녕·이시영·김구·조소앙·김철·조완구·이유필·최석순·김붕준·윤기섭·옥성빈·정태희·안태근·김갑·박찬익 등이었다.[29] 안창호는 좌우통합의 유일당 결성이 어렵다면, 우익 진영만이라도 유일당이 지키고자 했던 이념과 노선을 투영한 정당조직을 결성한 후, 후일 좌익 진영을 포용한 당조직체를 결성하는 수순을 밟고자 했다. 그리하여 1930년 1월 25일 한국독립당을 창당하게 되었다.

한국독립당 창당 멤버 중에 안창호·김홍서·안공근·한진교·선우혁·

---

26) 채근식, 『무장독립운동비사』, 대한민국 공보처, 1949, 141~145쪽.
27) 이명화, 『도산 안창호의 독립운동과 통일노선』, 경인문화사, 2002, 286쪽.
28) 국사편찬위원회편, 『한국독립운동사자료』 3, 탐구당, 1972, 445쪽.
29) 위의 책, 441쪽.

송병조·조상섭·이유필·차리석·김붕준·백기준·박창세·최석순·장덕노· 이탁 등은 흥사단원들이다. 창당멤버들은 민족대계를 호소하는 안창호의 요구를 "종래의 지방적 파벌투쟁을 청산하여 민족주의 운동전선을 통일 하고 임시정부의 기초적 정당을 조직"[30]하는 데 찬동한 것이다. 진정한 좌우통합의 대독립당이 결성되는 날, 한국독립당이 자진 해산할 것을 약 정[31]한 것은 한국독립당이 좌우통합의 당 결성을 최종 목표로 한 중간 단계의 정당조직임을 자인한 것이다. 그런 만큼 한국독립당은 전민족의 대당 결성을 목표로 당의와 당강을 통해 좌익과 우익 모두의 노선과 정 책을 수렴하는 데 적극적이어야 했다. 안창호는 국내뿐만 아니라 각지에 특사를 파견해 한국독립당의 취지 전선과 연락을 도모하고 통일운동에 전독립운동계가 동참해 주기를 요구했다.

한국독립당 결성의 주역은 도산과 이동녕 등이었다. 이동녕 등의 임 정세력은 정부의 기능강화와 이에 따른 민족운동의 활성화를 도모코자 했고, 도산은 임정이 기대에 부응하지 못할 뿐만 아니라 오히려 재외한 인의 민족사상의 발달을 저해하는 경향이 있어 이를 해체하고 시대에 맞 는 민족운동의 중심기관을 설립하여 민족운동의 발흥을 기대하자고 했 다. 그러나 임정을 고수해 온 이동녕 등은 설령 새로운 기관을 설립한다 해도 반드시 더 유리하다고는 할 수 없다고 하여[32] 도산의 견해에 반대 했다. 민족주의 세력 안에서 이러한 상반된 견해들이 조정되어 한국독립 당이 조직되었으며 이는 임정을 강화하고 이를 중심으로 독립운동을 주 도하고자 조직된 것이었다.[33]

한국독립당은 좌파세력들이 빠진 절름발이 정당으로 출범했다. 그러

---

30) 조선총독부고등법원검사국사상부, 『조선중대사상사건경과표』, 1936, 22쪽.
31) 국사편찬위원회편, 앞의 책, 396쪽.
32) 국회도서관, 앞의 책, 645쪽.
33) 이명화, 앞의 책, 289쪽.

나 완전 정당으로 나가기 위해 안창호는 중국과의 항일 공동전선을 구축해 나섰다. 우선 상해 내 각 단체를 규합한 한인각단체연합회를 1930년 2월 초에 조직하고, 각 파가 파벌감정을 버리고 주의·주장을 전민족적 운동으로 매진해 가자는 공론을 조성하면서 동단체를 중국과의 교섭을 벌인 대표단체로 내세우고자 했다. 그러나 임시정부 측의 반대로 의견 충돌이 일어 2월말에 해산하고 말았다.[34] 이후 안창호는 3·1절 기념식에서 '한국독립운동을 위한 최고기관의 설립'을 내외에 선포하는 선언서를 발표했다.[35] 안창호는 진정한 유일 독립당의 탄생을 위한 좌파 세력 통합을 위해 1930년 3월 말에 천진으로 갔다. 이곳에서 안창호는 남·북만주와 미국·노령에 산재한 사상단체들의 각파 대표회의를 개최하고자 4월 5일자로 장문의 선언서를 배포하고 각 지에 전령사를 파견했다. 그리고 천진 한인사회의 지도자인 박용태 등과 대표자회의를 갖고 독립운동 전선 통일 방침에 합의하고 '대한대독립당주비회'를 결성했다.

동주비회의 명의로 6월 15일에 창간된 『조선지혈』 창간사[36]에 대한 독립당 주비회의 결성목적을 한·중의 혁명적 연대를 도모하고 이를 위해 독립운동자들이 진정한 민족혁명의 길로 동참토록 하는 것임을 밝히고 있다. 만주·북경 등지의 지역을 연결시켜 주는 중요한 지점에 위치한 천진지역에서의 활동은 민족통합전선을 구축해 나가고자 했던 또 다른 시도인 것이다. 일본 정보에 의하면, 안창호는 4월 10일에 천진에서 다시 북평으로, 그리고 이후 다시 천진으로 이동하며 북경과 천진, 만주 봉천을 연결하고 이들 운동선을 매개로 한 적극적인 통일운동을 계속해 가고 있음을 추적할 수 있다.[37] 한편 중국의 국민당 정부와의 활발한 외교활

---

34) 국사편찬위원회, 앞의 책, 440쪽.
35) 위의 책, 442쪽.
36) 위의 책, 444쪽.
37) 위의 책, 442쪽.

동을 전개해 남경정부에서 8만 원을 교부받고, 이 자금을 갖고 남북 만주의 동포사회를 재규합하고자 했던 것으로 보인다. 그러나 천진에서의 각파 대표자 회의는 중국 당국의 엄중한 단속으로 연기되었다. 이후 장소가 길림으로 변경되었으나[38] 길림에서 회의가 개최되었는지 여부는 확인되지 않는다. 안창호의 간단없는 통합노력에 비해 외적 사항은 점차 악화되었다. 그것은 일제가 만주에 대한 영향력을 확대해 나가자, 중국인들은 그간 공동의 적을 앞에 둔 동지적 관계에서 이제 한인들을 일제의 주구배로 인식해 노골적으로 배척했기 때문이었다.

1931년 7월 2일 길림성 만보산에서 한인 농민이 장춘 도전공사에서 조차한 미개간지 3만 3천묘의 수로공사를 둘러싸고 중국 농민들과 충돌했던 이른바 '만보산사건'이 발생했을 때도 안창호는 한·중 농민 간에 분쟁을 해결하고자 가장 발 빠르게 대응했다. 1930년대 초에 길림성에 거주하는 한인들의 수는 거의 60만을 육박했는데, 중국인들의 반일감정이 높아 갈수록 한인들에 대한 적대심도 상승 비례했다. 만보산사건은 중국인들의 반일, 항일운동의 한 표현이기도 했다. 중국인들의 한인박해 사건은 국내로 파급되어 인천·경성·원산·평양 등 일부 도시에서 화교들에 대한 박해사건으로 발전했다. 중국정부와 중국인들 사이에 민간여론이 극도로 악화되자, 안창호는 한인에 대한 인식을 어떻게든 바꿔 버리고 항일공동전선을 구축하고자 외교전선활동에 박차를 가했다. 안창호는 홍사단원동위원부를 비롯해 상해의 주요 민족운동 단체들과 함께 상해 교민단에서 그 대책을 토의,[39] 한·중인 간을 이간시키는 일제의 계략을 박멸하고 난국타개책으로 공동의 항일연합전선을 형성해 중국당국과 직접 합작을 주도할 통일대당을 시급히 조직코자 했다.[40]

---

38) 위의 책, 444~445쪽.
39) 국회도서관편, 앞의 책, 469쪽.
40) 『홍사단자료』 1932. 3. 18, 독립기념관 소장, '제경과사항보고의 건'.

중국 신문에는 흥사단원이며 동아일보 특파원인 신언준[41]을 통해 성명서를 발표해 사건의 진상을 폭로하는 글을 실어 중국인의 여론을 완화시키는 선전활동을 벌였다. 그리고 만보산사건이 일본 제국주의자들의 사주에 의한 것이므로 냉철하고 현명하게 사건을 직시할 것을 중국 국민에게 호소하는 성명서를 7월 10일에 발표했다.[42] 그리고 임시정부 국무위원들과 긴급회의를 소집하고 선후책을 협의한 결과, 남경정부에 대표사절로 파견되어[43] 국민당정부와 항일공동전선을 구축하기 위한 교섭에 들어갔다. 12일에는 「동삼성한교문제」라는 중국어 팜플렛을 작성하여 동삼성 각현의 관공서와 전국 지방관공서에 배부하고, 한인과 중국인들은 공존 공영해야 하고 공동으로 일제를 물리쳐야 하며, 한·중의 항일연합전선을 구축해야 함을 호소했다.[44]

그리고 안창호는 본격적인 중국 당국과의 교섭을 진행시키기 위해 한인을 대표할 만한 단체를 결성하기 위해 당초 임시정부의 반대로 결렬되었던 상해한인각단체연합회를 1931년 7월 18일에 재출범시켰다. 당시 동연합회에 참석한 단체는 임시정부를 비롯해 상해에 있는 한국노병회·흥사단원동위원부·상해교민단·상해한인학우회·애국부인회·여자청년동맹·독립운동청년동맹·병인의용대·소년척후대·소년동맹·선인야소교회·상업회의소·전차공사친목회·독악사·공평사 등으로[45] 주로 흥사단원들이 최일선에서 주도하는 단체들이며, 우익적 단체들이 대부분이다. 중국과의 외교교섭을 위해 대표성과 권위를 인정받고자 한 자구책에서 통합단체가 결성된 것이다. 안창호는 각단체연합회 흥사단 대표로서 연합회

41) 「민족운동사상의 인물, 신언준」, 『조선민족운동사연구』 4, 1987, 116쪽.
42) 국사편찬위원회편, 『한국독립운동사(자료 20 임정편)』, 139~140쪽.
43) 국회도서관편, 앞의 책, 672쪽.
44) 위의 책, 660쪽, '재상해한국임시정부발간중국문 <팜프렛>에 관한 건'.
45) 『도산자료』, 독립기념관 소장, 1931. 12. 18, '흥사단이사회 김성권에게 각항보고의 건'.

회장에 선출되었다. 7월 20일에 임시정부 청사에서 회의를 개최하고 결의문을 채택, 본격적인 선전활동에 들어간 상해한인각단체연합회는 "삼천만의 조선민족은 총히 중국의 반일운동에 합류하고 일본에 대한 전선을 같이 한다."고 결의하고, 중국 측과 적극 교섭하여 배일전선활동을 전개했다. 그러나 이러한 노력에도 불구하고 일제가 만주에서 영향력을 확대해 갈수록 한인들의 처지는 비참해져 갔다. 만주침략 당시 중국의 각 신문들은 한국주차 일본군인 '주차조선군'을 조선인부대 출동으로 보도함으로써 중국인들은 한인들이 일본군 앞잡이로 만주 침략에 동원되었다고 오해했다.[46] 이로 인한 재만한인에 대한 구축운동으로 동포사회는 극도로 공포에 싸여 있었다.[47]

임시정부도 각 신문사에 배일전문을 송달하고 한중연합관계 기반을 공식적으로 구축하고자 중국 신문기자들을 초대해 한인들의 입장을 설명했다.[48] 한편 9월 25일에 임시정부 주관으로 개최된 한교전체대회에서 안창호는 한·중연대의 실현, 동맹군 조직을 도모하자는 연설을 한 후 결의안을 통과시켰다.[49] 그리고 10월 22일에 중국인 신문기자들과 인터뷰에서 한·중연합의 필요성을 연설하고, 「진정한 한국인의 견해」라는 제목의 인쇄물을 배포했으며, 25일 이후에는 중국인들을 상대로 순회강연에 들어가는 등 활발한 선전활동을 전개했다.[50]

---

46) 안창호신문조서, 고등법원검사국사상부, 『조선사상운동조사자료』 2집, 1933. 3, 183쪽.
47) 신언준, 「특파기자생활잡기」, 『신동아』 1934년 5월호.
48) 국사편찬위원회편, 앞의 책, 547쪽.
49) 『신한민보』 1931. 11. 5.
50) 국사편찬위원회편, 앞의 책, 148쪽.

2. 이념과 방략

한국독립당이 창당되면서 당의 당강을 작성하기 위한 기초위원에는 도산과 조소앙을 비롯한 7명이 선정되었다.[51] 그런데 이들에 의해 작성된 것이 어떠한 내용인지에 대해서는 전해지지 않고 있다. 다만 처음에 만들어진 강령은 도산의 구상에 따라 만들어졌고 그 내용은 반일과 민주사상을 근간으로 하였다는 사실만 전해진다.[52]

한국독립당의 기본강령은 국가의 독립을 보위하며 민족의 문화를 발양할 것. 계획경제를 확립하여 균등사회의 행복생활을 보장할 것. 전민족 정치기구를 건립하여 민주공화의 국가체제를 완성할 것. 국비교육시설을 완비하여 기본지식과 필수기능을 보급할 것. 평등호조를 원칙으로 한 세계일가를 실현하도록 노력할 것 등이었다.[53] 이 기본강령은 민주독립국가의 수립과 균등제도의 실현을 목표로 한다는 점과 균등사회의 생활보장과 국비교육, 평등호조를 원칙으로 한다고 하고 있다.

나중에 정리된 당의의 주요내용은 "혁명적 수단으로 일본의 침탈세력을 박멸하여 주권을 광복하고, 정치·경제·교육의 균등을 기초로 한 신민주국을 건설하여, 안으로 국민의 균등생활을 확보하고, 밖으로 민족과 민족, 국가와 국가 사이의 평등을 실현하고, 나아가 세계일가를 이루는 노선"이라고 했다. 그리고 당강은 국민의 혁명의식을 환기하고 민족적 총역량을 집중한다. 엄밀한 조직하에 민중적 반항과 무력적 파괴를 적극 진행한다. 우리 광복운동에 우호적인 원조를 할 국가와 민족과 연락한다.

---

51) 김정주, 『조선통치사료』 10, 동경 한국사료연구소, 1975, 697쪽.
52) 호춘혜 저, 신승하 역, 『중국 안의 한국독립운동』, 단국대학교 출판부, 1978, 194쪽.
53) 김승학, 『한국독립사』, 독립문화사, 1965, 411쪽.

보선제를 실시하여 국민의 참정권을 평등하게 하고 국민의 기본권리를 보장한다. 토지 및 대생산기관을 국유화하여 국민의 생활권을 평등하게 한다. 생활상의 기본지식과 필수적인 기술의 충족을 위해 공비로써 의무 교육을 실시하여 국민의 구학권을 평등하게 한다. 국제평등과 세계공영 을 도모한다로 되어 있다.[54] 당강의 내용도 민족의 총역량을 동원한 민 족적 저항과 무력적인 파괴를 방략으로 내세웠다. 다음으로 정치, 경제, 교육의 평등을 내세웠다.

이러한 한국독립당의 이념은 첫째, 한국독립당이 민족주의 민주주의 의 성격을 가진 정당이라는 사실을 말해주며, 이는 한국유일독립당촉성 회가 좌파세력의 일방적인 이탈로 붕괴된 후 민족주의 세력에 의하여 당 이 결성되었기 때문이다. 또 이 특성은 정강 속에서도 잘 나타나 있는데 보통선거제와 국민 기본권의 평등조항이 그것이다. 그리고 복국 후에 건 립할 국가의 국체와 정체에 대하여 민주공화국과 민주입헌제를 각각 주 장하였다.[55]

다음으로 중요한 점은 토지와 대생산기관을 국유로 한다는 사회주의 적 성격의 문제이다. 이는 러시아혁명 이후 사회주의나 손문의 삼민주의, 영국 노동당의 개량적 사회주의에 영향을 받았으며 가장 큰 목적은 민족 주의 세력이 사회주의 세력과 민족운동전선의 통일을 기하기 위해 좌경 적 이념을 수용한 것이라고 볼 수 있다. 이러한 자세에는 일제의 누적된 식민지 경제정책 하에서 대량수탈된 토지와 대량생산기관을 되찾는 방 법으로서 토지나 대량생산기관의 국유를 주장한 면도 있다고 보아야 할 것이다.

대공주의의 출현은 독립운동계 각파가 자파의 주의와 노선에 집착하

---

54) 국사편찬위원회, 앞의 책, 396쪽.
55) 삼균학회, 『소앙선생문집』 상, 햇불사, 1979, 1061쪽.

고, 여기에 일제와 밀정들의 분열공작에 농락되어 가는 상황에서 주적인 일제를 향한 투쟁의지보다 동족을 적으로 규정하고, 동족 간에 지역주의·계급주의에 함몰되어 주도권 쟁탈이나 일삼았던 독립운동계를 각성시켜 제3의 노선을 정립해 가고자 한 노력에서 나온 것이다.

1931년에 국내 『삼천리』 잡지에 기고한 안창호의 글을 보면, 극소수의 자산계급도 몰락하는 경제적 위기 상황에서 계급운동자는 조선의 현실을 도외시한 주관적 운동을 벌이고, 민족운동자들은 퇴영적·소극적 태도를 취하고 있다고 하며 계급운동과 민족운동 모두를 비판하였다. 그리고 전과는 다른 형식의 '신기운 운동'이 전개되어야 한다고 강조했다.[56] 안창호의 이러한 견해는 당시 중국 원동 흥사단 단원들에게도 여러 차례 주지되었고 이에 관한 토론을 활발히 벌였다. 흥사단원 구익균은 안창호의 정치사상을 "한국혁명은 잃어버린 옛 나라를 찾아서 복스러운 새 나라를 건설하는 것"이라고 규정하고 독립운동가 가운데 민족주의자들은 잃어버린 옛 나라를 찾는 일에 열중하는 반면, 사회주의자들은 복스러운 새 나라를 건설하는 데만 주력한 데 비하여, 안창호는 "잃어버린 옛 나라를 찾는 일이나 복스러운 새 나라를 건설하는 일이 손바닥과 손등의 관계와 마찬가지로 둘 다 중요하다고 강조했다."[57]고 회고했다.

대공주의는 매우 포괄적인 단어이지만 개인을 버리고 대공의 자세로 민족의 대동단결을 추구하고자 한 혁명사상이며 운동노선이다. 안창호는 대공의 노선과 임시정부 유지와 유일당 결성이라는 방략으로써 혼란에 빠진 독립운동계를 통합, 항일공동전선을 구축해 일제타도와 민족국가 건설이라는 목표를 달성하려 했다.

안창호가 국내로 피체되어 들어온 후, 1935년 9월 5일에 압록강 대안

---

56) 안창호, 「조선민족의 문화향상과 민족적 대계」, 『삼천리』 1931년 10월호.
57) 구익균, 『새 역사의 여명에 서서』, 일월서각, 1994, 100쪽.

의 안동청년회의 초청만찬회 석상에서 행한 연설에서 대공주의의 대요를 확인할 수 있다. 당시 강연회를 불허했기 때문에 만찬회 석상에 모인 2천여 명에게 안창호는 "우리 중에 인물이 없는 것은 인물이 되려고 마음먹고 힘쓰는 사람이 없는 까닭이다. 인물이 없다고 한탄하는 그 사람 자신이 왜 인물 될 공부를 아니 하는가. 나는 최후로 국가제일, 민족지상의 이념에서 내 나라를 부하게 하고 내 민족을 흥하게 함에는 민족자본주의를 주장하며, 최근 사회혁명사상에는 민족평등·정치평등·경제평등·교육평등 이상 4대 평등인 대공주의를 적극 주장합니다."[58] 라고 연설했다. 이는 구익균이 상해 원동위원부에서 활동하면서 체득한 안창호의 대공주의에 대한 회고와도 일치한다.[59]

대공주의는 자본주의와 평등주의라는 대립될 것 같은 개념을 통합시켰다. 그 사상체계는 좌·우익 모두가 민족해방 후에 지향해 나아갈 새로운 민족독립국가 수립과 발전을 구상하면서 그 어떤 계파만의 독재와 독주를 부인하고, 사회주의·민주주의 국가론을 통합한 사상 체계로서 사회민주주의적 정치사상인 것이다.

Ⅳ. 맺는말

안창호는 사회주의 사상이 급속히 수용되면서 민족이 좌우 이념과 노선으로 분립되어 민족독립 외에 민족통합이라는 새로운 인식과제를 안게 되면서 좌우합작의 유일독립당운동을 전개했다. 안창호는 단순한 좌우의 물리적 합작이 아니라 일제로부터 민족해방을 쟁취하기 위한 민족

---

58) 강제환 편, 『도산안창호웅변전집』, 웅변구락부출판부 발행, 1950, 134~135쪽.
59) 구익균, 「도산선생의 대공주의사상」, 『기러기』, 1980. 6.

총력전을 전개하기 위한 이론적 모색을 거듭해갔다. 안창호는 기존의 분열로 치달을 수밖에 없었던 계급운동자와 민족운동자 각파의 주의, 노선 모두를 비판, 수용하고 보완하기도 하여 새로운 방략과 제3의 길을 계속 모색함으로써 이를 민족문제 해결의 이론으로 삼고자 했다. 좌우합작의 민족통일전선을 구축하기 위해 이제까지의 그 어떤 이념과 사상으로 표현할 수 없는 새로운 제3의 민족주의 정치사상으로서 대공주의를 정립하고 민족해방의 이론으로 적용하고자 했다.

대공주의는 1920년대부터 균등의 원리에 입각하여 좌우합작과 민족적 단결을 달성할 수 있는 정치이론을 모색해 가던 안창호나 안재홍, 조소앙 등에 의해 추구되었고, 정도의 차이는 있으나 본질적으로 기본정신과 방향에 있어서 같은 것이었다고 생각된다. 이는 좌우의 이데올로기적 대립을 민족에 토대를 둔 균등적 정책대안에 의해 통합하여 통일된 민족국가를 건설하려던 중도파 민족주의운동이었다. 중도파 민족주의는 좌우합작·남북협상에 이르는 중도민족세력 특히 중도 우파노선과 연결된다. 실제로 도산을 비롯하여 소앙과 민세는 이 운동의 주역으로 활약하였으며 남창도 남북협상 지지성명에 참여하는 등 이에 동참한 바 있다. 이들은 민족을 최고의 가치로 인식하고 민족의 단결과 자주독립·발전과 같은 목표를 설정한 점에서 이전의 민족주의와 공통되고 있다. 그러나 도산과 소앙 및 민세의 경우 민족 내부에는 계급갈등이 존재하고 있다는 점과 민족의 단결은 애국심과 같은 심정적 호소나 국민국가 논리만으로는 기대하기 어렵다는 점을 중시했다는 점에서 그들과 달랐다.

도산의 민족통합의 노력은 중국의 국·공합작 결렬과 코민테른의 극단적 좌경화의 정세변화로 위기에 직면했다. 이러한 내외 정세의 변수는 무조건의 내부 통일만으로는 대응할 수 없게 되자, 중국과의 연대를 일찍이 구상했다. 그것은 임시정부 및 한국 독립운동의 기반인 재만 한인

사회를 살려야 한다는 절실한 요구였다. 도산은 중국 각지를 다니면서 중국 정부와 중국 민중들의 후원이 없이는 한국의 독립운동은 불가능하다는 사실을 깨닫는다. 비참한 만주 한인들의 실상을 눈으로 확인했던 안창호는 만주 한인사회를 안정시키고 중국과의 항일공동전선체를 조직하고자 다방면으로 외교활동을 전개했다.

도산의 대공주의는 20세기 전반기의 세계사적 과제와 민족사적 과제를 역사발전적 방향에서 함께 이루어 외적으로는 식민주의를 극복하고 민족자결주의 세계평화주의를 달성하는 데 그 근본 목적이 있었고, 내적으로는 민족의 독립과 정치 경제 사회적 민주주의를 확대시켜 나가는 데 목적이 있었다. 또한 이는 민족운동과정에서 나타난 좌우의 대립을 해소하고 해방 후 통일된 민족국가를 수립하기 위한 기본적인 정책노선을 제시하였다. 정치사상사적 맥락에서 볼 때 대공주의는 제국주의 시대하에서 생겨난 약소민족의 저항성 이데올로기라고 하겠으며, 단지 민족주의에 그치지 않고 세계주의로 연결되고 있는 보편성의 이데올로기라고 하겠다. 이는 1920년대 중엽의 민족운동 전선이 좌우의 대립적 분립과 일제하의 타협주의적 노선의 등장에 대응해서 민족운동의 새로운 방향으로서의 비타협주의 노선의 민족협동전선을 수립해 나가야 할 때 그것을 뒷받침하는 민족주의론으로 성립되었다고 생각된다.

대공주의는 이 시기의 민족운동전선이 지향하던 민족사의 발전 방향 및 민족국가수립 방향과 관련되어 있으며, 이는 민족연합전선운동을 이론적으로 뒷받침하는 민족주의론의 하나가 되었다. 대공주의 균등론은 우익민족운동 전선의 이론으로 제시되었지만 역사발전의 진보적인 방향에 섰고, 이 시기 중도우파 민족주의 운동의 방향이기도 하였으며, 좌우의 대립을 해소하여 해방 후 통일된 민족국가를 수립하기 위해 제시된 이론이었다는 점에 의의가 있다.

그러나 대공주의의 민족단결론은 민족내부에 존재하는 반민족적 요소를 척결하는 데 불철저해질 여지를 갖고 있었으며, 전민족의 화합을 일정한 원칙 없이 외치는 것은 자칫하면 진정한 민족의 발견을 호도할 위험성을 내포하고 있었다. 결국 좌우 이데올로기가 대립되는 상황 속에서 사회발전의 논리가 배제된 채 민족의 균등과 단결을 외치는 대공주의는 역사적 현실을 수용하지 못하는 이상론적 성격이 강했던 것이다. 또한 대공주의는 독립운동 세력의 대동단결이라는 현실적 필요성에 의해 주창되었음에도 불구하고 실천방안의 미흡으로 독립운동세력의 통합은 궁극적으로 달성해 내지 못했으며, 도산이 그토록 주장하였던 임시정부의 실질적이고 조직적인 결합도 이루어내지 못했다.

참고문헌

국사편찬위원회, 『한국독립운동사자료』 3, 탐구당, 1972.
국회도서관 편, 『항일독립운동 관계 도산 안창호 자료집』(Ⅰ)·(Ⅱ), 1997, 1998.
국회도서관, 『한국민족운동사료』, 서울: 대한민국 국회, 1976.
김승학, 『한국독립사』, 독립문화사, 1965.
김용섭, 「우리나라 근대역사학의 발달」, 『문학과 지성』 4집, 1971.
김윤식, 「도남사상과 신민족주의 사관」, 『한국학보』 33집, 1983.
김정배, 「신민족주의사관」, 『문학과 지성』 35집, 1979.
김정주, 『조선통치사료』 10, 동경 한국사료연구소, 1975.
김준엽·김창순, 『한국공산주의운동사 자료』 1, 고려대학교 출판부, 1979.
김학준 편, 『혁명가들의 항일회상』, 민음사, 1988.
도산기념사업회 편, 『도산 안창호』, 삼협문화사, 1973.
독립기념관 한국독립운동사연구소 편, 『도산 안창호 자료집』(1)·(2)·(3), 한국독
　　　　립운동 사자료총서 4·5·6집, 1990, 1991, 1992.
박만규, 「도산안창호의 대공주의에 대한 일고찰」, 『안도산전서』 (하), 범양사,
　　　　1993.
박만규, 「개혁운동과 도산의 사회사상」, 『변혁기의 개혁운동과 도산사상』, 연구
　　　　사, 1993.
박명규, 「도산 안창호의 사회사상」, 『한국학보』 33, 일지사, 1983.
박찬승, 『한국근대 정치사상사 연구 —민족주의 우파의 실력양성운동론—』, 역
　　　　사비평사, 1992.
삼균학회, 『소앙선생문집』 (상), 햇불사, 1979.
서중석, 「한말 일제침략하의 자본주의 근대화론의 성격 —도산 안창호의 사상을
　　　　중심으로—」, 『손보기교수정년기념 한국사학논총』, 1989.
신용하, 「도산의 민족의식형성과 초기 민족운동」, 『도산사상연구』 3집, 1995.
신용하, 「신민회의 창건과 그 국권회복운동」 (상), 『한국학보』 1977년 가을호,

1977.

신일철, 「민족성 개혁의 선구자」, 『안도산연구』 (하), 범양사, 1993.

양호민, 「도산 정치사상의 현대적 구현」, 『안도산연구』 (하), 범양사, 1993.

유병용, 「대공주의정치사상연구」, 『한국근현대사연구』 2, 한국근현대사학회, 1995.

유병용, 「안재홍의 정치사상에 관한 재검토」, 『한국민족운동사연구』 1집, 한국 민족운동사연구회, 1986.

유병용, 「도산 안창호의 정치사상에 관한 재검토」, 도산사상연구회·미국 남가 주대학 공동주최, 『국제학술회의논문초록』 5, 남가주대학, 1994.

윤대원, 『대한민국임시정부의 조직운영과 독립방략의 분화(1919~1930)』, 서울 대 박사학위 논문, 1999.

이광수, 『도산 안창호』, 도산 안창호선생 기념사업회, 1947.

이명현, 「개혁적 창조와 사회」, 『안도산 연구』 (하), 범양사, 1993.

이순형, 「도산안창호의 이상촌 건설운동」, 『도산사상연구』 1, 도산사상연구회, 1986.

이정규, 『우당 이회영 약전』, 을유문화사, 1985.

조동걸, 『한국민족주의의 성립과 독립운동사 연구』, 지식산업사, 1989.

주요한, 『안도산전서』, 삼중당, 1963.

채근식, 『무장독립운동비사』, 대한민국 공보처, 1949.

추헌수, 『자료 한국독립운동』 제2권, 연세대학교 출판부, 1975.

한만길, 「도산 안창호의 민족교육론」, 『안도산전서』 (하), 범양사.

호춘혜 저, 신승하 역, 『중국 안의 한국독립운동』, 단국대학교 출판부, 1978.

제2장 안중근의 열린 민족주의관 연구

오일환(한양대학교 연구교수)

Ⅰ. 머리말

안중근(安重根)은 한민족(韓民族)의 진정한 민족영웅이다. 남북한 양측에서 추앙되는 몇 안 되는 애국자 중의 한 사람인 그는 독실한 천주교 신앙인으로서, 교육자로서 애국계몽운동가였고, 일제에 대항하여 몸소 의병투쟁을 전개한 용맹한 의병장이었으며, 하얼빈에서 한국 침략의 원흉 이토 히로부미[伊藤博文]를 총격으로 주살한 애국의사(愛國義士)였다. 이러한 안중근의 위대한 애국적 행적은 우리 민족 모두의 뇌리에 강력하게 각인되어 있으며, 진정한 애국자의 표상(表象)으로 자리매김하고 있다.

안중근은 조국의 독립을 위해서라면 그 어떤 어려운 일도 주저하지 않는 실천가로서의 면모를 보였을 뿐만 아니라, 그가 일제의 '아시아 연대주의론'에 대항하여 확립하고자 한 『동양평화론(東洋平和論)』을 살펴보면, 이상주의적 사상가로서의 면모까지 지니고 있었음을 충분히 짐작할 수 있다.

안중근은 어린 시절 한 때 학문보다는 사냥에 심취하는 등 호탕한 성격의 소유자였으나, 천주교에 입교하면서 서학에 매료되고 구한말 계몽운동 계열의 근대화론에 영향을 받아 교육사업이나 식산진흥운동과 같은 애국계몽운동에 참여하기도 하였으나, 국가가 일제의 침략으로 누란에 빠지자 곧바로 무장투쟁, 즉 의병활동에 참가하는 저항민족주의자의 모습을 보였다.

실제로 1905년 4월에 일제의 강압 하에 체결된 을사조약(乙巳條約)으로 한국이 외교권을 박탈당한 채 일본의 보호국이 되고, 이를 성사시킨 주역 이토 히로부미가 이듬해 3월에 한국통감부(韓國統監府)의 초대 통감이 되자, 안중근은 상당한 시간을 요하게 마련인 후에 양성을 위한 애국계몽운동가로 만족하지 않고, 직접 국권 회복을 위한 무장투쟁의 길로 나선다.

한편, 고종황제는 일제에 빼앗긴 외교권을 되찾기 위해 1907년 네덜란드 헤이그에서 열린 제3회 만국평화회의에 이상설(李相卨), 이준(李儁), 이위종(李瑋鍾)을 사절로 보내 을사조약의 무효를 호소하려 하였으나 참석을 거부당한 채 실패하고 만다. 그러자 이토는 헤이그 사건의 책임을 물어 정미칠조약(丁未七條約)을 맺어 고종을 폐위하고 군대를 해산시키는 전례 없는 만행을 저지른다. 이에 격분한 안중근은 항일 무장투쟁의 필요성을 절감하고 북간도(北間島)로 건너가 서너 달 동안 인근 지방을 묵은 뒤 블라디보스토크에 정착하여 이토 히로부미 암살 의거를 준비하였고, 마침내 일제의 거목 이토 히로부미를 거꾸러뜨리는 성공적인 의거(義擧)를 감행한다. 그는 옥중에서 사상가로서 일제에 당당하게 맞서며 이토 암살의 정당성과 한국독립의 당위성을 내세웠고, 일제의 사이비 동양평화 논거인 '아시아 연대주의론'에 맞서 한국, 중국, 일본 3국이 각기 독립을 유지하는 가운데 역내평화를 도모하는, 비록 미완성본이기는 하지만, 『동양평화론』을 주창하였다. 1910년 3월 25일 사형집행 전날 안중근은 국내외 동포들에게 "내가 한국 독립을 회복하고 동양의 평화를 유지하기 위하여 3년 동안을 해외에서 풍찬 노숙하다가 마침내 그 목적을 도달치 못하고 이곳에서 죽노니 우리들 이천만 형제자매는 각각 스스로 분발하여 학문에 힘쓰고 실업을 진흥하여 나의 끼친 뜻 이어 자유 독립을 회복하면 죽는 자 유한이 없겠노라."는 유언을 남긴다. 이와 같은 안중근의 저항민족주의에 근거한 항일 독립활동 행적과 한·중·일 동북아 3국의 협력에 기초하는 동양평화에 대한 기대는 분명히 그가 '열린 민족주의'의 속성을 가지고 있었다는 사실을 잘 확인해주고 있다.

안중근은 단순한 청년의 기백으로 순간적인 의분에 못 이겨 이토를 살해한 것이 아니라, 당시 한국의 국권을 강탈하고 동북아 평화를 교란하고 있던 일제를 단죄하기 위해 거사를 결행한 것이었다. 그가 공판투쟁에서 일제의 온갖 회유를 당당하게 물리치며 거사를 정당화할 수 있었던 이유는 바로 여기에 있다.

본 연구에서는 안중근의 생애와 민족주의적 구국활동, 그리고 그가 가졌던 민족주의사상 −동양평화를 간절히 희구했다는 점에서 그가 가졌던 민족주의사상은 열린 민족주의사상이라 불러도 무방할 것이다− 의 특성을 분석하는 데 주안점을 둘 것이다.

Ⅱ. 생 애

안중근은 1879년 9월 2일(음력 7월 16일) 황해도 해주부 수양산 아래

광석동에서 아버지 안태훈과 어머니 백천(白川) 조씨(趙氏) 사이에 3남 1녀 중 장남으로 태어났다. 본관이 순흥(順興)인 그는 고려조 명현 유학자 안향(安珦)의 27대손으로서 10여 대를 내려오면서 해주부에 세거한 향반의 후손이었다. 한마디로 안중근의 집안은 대대로 유가(儒家) 전통을 이은 명문가였다. 할아버지 인수(仁壽)는 진해현감을 지냈으며, 아버지 태훈(泰勳)은 어려서부터 재주와 학문이 뛰어나 성균진사(成均進士)에 합격하였고, 일찍이 개화사조를 받아들여 개화파 박영효(朴泳孝) 등의 주도로 일본에 파견하려 했던 70여 명의 유학생 가운데 한 사람으로 선발되기도 하였다.[1]

안중근은 태어날 때 복부에 검은 점이 7개가 있었다. 이는 북두칠성의 기운으로 태어났다 하여 어린 시절에 응칠(應七)이라는 이름으로 불리는 계기가 되었다. 그는 할아버지의 각별한 사랑을 받으면서 유가 명문가의 전통에 따라 어려서부터 한학을 배우며 체계적으로 유교정신을 체득하며 성장했다.

안중근이 6세 때인 1884년(고종 21년)에 박영효 등의 개화파가 정변을 일으켜 정권을 잡았으나, 이 개화파 정권이 3일 만에 무너지자 박영효 등은 일본으로 망명했으며, 이 때문에 개화파 일원이었던 아버지 안태훈은 국내에서 숨어 살 수밖에 없는 처지가 되고 말았다. 이에 따라 안중근 일가는 이듬해 황해도 신천군 두라면 청계동(淸溪洞) 산중으로 이사를 했다. 안중근은 이사 후 곧 아버지가 세운 서당에서 한학 공부를 시작했는데, 당대 최고의 한학자 중의 한 사람인 고능선(高能善)으로부터 사서삼경(四書三經)의 유교경전과 통감(通鑑) 등을 수학할 수 있었고, 조선사

---

1) 윤병석, 「安重根의사의 民族運動과 義烈」, 사단법인 안중근의사 숭모회, 『대한국인 안중근 학술연구지: 안중근의사의 위업과 사상 재조명』(서울: 사단법인 안중근의사 숭모회, 2005), 26쪽.

와 만국역사 등 역사서도 두루 섭렵할 수 있는 기회를 가질 수 있었다.[2]

그러나 안중근은 점차 성장하면서 성격이 호탕해졌으며 학문보다는 말 타기와 활쏘기 등 무예연마에 몰두하였다. 때로는 숙부와 포수군들을 따라 화승총을 메고 사냥하기를 즐겼으며, 사격에 능해 명사수로 명성을 떨쳤다. 안중근은 자서전에서 자신의 호탕했던 청년기를 다음과 같이 회상하고 있다.

> 어려서부터 특성이 사냥을 즐겨, 언제나 사냥꾼을 따라 다니며, 산과 들에서 사냥하며 다녔다. 차츰 장성해서는 총을 메고 산에 올라 새, 짐 승들을 사냥하느라고 학문에 힘쓰지 않으므로, 부모와 교사들이 크게 꾸짖기도 했으나 끝내 복종하지 않았다. 친한 친구 학생들이 서로 타이 르며 권면하되 "그대 부친은 문장으로써 세상에 이름이 드러났는데, 너 는 어째서 장차 무식한 하등인이 되려고 자처하는 것이냐." 하므로 나 는 대답하되 "네 말도 옳다. 그러나 내 말도 좀 들어보아라. 옛날 초패왕 항우가 말하기를 '글은 이름이나 적을 줄 알면 그만이다.'라 했는데 만 고영웅 초패왕의 명예가 오히려 천추에 남아 전한다. 나도 학문 가지고 세상에 이름을 드러내고 싶지는 않다. 저도 장부요, 나도 장부다. 너희 들은 다시 더 나를 권하지 마라." 했다.[3]

안중근은 이러한 호탕한 성격과 장부기질을 가지고 있었던 터라 때때 로 친구들과 어울려 음주가무(飮酒歌舞)를 즐겼다.

안중근은 조숙했던 탓으로 어린나이인 16세 때 곧 1894년에 재령(載 寧) 김홍섭(金鴻燮)의 딸 김아려(金亞儷)와 혼인을 하였다. 그러나 결혼한 그 해에 동학난, 다시 말해 갑오농민전쟁이 일어났다. 당시 아버지 안태 훈은 해주감사(海州監司)의 요청에 따라 포수들을 모집하여 산포군(山砲 軍)을 조직하였는데, 농민군을 가장한 사이비 동학당[4]을 진압하는 임무

---

2) 윤병석(2005), 26쪽.
3) 안중근, 『안중근의사자서전』, 서울: 안중근의사기념관, 1990, 4~5쪽.
4) 당시 농민군 가운데는 동학운동을 빙자하여 죄 없는 민가를 습격, 약탈을 자행하는

를 맡았다. 이때 신혼의 단꿈에 젖어 있던 안중근은 자청하여 아버지를
도와 진압작전에 함께 참가하였다. 그는 아버지가 모집한 신천의려병군
(信川義旅軍兵)을 이끌고 선봉장으로 용전하였다. 특히 그는 '박석골전
투' 등에서 기습전을 감행하여 큰 전과를 올리게 되며, 그 과정에서 무
기, 탄약, 군마, 군량미 등 많은 전리품을 노획하기도 하였다. 당시 안중
근은 붉은 옷을 입고 전투에 임했는데, 이를 목격한 동학당은 패퇴하면
서 그를 '천강홍의장군(天降紅衣將軍: 하늘에서 내려온 붉은 옷의 장군)'
이라고 일컬었다고 한다.[5] 안중근은 이 무렵 동학군의 접장이던 김구(金
九)와 교분을 맺는 기회도 갖게 된다.

　이듬해 1895년에 동학군을 제압한 아버지 안태훈은 어이없게도 탁지
부 대신 어윤중(魚允中)과 전 선혜청 당상 민영준(閔泳駿)의 모함을 받는
처지가 되고 만다. 전란 중에 동학군으로부터 노획한 군량 중 반반이 자
신들의 것이라며 반환을 요구했던 것이다. 신변의 위협을 느끼게 된 안
태훈은 프랑스인 천주교당으로 피신했다. 여기서 그는 프랑스 신부들의
보호를 받을 수 있었는데, 수개월간 머무는 사이 안태훈은 이들의 도움
으로 군량미 상환문제를 해결할 수 있었고, 동시에 성서를 탐독하고 신
부들의 강론을 들으면서 천주교 신앙에 눈을 떠 천주교에 입교하게 되었
다. 그 뒤 1896년 10월에 안태훈은 천주교 교리사 이종래(바오로)를 대동

사례가 빈번하게 발생하였다. 참고로 안중근은 『동양평화론』에서 "지난 갑오년의
청일전쟁을 말할지라도 당시 조선에 쥐 같은 도적배들이 동학당의 소요를 계기로
청일 양국의 병사를 끌어들여 까닭 없이 싸움을 벌여 서로 충돌케 되었다."고 적고
있는데, 여기서 말하는 '쥐 같은 도적배'란 동학농민군을 지칭하는 것이 아니라 외
세에 의존하는 지배자들을 말하고 있음을 알 수 있다. 김영호, 「안중근의 동양평화
론과 동북아경제통합론」, 사단법인 안중근의사 숭모회, 『대한국인 안중근 학술연
구지: 안중근의사의 위업과 사상 재조명』, 서울: 사단법인 안중근의사 숭모회,
2005, 99쪽.
　5) 윤병석(2005), 27쪽.

하여 청계동으로 귀향한 다음 마을 사람들을 천주교로 개종시키는 데 앞
장섰는데, 이로 인해 한 세대만을 제외한 채 청계동 주민 모두가 천주교
에 입교하게 된다.[6]

아버지로 인해 천주교에 입교하게 된 안중근은 19세 때인 1897년에
프랑스인 신부 빌렘(Joseph-Marie Wilhelm, 홍석구, 洪錫九)으로부터 토
마스(Thomas, 多默)라는 영세명을 받게 된다. 후에 안중근은 도마(道馬)
로 불리게 되며, 홍 신부에게서 열심히 천주교 교리를 배우는 한편, 그를
수행하면서 선교에 헌신하였다. 같은 해에 천주교인들이 관리들의 학정
에 항거하는 일이 벌어졌는데, 당시 불한당들이 천주교인 행세를 하고,
관리들이 모함하여 조정에서 사핵사(査覈使) 이응익(李應翼)을 파견하여
천주교인을 체포하게 하였다. 안중근은 이를 간신히 모면할 수 있었다.

21세 때인 1899년에는 홍요셉 신부와 함께 여러 마을을 돌아다니며
선교활동을 하였는데, 이 과정에서 안중근은 수개월간 프랑스어를 배우
며 신학문과 서구문명에 눈을 뜨게 되었다. 이후 그는 신학문교육을 통
한 지도자 양성에 관심을 갖고 서울의 귀스타브 뮈텔(Gustave Mutel, 민
덕효, 閔德孝) 주교에게 대학 설립에 대한 의견을 피력했으나, 묵살 당하
고 만다. 이 일로 인하여 안중근은 천주교는 믿되 외국인은 믿지 않기로
마음을 정하고, 프랑스어 공부도 이때 그만두고 만다. 그러나 이후 26세
(1904년) 무렵까지 천주교 선교에 진력하였다.

27세 때인 1905년에 러일전쟁이 가속화되고 을사조약(乙巳條約)으로
나라의 운명이 경각에 이르자, 아버지와 의논한 후 항일운동의 국외 터
전을 잡을 방도를 찾기 위해 중국으로 건너간다. 그는 산둥(山東) 등지를
두루 돌아다닌 다음 상하이(上海)에 있는 민영익을 찾아가 자문을 구하
려 했으나 세 차례에 걸쳐 거절당하는 수모를 겪게 된다. 대신 친면(親

---

6) 윤병석(2005), 27~29쪽.

面)이 깊은 프랑스인 르각(Le Gac, 郭元良) 신부를 만나게 되며, 이때 그에게서 교육발달(敎育發達), 사회확장(社會擴張), 민지단결(民志團結), 실력양성(實力養成) 등의 4가지 구국방략(救國方略)의 권고를 듣고 애국계몽활동에 진력하기 위해 연말에 귀국하게 된다.[7] 12월에는 아버지 안태훈이 사망하게 되는데, 이 일로 안중근은 독립하는 날까지 평소 즐기던 술을 끊기로 결심하게 된다.

안중근은 28세 때인 1906년 3월에는 전 가족을 이끌고 청계동을 떠나 진남포로 이사를 하게 되는데, 여기서 애국계몽운동이 필요하다고 생각한 그는 사재를 털어 구국을 위한 교육사업에 투신할 것을 결심한다. 그리하여 4월에 진남포 천주교 본당에서 운영하던 돈의학교(敦義學校)를 인수한 다음 교장에 취임하였고, 6월에는 용정동에 삼흥학교(三興學校)를 설립하였다. 그는 교육사업을 통해 구국영재들을 양성하고자 불철주야 노력했다. 한편, 같은 해에 안중근은 진남포에서 안창호의 연설을 듣고 문명개화와 국권회복에 대한 필요성을 통감하였고, 교육사업에 더욱 매진하였다.

29세 때인 1907년에는 평양으로 가서 광산(鑛山)에 손을 댔으나 일본인들의 방해로 인해 실패하고 말았다. 그러나 당시 대구에서 발원하여 전국적으로 전개되던 경제자립운동인 국채보상운동에 적극 호응, 국채보상회 관서지부 지부장으로 활동하게 된다. 같은 해 7월 일제는 헤이그밀사의거사건을 계기로 고종황제를 강제 퇴위시키고 내정권까지 박탈하는 정미칠조약(丁未七條約)을 강제로 체결하였다. 연이어 8월에는 군대를 강제 해산시켰다. 이러한 일제의 만행을 목도하면서 울분이 극에 달한 안중근은 평양에서 급거 상경하여 남대문 밖 세브란스병원 전신인 제중원(濟衆院)에 머물며 대한제국군의 저항에 참여한다. 그는 당시 안창

---

7) 윤병석(2005), 30~31쪽.

호, 김필순(金弼淳), 수명의 미국인 의사들과 더불어 적십자표를 달고 싸움터에 직접 뛰어들었고, 이 과정에서 50여 명에 달하는 부상자들을 구하여 입원 치료시키기도 하였다.[8]

국내에서의 항일운동의 한계를 느끼게 된 안중근은 일제 침략행위가 날로 극심해지자 본격적인 항일 무장투쟁의 필요성을 절감하고는 해외 망명길을 선택하게 된다. 가족과 헤어진 그는 우선 북간도(北間島)로 건너갔고, 곧이어 연해주 블라디보스토크에 정착하게 된다. 그곳에서 안중근은 청년회에 참가하게 되고 임시사찰로 일하게 된다.

당시 연추(煙秋)를 중심으로 한 국외의병에는 유인석(柳麟錫), 홍범도(洪範圖)와 같이 국내에서 항쟁하다가 북상해 보다 장기적이며 효과적인 항전을 다짐하는 의병도 많았고, 연해주 한인사회를 바탕으로 편성된 의병부대도 적지 않았다. 뿐만 아니라, 안중근과 같이 국내외에서 애국계몽운동을 벌이다가 참여한 인물들도 있었다. 당시 연해주 의병의 중심인물 가운데 한 사람으로서 1902년 이래 간도관리사(間道管理使)를 지내다가 러일전쟁 때부터 항일을 표방해 의병항쟁을 선도한 인물 이범윤(李範允)도 있었다. 그와 더불어 연해주 한인사회에서 신망이 높고 재력이 넉넉한 최재형(崔才亨)도 적극적으로 참여해 의병독립전쟁을 선도한 인물이었다. 이러한 인물들의 노력과 열성으로 3~4천 명으로 추정되는 의병부대를 편성해 연추에 국외 의병의 본영이라 할 수 있는 창의소(倡義所)를 두고 독립전쟁을 개시할 수 있었다. 이 의병부대의 모체를 처음에는 창의회(倡義會)라고 불렀고, 뒤에는 동의회(同義會)라고도 하였다. 그 회장에는 최재형이, 부회장에는 이위종(李瑋鍾)이 선임되었으며, 총대장은 이범윤이 맡았다. 안중근은 이범윤 휘하에서 활동하였는데, 동의회의 모체

---

8) 윤병석 역편, 『안중근 전기전집』, 서울: 국가보훈처, 1999, 235쪽; 윤병석(2005), 33쪽.

가 된 연추의병대(煙秋義兵隊)의 편성과 훈련 등에 있어서 발군의 실력과 활동력을 보였다.[9]

30세 때인 1908년 7월에 안중근은 국내진공작전에 참가하였다. 연추 창의소를 출발한 진공부대는 두만강을 건너 함경북도 6진 지역으로 들어가 일본군과 수차에 걸쳐 치열한 접전을 벌였다. 당시 이 부대의 지휘체계는 김두성(金斗星)이 총독(總督)을, 이범윤이 총대장을 각각 맡았으며, 그 휘하에 전제익이 포병사령관, 안중근이 좌령장(左令將), 엄인섭이 우령장(右令將)을 각각 맡았다. 안중근은 뒷날 여순 감옥 공판에서 자신이 대한의군(大韓義軍)에 속하며, 자신의 신분을 참모중장(參謀中將), 특파독립대장(特派獨立大將)이라고 밝힌 바 있다.[10]

안중근은 두만강을 건너 경흥(慶興)에서 일본군 50여 명을 사살하는 전과를 올리고 회령(會寧)까지 진격하였다. 당시 생포한 일본군 포로들을 만국공법의 정신에 따라 석방하기도 했다. 그러나 안중근은 병력과 화력에서 월등한 일본군에 패하고 만다. 구사일생으로 도피에 성공한 안중근은 간신히 연추로 귀환하게 된다.

연추로 돌아온 안중근은 하바로프스크로의 망명을 결심하고 곧 이를 결행한다. 망명 후 그는 수찬 등지에서 교육 및 조직 활동에 전념하였다. 블라디보스토크에서는 동포들을 대상으로 『해조신문』과 『대동공보』 등에 독립심을 고취하는 글을 투고하기도 하였다.

안중근은 31세 때인 1909년 3월 2일 노브키에프스크 가리(可里)에서 자신과 함께 의병활동을 하던 김기룡(金起龍), 강순기(姜順琦), 정원주(鄭元柱), 박봉석(朴鳳錫), 유치홍(劉致弘), 김백춘(金伯春), 백규삼(白奎三), 황병길(黃丙吉), 조응순(趙應順), 김천화(金千華), 강창두(姜昌斗) 등과 함

---

9) 윤병석 역편(1999), 235쪽; 윤병석(2005), 35쪽.
10) 윤병석 역편(1999), 235쪽; 윤병석(2005), 36쪽.

께 모두 12명이 모여 단지회(斷指會)[11]라는 비밀결사를 조직하였다. 이들은 침략의 원흉 이토 히로부미를 암살하기로 하였는데, 3년 이내에 이를 성사시키지 못하면 자살로써 국민에게 속죄하겠다고 맹세했다.

안중근은 같은 해 9월에 블라디보스토크의 『원동보』와 『대동공보』를 통해 이토가 북만주 시찰을 명목으로 러시아의 재무대신 코코프체프와 회견하기 위하여 방문한다는 정보를 입수하게 된다. 그는 하얼빈과 지야이지스코를 거사장소로 설정하고는 지야이지스코에는 우덕순과 조도선을 배치하고, 자신은 하얼빈을 담당했다.

10월 26일 아침, 이토를 태운 특별열차가 지야이지스코 역을 그대로 통과해 9시경에 하얼빈 역에 도착하였다. 이토가 코코프체프와 열차에서 30분가량 회담을 마친 뒤 러시아 의장대를 사열하고 환영군중 쪽으로 가는 순간 권총을 발사, 이토에게 3발을 명중시켰다. 이어서 하얼빈 총영사 가와카미[川上俊彦], 궁내부 비서관 모리[森泰二郎], 만철이사(滿鐵理事) 다나카[田中淸太郎] 등에게 중경상을 입힌 뒤 "코리아 후라(대한 만세)!"를 외치고 현장에서 체포되었다.

32세 때인 1910년 2월 7일에 안중근, 우덕순, 조도선, 유동하 등 4인에 대한 제1회 공판이 여순 지방법원에서 열렸다. 2회 공판은 2월 8일에, 3회 공판은 2월 9일에 개최되었다. 4회 공판은 2월 10일에 열렸는데, 여기서 안중근은 사형, 우덕순, 조도선은 3년 징역형, 유동하는 1년 6개월의 구형을 각각 받았다. 5회 공판은 2월 12일 개최되었다. 2월 14일 일제 재판부는 제6회 마지막 공판을 열고는 안중근 사형, 우덕순 징역 3년, 조도선과 유동하 징역 1년 6개월을 각각 선고하였다. 이처럼 안중근 일행에게 행해진 재판과정은 일본인 일색의 변호 가운데 일제의 각본대로 진행되었으며 단 1주일여밖에 걸리지 않았다. 안중근은 사형이 선고되자

---

11) 일명 단지동맹(斷指同盟)이라고도 불렸다.

일본에는 사형 이상의 형벌은 없느냐며 오히려 미소를 지으며 여유를 보이기도 했다.

2월 19일, 안중근이 항소를 하지 않겠다고 밝히자 일제는 크게 놀랐으며, 오히려 고등법원장 히라이시[平石]가 형무소로 안중근 의사를 찾아가 항소할 것을 권유하기도 했다. 그렇지만 끝까지 안중근은 항소하지 않았다. 이러한 결정은

안중근은 사형을 기다리는 가운데 3월 9일에는 빌렘 신부와 면회하였으며, 3월 15일에는 자서전 『안응칠역사(安應七歷史)』를 탈고하였다. 전년도 12월 13일부터 집필하기 시작한 이 자서전은 출생에서부터 의병 활동과 하얼빈 의거, 그리고 여순 감옥에서 사형 선고를 받기까지의 옥중생활을 기록하고 있다. 자서전 집필 후에는 『동양평화론(東洋平和論)』을 쓰기 시작했으나, 순국한 3월 26일까지 불과 11일밖에 집필시간이 주어지지 않았다. 이 짧은 기간 동안 안중근은 서문(序文)과 전감(前鑑) 일부분을 서술하였다. 원래는 서문과 전감 외에도 현상(現狀), 복선(伏線), 문답(問答)으로 구성할 계획을 가지고 있었으나, 사형이 일찍 집행됨으로써 결국 미완성으로 끝나고 말았다. 어머니의 교훈 탓도 있었지만, 의로운 일을 성취했으니 구차하게 목숨을 구걸하는 모습을 보이지 않겠다는 결연한 의지의 표출이었다.

사형 당일인 3월 26일 안중근은 고향에서 보내온 흰색 명주 한복으로 갈아입고 조용히 무릎 꿇고 기도하는 가운데 죽음을 기다렸다. 전옥(典獄)이 사형집행문을 낭독하고 최후의 유언을 물었을 때 "나의 이 거사는 동양평화를 위하여 결행한 것이므로 임석제원들도 앞으로 한·일 화합에 힘써 동양평화에 이바지하기 바란다."라고 당부하는 한편, "나와 함께 '동양평화 만세'를 부르자."고 제의했다. 그러나 만세 행위는 사형집행자들에 의해 저지되었으며, 교수형이 집행되었다.[12] 오전 10시 경에 안중

근은 민족과 조국을 위한 순국으로 생을 마감했다.

일제는 정근과 공근 두 동생의 탄원과 절규에도 불구하고 안중근의 유해를 유족에게 인도하지 않았다. 그의 유해가 한국인의 손에 인도되어 고국에 안장될 경우 묘소가 국내외 독립운동의 성지(聖地)가 될 수도 있다는 우려를 했던 것이다.[13]

안중근이 순국한 그해 5월, 만주일일신문사에서 『안중근사건 공판속기록』은 발행되었지만, 안중근의 두 유고집, 즉 이미 탈고한 자서전 『안응칠 역사』와 미완성본 『동양평화론』 원본은 순국 후 일제에 의해 즉시 압수돼 극비로 취급되었다.[14] 한국민들이 이 유고집들을 접하게 될 경우 필경 민족주의 의식을 자극할 수 있다고 우려했기 때문이었음은 두말할 필요가 없다.

안중근이 여순 감옥 시절 보여준 고귀한 인품과 통찰력 있는 식견, 그리고 평화 지향적 사상은 여순 감옥에 종사하는 많은 일본인들에게 깊은 감명을 주었던 것으로 보인다. 실제로 당시 여순 감옥 당국자는 그가 감옥생활을 하는데 불편이 없도록 많은 배려를 하였고,[15] 그가 쓴 필묵을 간직하려 했던 것은 이 같은 사실을 잘 증명해 준다고 하겠다.

---

12) 윤병석 역편(1999), 235쪽; 윤병석(2005), 47쪽.
13) 윤병석 역편(1999), 235쪽; 윤병석(2005), 48쪽.
14) 안중근 유고가 다시 빛을 보게 되기에는 60여 년의 세월이 걸렸다. 처음에는 도쿄 한국국제연구원 최서면(崔書勉) 원장이 1969년 4월 동경 고서점에서 입수한 『안중근자서전(安重根自敍傳)』이라 표제된 일본역이었다. 유고 그대로의 등사본이 발견된 것은 그로부터 10년이 지난 1979년 9월인데, 재일교포 김정명(金正明) 교수가 일본 국회도서관 헌정연구실 '칠조청미(七條淸美)' 문서 중에서 『안응칠역사 (安應七歷史)』와 『동양평화론(東洋平和論)』의 등사본을 합책한 것이었다. 윤병석 (2005), 50~51쪽.
15) 조순, 「안중근 선생을 다시 생각한다」, 사단법인 안중근의사 숭모회, 『대한국인 안중근 학술연구지: 안중근의사의 위업과 사상 재조명』, 서울: 사단법인 안중근의사 숭모회, 2005, 142쪽.

특히 안중근을 옆에서 지켜본 일본군 헌병 치바 토시치[千葉十七]는 처음에는 이토를 암살한 안중근에 대하여 분노하는 마음을 가졌었지만, 점차 그가 고귀한 성품의 소유자며, 진정한 동양평화를 갈구하는 평화주의자라는 사실을 알게 되고부터는 그를 진심으로 존경하게 된다. 치바의 눈에 비친 옥중의 안중근은 언제나 맑고 깨끗했고, 예의 바르게 행동했으며, 어떤 신문(訊問)에도 굴하지 않고 당당했던 그의 말처럼 조국의 운명을 염려하고 민족의 독립과 명예를 지키기 위해 온몸을 던진 인간적이고 귀한 인품의 소유자였던 것이다.[16] 점차 두 사람은 한국 독립군과 일본군, 사형수와 간수, 가톨릭교도와 불교도라는 두 사람 사이의 장벽을 뛰어넘어 서로 존경하며 깊은 우정을 나누게 된다. 안중근은 사형에 처해지기 전 우정의 표시로 치바에게 "나라를 위해서 몸을 바침은 군인의 본분이다[爲國獻身軍人本分]."라고 쓴 필묵을 선물한다. 치바는 제대한 이후 고향 센다이로 돌아가 철도원으로 일하면서도, 사찰[17]에 안중근 의사의 위패를 모셔놓고 평생 그의 명복을 빌어 주었다. 치바가 사망한 후에는 그의 부인이 안중근과 남편인 치바의 사진을 불단 앞에 놓고 주야로 명복을 빌었으며, 전후에는 미야기현[宮城縣]의 다이린지[大林寺]에 두 사람의 위령탑을 세우기도 하였다.

1959년 3월 26일에는 서울 남산공원에 안중근의 동상이 건립되었고, 1962년 3·1절에 즈음해서는 대한민국 건국 공로훈장 중장(重章)이 추서되었다. 1970년 10월 26일에는 그의 애국정신을 기리기 위해 남산 자락에 '안중근의사 기념관'이 준공되었으며 오늘에 이르고 있다.

---

16) 사이토 타이켄 저 / 이송은 역, 『내 마음의 안중근』, 서울: 집사재, 2007, 22쪽.
17) 이 사찰은 일본 혼슈[本州] 북부 미야기 현[宮城縣] 구리하라 시[栗原市]에 있는 다이린지[大林寺]라는 절이다.

III. 안중근의 구국 민족주의 활동

1. 애국계몽운동 시절

안중근은 청년기 이후 당시 사회의 요구에 호응하면서 애국계몽운동과 항일 독립전쟁에 가담하고 영웅적인 활동을 전개하였다. 그리고 그의 그러한 활동 배경에는 당시의 사회사상과 천주교 신앙이 동시에 작용하였던 것으로 보인다. 안중근은 북간도지방으로 망명을 떠나던 1907년까지 애국계몽활동을 계속하였는데, 그의 활동에는 언제나 천주교 신앙이 함께 자리하고 있었다.[18]

안중근은 1897년 1월 11일 아버지 안태훈과 2명의 숙부, 2명의 사촌, 그리고 청계동과 인근 주민 22명과 함께 천주교 세례를 받았다. 안태훈은 도지부대신(度支部大臣) 어윤중과 전선혜청당상(前宣惠廳堂上) 민영준의 모함으로 종현성당(鐘峴聖堂, 현 명동성당)으로 피신하였는데, 프랑스 선교사들의 도움으로 어려움을 모면한 그는 천주교 신앙을 받아들이게 된다. 안태훈은 안씨촌(安氏村)으로 불리던 청계동에서 막강한 영향력을 가지고 있던 터여서 그의 천주교 입교 권유는 안씨 일가들로서는 거부하기 어려운 요구였다. 안중근 역시 아버지의 권유로 천주교에 입교하게 된다. 세례를 받기 전에는 유교적 소양과 개화사상에 눈을 뜨기는 했지만, 청계동 일대에서 사냥에 몰두하고 있었다. 그러나 천주교 세례를 받은 후 청계동 본당 설립과 함께 신앙이 성숙해지면서 자신이 속해 있

---

18) 윤선자, 「안중근의 천주교신앙과 애국계몽운동」, 사단법인 안중근의사 숭모회, 『대한국인 안중근 학술연구지: 안중근의사의 위업과 사상 재조명』, 서울: 사단법인 안중근의사 숭모회, 2005, 256~257쪽.

는 사회와 국가에 대해 새롭게 인식하게 되고, 문명국가 건설에 대한 포부를 갖게 된다.[19]

안중근은 신앙이 성장함에 따라 선교사 빌렘 신부의 복사(服事)로 섬기면서 해주, 옹진 등 황해도의 여러 지방을 두루 다니며 미사를 도왔을 뿐만 아니라, 때에 따라서는 현지 주민들에게 적절한 설교를 하는 기회도 가졌다. 그가 이처럼 천주교 신앙 활동에 활발하게 임했던 주된 이유는 개인 구원의 차원을 넘어 고난과 고통 속에 처한 동포 구원의 확장에 있었기 때문으로 보인다. 안중근은 이미 집안 전통에 따라 유교적 소양을 가지고 있던 터라 천주교 교리를 수용함에 있어서도 동양적으로 이해하고 설명하는 명민함을 보이기도 하였다. 특히 안중근은 복사로서 빌렘 신부를 수행하며 틈틈이 나누는 대화를 통해 천주교 교리에 대한 폭넓은 이해뿐만 아니라, 서양의 근대사상과 문명지식에 눈을 뜨게 된다. 이러한 각성은 천주교 신앙을 갖게 되면 우리도 반드시 문명국가를 건설할 수 있을 것이라는 확신을 갖게 했다.[20]

치외법권의 혜택을 누리며 황해도에서 큰 영향력을 발휘하고 있던 빌렘 신부는 1903년 1월의 해서교안(海西敎案)[21]으로 인해 교구장 뮈텔 주교의 소환을 받게 되었는데, 이러한 조치는 자연히 안중근에게도 큰 타격을 주었다. 그렇지만, 빌렘 신부를 통해 이루어지던 안중근의 사회활동

---

19) 윤선자(2005), 258~261쪽.
20) 윤선자(2005), 262~264쪽.
21) 1902년을 정점으로 이를 전후하여 황해도 지방에서 천주교회와 관청 사이에서 빚어진 일련의 충돌 사건을 말한다. 교안(敎案)은 1886년 한불조약(韓佛條約) 체결 직후부터 발생하는데, 이 조약이 프랑스 선교사에게는 종교의 자유를 인정하였으나 정작 선교 대상인 한국인에게는 종교의 자유를 허용하지 않았고, 또한 선교사들에게 개항지(開港地)에서의 정착은 인정하였으나 기타 지방에서의 정착은 인정하지 않은 데 따른 불가피한 현상이었다. 1899년의 교민조약(敎民條約)으로 한국인에게도 종교의 자유가 인정되었으나, 이후에도 교안은 빈발했다. 그것은 아직 종교의 자유에 대한 계몽과 이해가 부족하였고, 유교적 전통일 뿌리 깊었던 탓이었다.

은 시간이 흐르면서 점차 경험 축적을 통하여 민족주의적 민권운동으로 확대되었고, 자신의 독자적인 활동을 넓혀나가는 방향으로 진행되었다. 활동 영역도 황해도 전역으로, 나아가 경성으로 확대되었다. 물론 이러한 민권운동 역시 안중근에게는 선교활동의 연장으로 인식되었으며, 실제로 천주교 교세 신장에 기여하는 중요한 요인으로 작용하였다. 당시 안중근은 민족의 수난과 고통을 외면한 채 현실에 안주하고자 하는 제도교회의 선교정책에 대해 비판의식을 가지고 있었으며, 인간의 육신과 영혼, 현세와 내세, 그리고 개인과 사회를 총체적으로 구원하고자 하는 행동하는 신앙인이었다고 해도 과언이 아니다. 무엇보다도 천주교 교리를 통해 인간이 존엄하고 평등하다는 민권사상에 눈을 뜨게 된 안중근은 당시 한국 사회가 중앙정부의 행정 문란과 지방관리들의 가렴주구로 인해 민중의 생존권이 크게 위협받고 있는 상황에 분노하였으며, 수구파 정권에 매우 비판적인 태도를 보였다.22)

안중근은 이처럼 신실한 천주교 신앙심을 가지고 교회활동에 열심이었던 탓에 자신의 향리에서 천주교 신자들의 총대(總代)로 추대된다. 동시에 그는 1천 명 이상의 계원을 모아 돈을 출자한 뒤 추첨이나 입찰로 돈을 융통해주는 만인계의 채표회사 사장으로 선임되어 수완을 발휘하기 시작하였다.23) 특히 총대로서 그의 활동 목표는 민권운동을 통한 문명독립국 건설과 민권자유 획득에 있었다. 이러한 활동은 자연히 민족의식과 결부되게 마련이었다.24)

안중근은 1905년 을사조약이 체결되자, 이 조약의 규정에 따라 일제의 침략정책이 노골화되어 가는 국내에서는 국권회복운동이 어렵다고 판단하고는, 끝내 국외 이주를 결심하게 된다. 국외 이주지로는 중국을

---

22) 윤선자(2005), 268~269쪽.
23) 사이토 타이켄 저 / 이송은 역(2007), 5~6쪽.
24) 윤선자(2005), 270~271쪽.

택하였는데, 당시 중국에는 각국의 영사관과 공사관이 개설되어 있었고, 국권회복을 위해 노력하고 있는 한국인들이 더러 있었기 때문이었던 것으로 보인다. 중국으로 건너간 그는 한국을 침탈한 일제 행위의 부당성을 호소하면서 문명국가들로부터의 군사적 원조를 기대하였을 뿐만 아니라, 상하이[上海]와 산둥지방의 한국인들을 모아 본격적인 국권회복운동을 전개할 것을 계획하였다. 그러나 정작 기대를 걸었던, 상하이 거주 한인 유력자들과 천주교 신부들조차도 협조를 하지 않았다. 그는 먼저 민영익(閔泳翼)을 찾아갔으나 문전박대를 당하였고, 기대했던 상인 서상근의 협력마저도 거절당하는 수모를 겪었다. 르각(Le Gac) 신부의 권유에 따라 1905년 12월에 상하이 이주를 포기하고 그는 아버지 안태훈과 가족들이 머무는 평안남도 진남포로 귀환하였다. 그러나 곧 아버지가 사망하자 가족들은 장례를 치르기 위해 청계동으로 가 상청(喪廳)을 차리고 그곳에서 그해 겨울을 보냈다.[25]

안중근은 1906년 3월에 가족들과 함께 청계동에서 진남포로 이사하였는데, 그가 이곳으로 이사한 가장 중요한 이유 중의 하나는 평양과의 인접성을 고려한 때문이었다. 당시 활발하게 전개되던 평양에서의 각종 민족주의적 실력양성운동이 안중근을 크게 자극하였기 때문이었다. 신흥도시 진남포에서의 생활은 그에게 일본에 의해 침탈당해가는 한국의 현실을 보다 분명하게 인식토록 하는 계기가 되었다. 안중근은 이사한 이후 1907년 7월까지 약 1년 5개월 동안 애국계몽운동에 열정적으로 투신하면서, 교육운동과 결사운동, 그리고 식산진흥운동(殖產振興運動)[26] 및

---

25) 윤선자(2005), 277~280쪽.
26) 당시 식산진흥운동은 부르주아 민족운동을 이끌어갈 세력이 미처 성숙하지 못하였던 이유로 주도세력이 종래의 봉건지주·봉건관료·특권상인층이었다. 애국계몽 운동가들은 산업진흥정책을 통해 실력을 양성하고 자강을 이룩함으로써 근대민족국가를 이룩할 수 있다고 주장하였다. 노인화, 「애국계몽운동」, 『한국사』, 서울: 한

국채보상운동(國債報償運動)을 전개하는 데 적극적으로 참여하였다.[27]

안중근은 무엇보다도 구국을 위해서는 교육을 통한 애국계몽운동이 필수적이라는 사실을 절감하고, 이를 위해 우선적으로 진남포 성당에서 운영하던 교회학교인 돈의학교(敦義學校)의 운영에 적극 가담하였다. 이 학교는 원래 진남포 천주교 본당 초대주임 포리(Faurie) 신부가 교육을 통한 선교를 위해 개인적으로 세운 일종의 초등교육기관이었다. 그러나 건강상 이유로 포리 신부가 떠나고 후임 르레드(Jules Lerede, 신숭겸) 신부가 부임한 후 상대적으로 교육사업에 무심한 태도를 보이면서 돈의학교는 경영난에 봉착하게 된다. 이러한 상황에서 안중근이 적극 나서게 되는데, 그는 자신의 사재를 털어 학교 경영권을 인수하였다. 돈의학교의 교과목으로는 구체적으로 어떠한 과목이 교수되었는지 잘 알 수는 없으나, 체육, 군대식 교련을 가르친 것 외에 국권회복을 위한 애국계몽의식을 고취시키는 과목을 비롯하여 교회학교라는 점에서 천주교 교리를 가르쳤을 것으로 미루어 짐작할 수 있다.

안중근은 돈의학교와 함께 진남포성당에 설치한 영어교육 야학교(夜學校)인 삼흥학교(三興學校)의 경영에도 참가하였다. 이 학교는 일종의 성인교육기관 내지는 중등교육기관이었을 것으로 판단된다.[28]

두 학교의 경영에 참여한 이후 안중근은 빌렘 신부와의 오랜 토론 끝에 민족과 교회의 발전을 동시에 이룰 수 있는 최선의 방법은 고등교육이라는 결론에 도달하게 되고, 두 사람은 상경하여 교구장 뮈텔 주교에게 대학 설립을 건의하게 된다. 그러나 뮈텔 주교는 이 건의를 일언지하에 거절하였는데, 그 주된 이유는 1903년에 발생한 해서교안을 해결하는 과정에서 생겨난, 이들에 대한 불신 때문이었다.[29]

길사, 1994, 239~241쪽; 윤선자(2005), 287쪽.
27) 윤선자(2005), 281~282쪽.
28) 윤선자(2005), 282~284쪽.

교육운동 외에도 안중근은 외국의 선진문물을 수용하여 국력을 기르
자는 취지하에 국민을 계몽하고자 하는 학회운동에도 적극 참여하였다.
그는 1907년 6월 이전에 서우학회(西友學會)[30]의 제8회 회원으로 가입하
여 활동하였는데, 이 학회에는 이갑, 박은식, 노백린, 유동설, 이도재, 안
병찬, 안창호, 이승훈, 김달하 등 서북지방의 명망가들이 대거 참여하고
있었는데, 애국계몽운동기 학회운동의 도화선 역할을 하였다. 안중근은
학회활동을 통해 폭넓은 교유를 하면서 교육운동과 더불어 식산운동에
도 깊은 관심을 갖는다.[31]

지주집안 출신인 안중근은 식산진흥운동에 관심을 가지면서 산업활
동을 통한 근대 민족국가 건설을 꿈꾸었다. 그는 각종 애국계몽운동의
경비 조달을 목적으로 한재호(韓在鎬), 송병운(宋秉雲) 등과 함께 평양에
서 무연탄 판매회사인 삼합회(三合會)를 경영하였다. 그러나 이러한 안중
근의 삼합회는 곧 실패로 돌아가 재산을 크게 축내었고, 이후 활동을 크
게 제약하는 결과를 가져오고야 말았다. 안중근의 처남이 전답을 팔아
삼흥학교의 교사를 겨우 마련하기는 하였지만, 이 학교는 안중근이 진남
포를 떠난 후인 1908년 4월에 심각한 운영난에 봉착하게 된다. 더욱이
같은 해 8월에는 일제 당국이 '사립학교령(私立學校令)'을 공포하는 통에
학교재단의 부실, 교원자격의 부족 등을 이유로 진남포의 신상회사 임원
들이 설립한 주간 초등교육기관 오성학교(五星學校)의 야학부로 재편되
어 운영되었다.[32]

---

29) 백기인, 「안중근연구」, 한국정신문화연구원 석사학위논문, 1994, 18쪽; 윤선자
    (2005), 285~286쪽.
30) 당시 서북지방의 대표적 학회로서 뒤에 서북학회(西北學會)로 통합 개칭되었다.
    이 학회는 개화 지식을 보급하고 교육과 식산의 진흥을 통해 국권을 수호하고자
    했다.
31) 윤선자(2005), 286쪽.
32) 윤선자(2005), 287~288쪽.

안중근은 1907년에는 전국적으로 전개되던 국채보상운동에 적극 호
응하여 '국채보상회관서지부'를 설치하고 지부장으로서 활발하게 활동했
다. 안중근은 부인의 금은지환, 비녀, 월자 등을 비롯하여 가족의 장신부
전부를 헌납하는 등 자신의 가족부터 솔선 참여하는 애국적인 모범을 보
이기도 하였다.[33]

2. 의병활동 시절

1907년 7월 18일 고종이 강제로 퇴위당하고 군대가 해산되는 상황이
전개되자 안중근은 실력양성운동의 방법으로는 도저히 국권회복이 불가
능하다는 사실을 현실적으로 깨닫게 된다. 7월 24일에는 한국의 외교권
이 일제에 박탈당하게 되는 정미칠조약(丁未七條約)이 체결되고 전국적
으로 의병이 일어나자 애국계몽운동 수준이 아니라 직접 일제에 맞서 싸
우는 항일 독립전쟁 준비가 절실히 필요하다는 결심을 하고는 진남포를
떠났다. 이제 더 이상 교육운동이나 결사운동과 같은 비폭력적 방법의
애국계몽운동으로는 일제의 속박으로부터 벗어나기가 어렵다고 느낀 나
머지 의병을 일으켜 일제에 무장으로 대응하기 위해 망명길을 택하게 되
었던 것이다. 이는 물론 저항 민족주의 의식의 발로였다고 볼 수 있다.
평양, 경성, 부산, 원산을 거쳐 8월 16일 북간도 용정에 도착한 안중근은
간도 지방을 돌아보고, 그해 겨울 이후에는 연해주에 도착했다. 여기서
그는 자신의 의병활동을 구체화해 나갔다.[34]
우선 안중근은 블라디보스토크로 가서 계동청년회(啓東靑年會)의 임
시사찰(臨時査察)이 되었다. 여기서 이범윤(李範允)을 만나 의병부대의

---

33) 윤선자(2005), 289쪽.
34) 윤선자(2005), 291~292쪽.

창설을 협의하는 한편, 엄인섭(嚴仁燮), 김기룡(金起龍) 등과 함께 의병부대 창설 준비단체인 동의회(同義會)를 조직하고 최재형(崔在亨)을 이 조직의 회장으로 추대했다. 이들은 연해주의 한인촌을 돌아다니며 한인 주민들에게 독립전쟁과 교육운동의 필요성을 이해시키고 그들을 설득하면서 의병을 모았다.

안중근은 의병 지원자가 300여 명이 되자 이범윤을 총대장, 김두성(金斗星)을 대장으로 추대하고 자신은 참모중장이 되었다. 이때부터 무기를 구하고, 두만강 부근의 노브키에프스크를 근거지로 훈련을 하면서 국내진공작전을 준비했다. 이러한 치밀한 준비 덕에 1908년 6월 특파독립대장 겸 아령지구군사령관으로 항일 전투에 참여 함경북도 경흥군 노면에 주둔하던 일본군 수비대를 격파하는 개가를 올렸다. 그 뒤 본격적인 국내진공작전을 감행하여 함경북도 경흥과 신아산 부근에서 일본군 정찰대와 전투를 벌여 다시금 전과를 올렸다. 그러나 얼마 후 제3차 회령전투에서는 일본군의 기습공격을 받으며 중과부적으로 처참한 패배를 당하고 만다. 이때 기습공격을 받은 이유는 다른 사람들의 반대에도 불구하고 전투에서 사로잡은 일본군 포로들을 국제공법에 입각해서 석방해 주었기 때문이었던 것으로 보인다.

천신만고 끝에 사지(死地)에서 탈출한 안중근은 블라디보스토크로 귀환해 의병을 다시금 일으키려고 하였으나, 패전에 대한 책임 소재로 말미암아 많은 사람들의 비판을 받게 되었고, 끝내 부대마저 해체되자 의병활동을 접게 되고 만다.

이후 안중근은 노브키에프스크, 하바로프스크를 거쳐 흑룡강 상류 수천여 리를 다니면서 이상설(李相卨), 이범석(李範奭) 등 애국지사들을 만나 조국의 앞날을 걱정하며 구국활동과 관련한 담화를 나누었다. 그러는 가운데 안중근은 노브키에프스크에서 국민회, 일심회 등을 조직하여 애

국사상 고취와 군사훈련을 담당하면서,[35] 또 다른 항일전투를 준비해 나
갔다.

3. 이토 히로부미 저격

안중근은 1909년 3월 초에 이르러 연추에서 김기룡(金起龍)을 비롯한
11명의 동료들과 함께 '조국독립의 회복과 동양평화의 유지'를 위해 헌
신하겠다며 단지동맹(斷指同盟), 즉 '동의단지회(同義斷指會)'라는 비밀
결사를 결성한다. 이들은 태극기를 펼쳐놓고 각기 왼손 무명지 첫 관절
을 자른 다음, 혈서로 '대한독립(大韓獨立)'이라 쓰고 대한독립만세를 3
창을 하였다.[36] 무엇보다도 이들은 이토 히로부미를 암살하기로 하고,
이 과업이 3년 이내에 성사되지 못하면 자살로 국민에게 속죄한다고 맹
세했다.

안중근은 10월 19일 연추에서 블라디보스토크로 귀환한 다음, 블라디
보스토크에서 『대동공보(大東共報)』를 거점으로 활동하던 중 이토 히로
부미가 러·일 양국 간의 세력범위 조절을 목적으로 러시아의 재무대신
코코프체프와 하얼빈에서 회담을 할 것이라는 정보를 입수하게 된다. 당
시 일본정부는 러일전쟁(露日戰爭)에서 승리한 후 전승국의 유리한 입장
을 이용하여 1910년에 한국을 병합하고, 중국령 만주를 침략할 계획을
추진하고 있었다. 일제는 이 일을 착수함에 앞서 한국통감을 사직하고
일본으로 귀국하여 추밀원(樞密院) 의장이 된 이토를 하얼빈으로 파견,
러시아 정부의 코코프체프와 동양 정세 전반에 대한 정책조정을 위해 북
만주를 시찰하게 하는 기획을 발표하였던 것이다.[37] 이토가 암살된 다음

---

35) 사이토 타이켄 저 / 이송은 역(2007), 7쪽.
36) 윤병석 역편(1999), 235쪽; 윤병석(2005), 37~38쪽.

에 알려진 그의 만주 시찰의 목적은 여순에 소재한 관동도독부(關東都督府)를 철폐하고, 한국통감의 권력을 만주에까지 확장하려는 것으로 드러났다. 이토는 만주의 일을 다 처리한 다음에는 중국의 내정을 감독하기 위해 중국에 통감을 두어 중국의 재정사무를 감독하여야 한다고 주장하였다 한다. 즉 러시아 재무대신 코코프체프와 만주문제를 상론한 다음 각국의 밀사들과 함께 세계 각국 대표들을 모아놓고 중국의 재정감독에 관한 담판을 하여 이토 자신이 그 통감을 담당하려는 것이었다.[38]

안중근은 이토를 저격할 계획으로 황해도 출신 의병장 이석산(李錫山)에게 거사 자금 1백 원을 차용한 다음, 10월 20일 국내진공전 때 함께한 전우 우덕순(禹德淳)을 방문했다. 그는 우덕순에게 이토 암살 계획에 동참할 것을 권유하며 다음과 같이 말했다.

> 오늘 신문을 보고 이토 히로부미가 만주 여행을 한다는 것을 알았소. 그 놈은 우리의 삼천리강산을 탈취하고 우리의 2천 만 겨레를 참살하고도 성이 차지 않아 대륙에까지 진출하여 4억 인민을 죽음의 도가니에 빠뜨리려 하고 있으니 그는 우리의 불공대천의 원수일 뿐 아니라 세계와 인간 도의의 대적(大賊)인 것이오. 나는 오래 전부터 이놈을 죽여 나라의 원수를 갚으려 하였지만 기회를 얻지 못하고 지금까지 원한을 참아 왔소. 오늘 이런 기회가 생긴 것은 하늘이 나의 손을 빌려 이놈을 없애려는 것이니 함께 가지 않겠소?[39]

우덕순은 주저 없이 안중권의 권유에 흔쾌히 응했고, 곧바로 이토 처단 계획을 밀의하였다. 다음날 이들은 10월 21일 하얼빈으로 이동하는

---

37) 白井久也,「일본에서 본 안중근 의사」, 사단법인 안중근의사 숭모회,『대한국인 안중근 학술연구지: 안중근의사의 위업과 사상 재조명』, 서울: 사단법인 안중근의사 숭모회, 2005, 116쪽.
38) 滄海老紡室稿,「安重根傳」, 滄海老紡室稿(白巖 朴殷植) 저 / 이동원 역,『불멸의 민족혼 安重根』, 서울: 한국일보사, 1994, 82쪽.
39) 滄海老紡室稿(1994), 84쪽.

도중에 포그라니치나야에서 통역으로 유동하(劉東夏)를 가담시켰다. 22
일 하얼빈에 도착한 안중근 일행은 그곳 국민회 회장 김성백(金成伯)의
집에 유숙하였으며, 23일 아침 기념사진을 찍고 조도선(曺道先)과 합류
하여 거사계획을 구체적으로 의논하였다. 24일 이토 암살을 위해 우덕순,
조도선을 지야이지스코 역에 배치하고 여기서 실패할 경우를 대비해 10
월 25일 하얼빈으로 귀환하여 연소한 유동하는 타일러 돌려보내고 이토
저격을 대비하였다.

　10월 26일 아침, 이토를 태운 특별열차가 지야이지스코 역을 그대로
통과해 9시경에 하얼빈 역에 도착하였다. 러시아 의장대 뒤에서 기회를
노리고 있던 안중근은 플랫폼에서 이토 히로부미가 마중 나온 러시아 재
무장관 코코프체프와 약 30여 분간의 열차회담을 마친 후 역 구내 플랫
폼에서 러시아군 의장대를 사열하고 각국 외교사절단 앞으로 나아가 인
사를 마치고 곧이어 하얼빈 재류 일본인 환영단 쪽으로 걸음을 옮기기
시작하는 순간 몸에 소지하고 있던 브로닝 권총을 꺼내 이토를 향해 발
사하였다. 3발의 총탄이 이토의 급소에 명중했다. 이토는 곧 사망했고,
나머지 총탄은 하얼빈 총영사 가와카미[川上俊彦], 궁내부 비서관 모리
[森泰二郎], 만철이사(滿鐵理事) 다나카[田中清太郎] 등에게 중경상을 입
혔다. 안중근은 현장에서 '코리아 후라(대한 만세)!'를 3창하였다. 이는
모든 한국인을 대표하여 결연한 독립의지를 만방에 알리는 결연한 행위
였다. 안중근은 자신의 "이익을 보거든 정의를 생각하고, 위태로움을 보
거든 목숨을 던져라[見利思義 見危授命]."라는 좌우명을 그대로 관철하
였던 것이다. 그는 현장에서 러시아 헌병에게 즉시 체포되었다. 그때 시
각은 9시 30분경이었다.

　안중근은 체포된 직후 러시아 검찰관의 예비심문을 받은 다음 곧바로
하얼빈 일본 영사관으로 압송되었다. 그는 10월 30일 관동도독부 지방법

원에서 처리하라는 일본정부의 방침에 따라 파견된 미조부치 타카오[景淵孝雄] 검찰관으로부터 신문을 받았다. 안중근은 엄중한 신문을 받는 과정에서도 이토 히로부미가 대한의 독립주권을 침탈한 원흉이며 동양 평화의 교란자라고 단호히 규정하며, 그가 저지른 죄상을 낱낱이 진술하였다. 이러한 안중근의 목숨을 건 거사와 검찰신문 과정에서의 의연하고 당당한 모습은 일제 치하에서 전전긍긍하던 중국인들에게 커다란 반향을 불러일으키게 마련이었다. 이토가 안중근의 저격으로 사망했다는 소식을 접한 중국 사람들은 환호하며 크게 기뻐했다. 중국 근대민주주의 혁명가이며 사상가인 장병린(章炳燐)은 자신의 저술『안군송(安君頌)』에서 다음과 같이 당시의 감동을 전하고 있다.

> 융희(隆熙) 2년 가을(9월), 괴수 이토 히로부미가 요동반도를 지나 가자 청나라의 총독 이하 관리들은 모두 개미떼처럼 몰려나와 길가에 엎드린 채 황제를 배알하듯 절을 하였다. 이토가 특별열차를 타고 하얼 빈에 도착한다는 소문을 듣고 안군은 그날 아침 환영대열의 앞줄에 서 서 그를 마중하려고 먼 길을 달려왔다. 안군은 민가에 유숙하면서 급히 글을 지어 울분을 토로하였다. 위졸들과 관리들이 이토를 영접하느라 아우성치니 그 소리 마치도 돼지 멱따는 것 같았고 들소 울부짖듯 하였 다. 이때 안군이 나서서 쏜 총알 일곱 방은 다 급소를 명중시켰다. 영접 하러 나온 관리들이 뒤섞이게 되자 안군은 사격을 멈추었다. 이토는 미 친 야수처럼 거꾸러졌고 그 자리에서 죽었다. 안군은 곧 체포되어 고문 을 받았지만 쓸데없는 말이란 한마디도 없었고 오히려 그 기백이 의젓 하여 천하에 알려지니 지사들은 더욱 감동되고 격분하였다.[40]

양계초(梁啓超)는『추풍단등곡(秋風斷藤曲)』에서 안중근의 의거에 대해 "… 그 사나이 지적에서 발포하니 정계의 거물이 피를 쏟았네. … 나

---

40) 滄海老紡室稿(白巖 朴殷植) 저 / 이동원 역,『불멸의 민족혼 安重根』, 서울: 한국 일보사, 1994, 26쪽.

는 이 세상에 살아 있는 한 사마천(司馬遷)이 안자(晏子)를 추모하듯 그
대를 경중하고 내가 이 세상을 떠나면 내 무덤 의사(義士)의 무덤과 나란
히 있으리."라며 그를 진심으로 추앙하였다.[41]

   이처럼 중국인들은 안중근의 의거에 대해 중국을 대신해 원수를 갚아
준 영웅으로 극찬함은 물론 그의 인격에 대해서도 탄복해 마지않았다.
이러한 인식은 5·4운동을 전후한 시기에 반제봉건투쟁에 민중을 불러일
으키는 수단의 하나로 안중근의 의거를 소재로 한 연극이 유행하는 계기
를 만들었는데, 자연히 이러한 연극은 반일정서를 불러일으키는 수단이
되었다.[42] 이후 나남산(羅南山)이 안중근의 의거가 신해혁명(辛亥革命)에
도 직접 영향을 미쳤다고 평가한 바 있듯이,[43] 안중근은 혁명을 꿈꾸던
당대 중국 청년들에게 혁명가의 전범(典範)이 되어 중국의 민족주의운동
에 큰 영향을 미치게 된다.

   나아가 안중근의 의거는 중국의 지도자들로 하여금 일본에 효과적으
로 대항하기 위해서는 한국과 공동전선을 통한 항일투쟁을 전개할 필요
가 있다는 인식을 갖게 하는 데도 결정적인 역할을 했다. 1921년 10월
손중산(孫中山)의 광동호법정부(廣東護法政府)가 대한민국임시정부를 승
인한 것이라든지, 1932년 4월 29일 윤봉길의사 의거 이후 장개석(蔣介
石) 치하 중화민국 정부가 대한민국 임시정부를 성원하기로 결정한 것은
안중근의 거사에 대한 기억이 큰 영향을 미쳤을 것으로 판단된다.[44]

---

41) 유병호, 「안중근의거에 대한 중국의 반응과 시각」, 사단법인 안중근의사 숭모회,
    『대한국인 안중근 학술연구지: 안중근의사의 위업과 사상 재조명』, 서울: 사단법
    인 안중근의사 숭모회, 2005, 72~73쪽.
42) 유병호(2005), 82~84쪽.
43) 유병호(2005), 82쪽.
44) 유병호(2005), 84~85쪽.

4. 여순 감옥 시절

일제는 안중근을 비롯해 연루자로 지목된 우덕순, 조도선, 유동하 등 9인의 신병을 11월 1일 여순 헌병대의 철통같은 호송 하에 하얼빈으로부터 여순으로 이송, 같은 달 3일 여순감옥에 투옥하고 조속한 공판절차를 밟아 나갔다. 그리하여 이들은 14일부터 관동도독부 감옥에서 본격적인 심문을 받게 된다. 이때 통감부에서는 한국어에 능숙한 수사관과 통역을 파견해 취조 심문을 도우며, 일제에게 유리한 방향으로 국제사회의 여론을 유도할 목적으로 안중근을 회유코자 획책하였다.[45] 일제는 이를 위해 안중근에게 비교적 여유로운 옥중생활을 보장했다. 실제로 여순감옥 수감 후에 하루 세 번의 식사 때마다 상등 쌀밥을 넣어주고 좋은 내복도 갈아입게 했다. 네 벌의 솜이불은 물론, 밀·감·배·사과 등 과일도 매일 여러 차례 제공했다고 한다. 임시 통역인 소노키 스에요시는 날마다 우유도 한 병씩 제공했다고 한다. 미조부치 타카오 검찰관은 닭과 담배 등을 사서 넣어주었으며, 심문이 끝나면 언제나 이집트 담배를 권하며 '인간적'인 대화를 시도했다고 한다. 때에 따라서는 미조부치가 안중근의 주장에 동조하는 빛을 나타내기도 했다고 한다.[46] 이러한 환대는 안중근의 배후를 철저히 파헤치려는 일제 측의 치밀한 의도였음은 두말할 필요가 없다.[47] 이를 모를 리 없는 안중근은 교묘한 회유책에 굴하지 않고 일제의 한국 침략의 부당성과 재판의 불공정성에 대해 당당히 맞서는 의

---

45) 윤병석 역편(1999), 235쪽; 윤병석(2005), 43쪽.
46) 신용하 편, 『안중근 유고집』, 서울: 역민사, 1995, 169~170쪽; 오영섭, 「여순감옥에서의 안중근의 문필활동」, 『旅順地區與韓人民族運動家』(韓國民族運動史學會·大連大學韓國學研究院·旅順日俄監獄旧址博物館 共同 韓中國際學術會議, 2007. 7. 19, 7쪽.
47) 오영섭(2007. 7. 19), 7쪽.

연함을 보였다. 안중근의 이러한 태도에 맞서 검찰관은 12월 중순경부터 능욕하고 모멸하는 태도로 돌변하였다.[48] 일제는 위압적인 분위기로 속에서 안중근을 개인적 원한에서 이토를 살해한 천박 무지한 흉악한 테러범이자 암살범으로 몰아가기 시작한 것이다. 무엇보다도 검찰관이 안중근의 의거를 살인론(殺人論)[49]으로 몰아간 것은 안중근을 형사피고인으로 격하시킴으로써 그를 도덕적으로 제압하려는 의도에서 나온 것이었다. 이처럼 일본 검찰관의 태도가 돌변한 가장 큰 이유는 "안중근을 극형에 처하도록 하라"는 일본 외무성의 훈령이 12월 초 여순 법원에 전달되었기 때문이었을 것이다.[50] 그렇지만, 이러한 일제의 살인론에 굴하지 않고 안중근은 다음과 같이 당당하게 응수하였다.

이토의 죄상은 천지신명과 사람이 모두 다 아는 일인데 무슨 오해란 말인가. 더구나 나는 개인의 남을 죽인 범죄인이 아니다. 나는 대한국 의병 참모중장의 의무로 소임을 띠고 하얼빈에 이르러 전쟁을 일으켜 습격한 뒤에 포로가 되어 이곳에 온 것이다. 여순구(旅順口) 지방재판소와는 전혀 관계가 없는 일인즉 그야말로 만국공법과 국제공법으로써 판결하는 것이 옳다.[51]

안중근은 여러 차례의 재판을 받는 동안 꾸준하게 "나는 의병의 참모

---

48) 윤병석 역편(1999), 177쪽.
49) 당시 일제 검찰관은 안중근이 개인적인 원한 때문에 이토를 살해했다는 식으로 몰아갔다. 특히 천주교 신자인 안중근의 살인행위는 교리에 위배된다는 점을 집중 추궁하였으며, 끝내 형사살인법으로 안중근을 기소하였다. 이러한 살인론에 맞서 안중근은 자신이 이토를 살해한 것은 개인을 살해한 것이 아니라 무고하게 인명을 학살하는 폭정에 맞선 정의로운 저항이라며 의거론(義擧論)을 주장하였다. 한상권, 韓國民族運動史學會·大連大學韓國學硏究院·旅順日俄監獄旧址博物館　共同 韓中國際學術會議, 2007. 7. 19, 38쪽.
50) 한상권(2007. 7. 19), 33~34쪽.
51) 윤병석 역편(1999), 179~180쪽.

중장으로 독립전쟁을 했고 참모중장으로서 이토를 죽였으니 이 법정에서 취조 받을 의무가 없다."라고 재판을 부정하고, 자신을 전쟁포로로 취급하여 줄 것을 요구했다. 또한 일본 검찰에게 이토의 죄과를 명성황후를 살해한 일, 1905년 11월에 한일협약 5개조를 체결한 일, 1907년 7월 한일신협약 7개조를 체결한 일, 양민을 살해한 일, 이권을 약탈한 일, 동양평화를 교란한 일 등 15가지 항목으로 제시하고 자신의 행위에 대한 정당성을 당당하게 밝혔다. 또한 '한국인 안응칠 소회 서장(韓國人安應七所懷書狀)'에서 그는 당시의 세계 대세가 서구 제국주의 열강이 동서양 6대주를 침략하고 있는 실정 속에서 일본은 이러한 형세에 동조, 호응하여 한반도와 중국대륙을 침략하고 있으므로 부득이 일제 침략의 원흉인 이토를 주살함으로써 제국주의 일본에 경종을 울리고 반면 몽매한 한·청 양국민의 각성을 촉구한 것이라고 당당하게 주장하였다.[52]

안중근이 일제 검찰관의 심문을 받고 있는 당시 국내는 물론, 국외의 연해주 일대, 하와이 등지에 거주하는 수많은 동포들이 변호비용 마련을 위한 모금운동을 벌였고, 안병찬과 러시아인 콘스탄틴 미하일로프, 영국인 더글러스 등은 무료변호를 자원하기도 했다. 그러나 일제는 일본인 관선변호사 미즈노[水野吉太郎]와 가마타[鎌田政治]의 변호조차 허가하지 않으려 했다.

한 달 동안 강도 높은 신문조사를 진행한 일제는 12월 2일 외무대신 명의의 전보로 "일본정부에서는 안중근의 범행은 극히 중대하므로 징악의 정신에 의하여 극형에 처함이 마땅하다고 여긴다."며 '중형징벌(重刑懲罰)'을 과할 것을 명령하였다.[53] 이러한 가운데서도 안중근은 의연하

---

52) 정병학, 「기조강연」, 사단법인 안중근의사 숭모회, 『대한국인 안중근 학술연구지: 안중근의사의 위업과 사상 재조명』, 서울: 사단법인 안중근의사 숭모회, 2005), 20쪽.
53) 윤병석(2005), 43쪽.

게 공판에 임하며 일제의 갖은 회유책과 강압을 이겨냈다.

한편, 안중근은 5개월간 여순감옥에서 지내는 동안 문필활동을 활발히 벌였다. 이러한 문필활동은 이토 암살사건이 정당하지 못하다고 입증하려는 일제 측의 집요한 사상공작에 대항하여 벌인 공판투쟁과 함께 안중근의 마지막 생애를 대표하는 행태였다. 이는 네 갈래로 나눌 수 있는데, 첫째, 1909년 12월 13일에 시작되어 1910년 3월 15일에 탈고한 자서전『안응칠역사』의 집필작업, 둘째, 1910년 2월 10일 검찰관의 사형구형과 2월 14일 재판관의 사형언도 직후에 착수한 것으로 보이는 미완성의『동양평화론』의 저술작업, 셋째, 2월 14일 사형언도 전후부터 3월 26일 순국 직전까지 정력적으로 매달린 휘호작업, 넷째, 사형집행을 앞두고 삶을 정리하는 차원에서 가족과 지인들에게 서한과 유서 등이 그것이다.[54] 한마디로 여순 감옥에서 안중근은 항일 논리를 강화하고 동양평화론을 정립하면서 자신의 생애를 정리하는 데 값진 시간을 보냈다고 볼 수 있다.[55]

1910년 2월 14일 사형선고를 받은 안중근은 3월 26일 여순 감옥에서 사형을 당했다. 그는 죽는 날까지 독실한 천주교 신자로서 하루도 그르지 않고 아침저녁으로 열심히 기도하는 신실한 신앙인의 모습을 보였다고 한다. 그는 세상 죄를 사하고자 십자가를 지고 죽은 예수의 부활한 모습을 그리며 결코 죽음을 두려워하지 않았던 것 같다. "천당의 복락이 영원한 즐거움이다[天堂之福 永遠之樂]."라는 그의 필묵이 이 같은 사실을 잘 입증해 주고 있기 때문이다.

---

54) 오영섭(2007. 7. 19), 1쪽.
55) 오영섭(2007. 7. 19), 7쪽.

Ⅳ. 안중근의 사상과 쟁점

안중근은 일제에 대한 항일 민족독립운동의 영웅으로서 한국민족주의의 상징이자, 동시에 진정한 동양평화를 모색한 국제평화주의자로서의 이미지를 가지고 있다. 그런 면에서 안중근은 민족주의와 국제주의를 통합하고 있는 인물이라 할 수 있을 것이다.[56] 그렇다면, 이러한 안중근이 가졌던 민족주의 의식은 '열린 민족주의' 의식이었다고 볼 수 있을 것이다.

안중근은 1909년 11월 3일부터 이듬해 3월 26일 순국할 때까지 144일간을 여순 감옥에서 생활하였는데, 이 기간 동안 일본인 심문관이나 재판관들을 상대로 한 심문기록이나 재판기록이 포함된 공판기록, 그리고 그가 남긴 『안응칠역사』, 『동양평화론』 및 필묵 등 문필자료들을 망라해 분석해보면, 그의 사상관, 특히 민족주의 경향이 어떠한 것인지를 잘 이해할 수 있다.

무엇보다도 안중근은 한국의 독립만을 추구한 민족주의자들을 넘어서는 평화주의자였다는 데 주목할 필요가 있다. 그는 공판과정 내내 '아시아 연대주의론'[57]의 탈을 쓴 채 한국 침략을 꾀하며 동양의 질서를 어지럽히는 일제를 규탄하면서 한국의 독립과 동양의 평화를 연계하였다. 그는 러일전쟁에서 승리한 황인종인 일본이 백인종인 서양세력의 침략을 막아내기 위하여 아시아 민족끼리 단결해야 하는데, 한국과 중국에

---

56) 김영호, 「안중근의 동양평화론과 동북아경제통합론」, 사단법인 안중근의사 숭모회, 『대한국인 안중근 학술연구지: 안중근의사의 위업과 사상 재조명』, 서울: 사단법인 안중근의사 숭모회, 2005, 93~94쪽.

57) 겉으로 보기에 다루이의 대동합병론(大東合倂論), 이토 히로부미의 동양평화론과 같은 연대주의론은 중국이 열방에 의해 침탈되고 분할되는 것을 목격하면서 한·중·일의 제휴로 열강의 침략을 막을 수 있을 것이라는 관점을 부각시키고 있으나, 이는 일본의 한국침략을 합리화하기 위한 변명에 불과했다.

대해 침략정책을 고수하는 잘못을 범하고 있다고 강하게 비판하였다.[58]

그가 남긴 유묵(遺墨) 중에 동양대세사사현(東洋大勢思査玄) 유지남아 풍안안(有志男兒豊安眼) 화국미성유강개(和局未成猶慷慨) 정략불개진가련(政略不改眞可憐)이라는 글귀가 있는데, 이는 "동양의 대세가 아득하고 어두우니 뜻있는 남아가 어찌 편한 잠을 이루겠는가. 한탄스럽게도 동양이 평화시국을 이루지 못하는 것은 일본이 침략정책의 기조를 고치지 않기 때문이다."라는 뜻이다. 이 글귀에서 보다시피 안중근은 자신의 평화 의지를 분명하게 드러냄과 동시에 평화를 깨뜨리는 일본의 침략정책을 강력하게 비판하고 있음을 알 수 있다.

1909년 10월 30일 하얼빈 일본제국 총영사관에서 행해진 제1회 신문 당시 일제 검찰관 아이분[岸田愛文]이 이토의 사망 이후 "한국의 장래가 어떻게 될 것이라고 생각하는가."라고 질문하자, "만약 이토가 살아 있다면 한국뿐만 아니라 일본도 결국 멸망할 것이라고 생각한다. 하지만 이토가 사망한 이상, 이후 일본은 충분히 한국의 독립을 보호하여 실로 한국은 부강해질 수 있을 것이며, 그 밖의 동양 각국의 평화 또한 유지될 것이라고 생각한다."[59]고 답변했다. 물론 이토가 죽은 이후 일제는 한국을 더욱 탄압하고 36년간 국권을 강탈했지만, 여기서 우리는 안중근이 이토를 암살하고자 했던 궁극적 목표가 한국의 독립과 동양의 평화를 위한 것이었다는 사실을 잘 알 수 있는데, 이는 그가 저항 민족주의의 성향과 평화 지향적 세계주의의 성향을 동시에 갖고 있었다는 사실을 잘 입증해 주고 있다 하겠다.

이어서 아이분이 "피고는 전부터 이토 공을 한국 또는 동양의 적으로 생각하고, 죽이려고 결심하고 저격한 것인가."라고 묻자, 안중근은 "그렇

---

58) 윤병석 역편(1999), 193~194쪽.
59) 이기웅 역편, 『안중근 전쟁, 끝나지 않았다: 블라디보스토크에서 뤼순 감옥까지의 안중근 투쟁기록』, 서울: 열화당, 2000, 35쪽.

다. 나는 삼 년 전부터 이토를 죽이려고 결심하고 있었다. 처음에 나는 일본을 신뢰하고 있었는데, 점점 한국이 이토에 의해 불행해져서 내 마음은 변했고, 결국 이토를 적대시하기에 이르렀다. 이는 나뿐만이 아니라 한국의 이천 만 동포 모두가 같은 마음이다."[60]라고 답변하였다. 이 답변에서 우리는 안중근이 이토에 대한 적대감이 자신뿐만이 아니라, 이천 만 동포의 마음과 동심(同心)이었음을 강조하며, 강한 민족주의 의식을 표출하고 있음을 파악할 수 있다.

아이분이 계속해서 이토 저격의 이유를 추궁하자, 안중근은 이토를 암살하게 된 이유로서 그 죄상을 다음과 같이 15개 항목에 걸쳐 조목조목 열거했는데, 여기서도 알 수 있듯이 모든 항목에 걸쳐 일본의 죄상이 당시 한국인의 민족감정을 자극하는 내용 일색임을 잘 알 수 있다.

> 첫 째, 이토는 지금으로부터 십여 년 전 그의 지휘 하에 조선의 왕비를 살해했다.
> 둘 째, 지금으로부터 5년 전 이토가 군대를 동원하여 체결한 5개조의 조약은 한국에 대단히 불리한 조약이었다.
> 셋 째, 삼년 전 이토가 체결한 12개조의 조약은 모두 한국에 있어서 군사상 매우 불리한 내용이었다.
> 넷 째, 이토는 기어이 조선의 황제를 폐위시켰다.
> 다섯째, 한국의 군대는 이토에 의해 해산됐다.
> 여섯째, 이런 조약 체결에 대해 분노한 우리 국민들이 의병을 일으켰는데, 이토는 이에 대해 우리의 죄 없는 많은 양민들을 학살했다.
> 일곱째, 한국의 정치 및 그 밖의 권리들을 빼앗았다.
> 여덟째, 한국에서 그동안 사용하던 좋은 교과서들을 이토의 지휘 하에 모두 불태웠다.
> 아홉째, 한국국민의 신문 구독을 금지했다.
> 열 째, 이토는 충당시킬 돈이 전혀 없는데도 불구하고, 한국국민

---

60) 이기웅 역편(2000), 39쪽.

몰래 못된 한국 관리들에게 돈을 주어 결국 제일은행권을
발행하고 있다.

열한째, 한국국민의 부담으로 돌아갈 국채 이천삼백만 원을 모집
하여, 이를 한국국민에게 알리지도 않고 관리들 사이에서
분배하거나 토지 약탈을 위해 사용했다던데, 이 또한 한
국에 대단히 불리한 사건이다.

열두째, 이토는 동양의 평화를 교란했다. 왜냐하면 일·러전쟁 당
시부터 동양평화 유지라는 명목 하에, 한국 황제 폐위 등
당초의 선언과는 모두 반대되는 결과를 초래하여 한국의
이천만 국민 모두가 분개하고 있기 때문이다.

열셋째, 한국이 원하지도 않았는데, 이토는 한국 보호라는 명목으
로 한국정부의 일부 인사와 내통하여 한국에 불리한 정치
를 하고 있다.

열넷째, 지금으로부터 사십이 년 전 이토는 현 일본 황제의 부군
(父君)인 분을 살해했는데, 이는 한국국민 모두가 알고
있는 사실이다.

열다섯째, 이토는 한국국민이 분개하고 있음에도 불구하고, 한국
황제와 세계 각국에 한국은 별 일 없다고 속이고 있다.[61]

11월 18일 관동도독부 감옥에서 행해진 제5회 신문 당시 검찰관인 미
조부치 타카오와 안중근 사이에 오고간 대화록에서도 안중근의 강력한
독립의지 및 민족주의 성향이 뚜렷하게 드러나고 있다.

검찰관: 그렇다면 한국은 독립해서 스스로를 지킬 수 없는 어린아이
와 같으며, 따라서 일본이 후견인이 되어 보호하고 있는 것
이므로, 한국이 그 뜻을 잘 받들고 있다면 통감제도도 오래
둘 필요가 없는 것이다. 그러나 만일 한국이 후견인의 뜻에
반하여 행동한다면 영영 통감제도를 폐지할 수 없게 되는
데, 그 이유는 알고 있는가.

안응칠: 일본으로서는 그렇지만, 한국의 입장에서 말하면 그렇지 않
다.

---

61) 이기웅 역편(2000), 34쪽.

검찰관: 열국이 승낙하고 있는 보호, 즉 통감제도는 한국이 세계의
대세를 자각하게 되면 필요 없게 되지만, 깨닫지 못하고 완
명(頑冥)한 생각을 가지고 있다면 끝내 통감제도도 폐지할
수 없게 되는 것이다. 결국 일본이 한국을 망하게 하는 것
이 아니라, 한국이 스스로 망하게 되는 것인데, 이를 알고
있는가.

안응칠: 그것이 한국인이 갖고 있는 생각 중 하나라는 것은 나도 알
고 있다.

검찰관: 그렇다면 통감정치에 대해 분개할 이유가 없으며, 오히려
자국민의 무능함을 깨우치지 않으면 안 되는 것이 아닌가.

안응칠: 나는 일본이 한국에 대해 야심이 있건 없건, 그런 일은 안중
에 두고 있지 않다. 다만 동양평화라는 것을 안중에 두고,
잘못된 이토의 정책을 미워하는 것이다. 한국은 오늘날까지
진보하고 있다. 다만 독립해서 스스로를 지킬 수 없는 것은
한국이 군주국(君主國)이라는 점에 기인하며, 그 책임이 위
에 있는지 밑에 있는지는 의문이다.

검찰관: 독립해서 스스로를 지킬 수 없다는 것을 아는 이상, 한국을
일본이 보호하는 것은 당연한 일이라고 생각하는데, 어떻게
생각하는가.

안응칠: 그건 당연하다. 그러나 그 방법이 아주 잘못 돼 있다. 즉 박
영효(朴泳孝)와 같은 인물을 조약을 집주(執奏)하지 않았
다 하여 제주도로 유배하고, 현재 이완용(李完用), 이지용
(李址鎔), 송병준(宋秉畯), 권중현(權重顯), 이근택(李根
澤), 신기선(申箕善), 조중응(趙重應), 이병무(李秉武) 따위
의 하등 쓸모없는 자들을 내각에 두어 정치를 시키고 있다.
이는 정부의 잘못으로, 정부를 파하지 않으면 한국은 스스
로를 지킬 수 없는 것이다.[62]

위의 제5회 신문조서에서 파악되듯이 안중근은 이토의 정책이 한국의
독립을 훼손했을 뿐만 아니라 동양의 평화를 깨뜨린 장본인이라는 사실
을 강조하고 있으며, 또한 한국의 당시 상황이 국민의 책임 때문이 아니

---

62) 이기웅 역편(2000), 113~114쪽.

라 군주국가의 무능 때문이며, 이러한 상황을 타개하기 위해서는 국민 스스로가 일제에 의해 내각이 구성된 정부를 타파할 수 있을 때 가능한 것이라고 항변하고 있음을 알 수 있다. 한마디로 통감정치가 한국을 보호 독립시키기 위해 설치된 것이 아니며, 일본의 침략주의·패권주의의 야욕에서 비롯되었다는 것이 안중근의 주장이었다고 할 수 있다.(63)

안중근은 "내가 죽은 뒤에 나의 뼈를 하얼빈 공원 곁에 묻어두었다가 우리 국권이 회복되거든 고국으로 반장해다오. 나는 천국에 가서도 또한 마땅히 우리나라 국권을 회복하기 위해 힘쓸 것이다."라는 유촉(遺囑)을 남겼는데, 여기서 자신이 죽어서도 우리의 국권 회복을 위해 일하겠다는 의지를 표명하고 있는 것으로 보아 당시 안중근이 가지고 있던 민족에 대한 열렬한 사랑을 쉽게 간파할 수 있다.

안중근이 가지고 있던 체계적인 사상에 대해서는 일목요연하게 정리되어 있는 서책이 없어 전반적인 파악이 어려운 것이 사실이다. 그의 사상을 일면이나마 보여주는 것은 감옥에 있을 때 집필한 『동양평화론』이다. 비록 이 글은 미완성본이기는 하지만, 그의 사상과 활동의 연관성을 어느 정도 밝힐 수 있는 귀중한 자료적 가치가 있기 때문이다.

사형선고가 내려지자, 안중근은 2월 17일 히라이시[平石] 고등법원장에게 보낸 편지에서 "나는 지금 옥중에서 동양 정책과 전기를 쓰고 있는데, 이것을 완성하고 싶다."고 하였다. 히라이시는 형무소로 그를 찾아가 항소할 것을 권유하였다. 이때 안중근은 시간이 얼마 남지 않았다고 직감하고는 히라이시에게 『동양평화론』 집필계획을 소상히 밝히고, 이것이 완성될 때까지 사형 집행을 연기해 줄 것을 요청해 묵시적인 허락을 받아낼 수 있었다. 그러나 이 약속은 끝내 지켜지지 않았다. 3월 26일에 사형이 집행되었던 것이다. 안중근은 3월 15일에 자서전을 탈고한 후에

---

63) 한상권(2007. 7. 19), 22쪽.

『동양평화론』의 집필에 박차를 가하여 불과 10여 일 동안에 서문(序文)과 제1장인 전감(前鑑)의 일부분을 집필할 수 있었다. 원래 집필계획은 3장인 현상(現狀), 4장인 복선(伏線), 5장인 문답(問答)도 포함되어 있었으나, 사형집행으로 말미암아 뜻을 이루지 못한 채 미완성의 유고집이 되고 말았다. 비록 미완성이기는 하지만, 고등법원장과의 면담록을 분석해 볼 때, 『동양평화론』은 대체로 다음과 같은 골격을 가지고 있다는 사실을 알 수 있다.[64]

첫째, 일본은 여순 지역을 중국에 돌려주고 중립화하여 그곳에 한·청·일 3국이 공동관리하는 군항(軍港)을 만들고 이들 3국이 그곳에 대표를 파견하여 동양평화회의를 조직하도록 한다. 재정확보를 위하여 회비를 모금하면 수억 명의 인민이 가입할 것이다. 각국 각 지역에 동양평화회의의 지부를 두도록 한다.[65]

둘째, 원만한 금융을 위하여 공동의 은행을 설립하고 각국이 함께 쓰는 공용화폐를 발행하도록 한다. 각 지역에 은행의 지부를 둔다.

셋째, 3국의 청년들로 공동의 군단을 만들고 그들에게 2개국 이상의 어학을 배우게 하여 우방 또는 형제의 관념을 높인다.

넷째, 한·청 두 나라는 일본의 지도하에 상공업의 발전을 도모한다.

다섯째, 한·청·일 세 나라의 황제가 로마교황을 방문하여 협력을 맹

---

64) 김영호(2005), 100쪽.

65) 여순에 한·청·일이 먼저 동양평화회의를 조직하여 동양평화의 방략을 세우고 실천한다는 것이다. 그리고 이 평화회의는 장차 인도, 태국, 버마(미얀마) 등 동양제국이 다 참여하는 회의로 발전시킬 것이며 그 방략의 하나는 한·청·일의 각각의 인민이 회원으로 가입하게 하고 회원 1인당 1원씩 회비를 모금하면 3국의 인민 수억이 가입할 것이고 그 자금으로 은행을 설립하고 각국이 공용하는 화폐도 발행하면 재정을 확보할 수 있게 될 것이라는 것이다. 더욱이 평화회의 참여 각국의 중요한 곳에 평화회의 지부와 은행의 지점을 두게 된다면 신용이 두터워져 동양평화가 확고해질 것이라는 것이다. 윤병석(2005), 54쪽.

세하고 왕관을 받는다. 세계 민중의 신용을 얻을 수 있을 것이다.[66)]

동양평화를 이룩하기 위한 안중근의 통찰력과 식견은 당시 시대적 상황에서 고려해볼 때, 다음에서 보다시피 일본인조차도 감동시키기에 충분한 것이었다.

> 오늘날, 유럽에서는 유럽연합(EU)이 중심이 되어 지역통합이 추진되고 있으며, 한편, 아시아태평양지역에서도 아시아태평양경제협력회의(APEC)가 협력관계를 강화하며, 중핵적(中核的)인 활동을 전개하고 있다. 안중근이 주창하는 『동양평화론』에 나타난 특정지역협력의 구상은, 80여 년 전에 오늘날 이러한 공동체협력의 실현을 예견했다고도 말할 수 있으며, 그 깊은 식견과 역사를 바라보는 통찰력은, 따스한 인품과 더불어 그와 접했던 많은 일본인을 '안중근 팬'이 되게 하고 말았다.[67)]

서문의 핵심은 일본의 대러선전포고문(對露宣戰布告文)에서 대러선전(對露宣戰)의 목적이 동양평화를 유지하고 한국의 독립을 공고히 하는데 있다고 명시했음에도 불구하고 일본은 대러전에서 승리한 직후부터 한국 침략을 더욱 가속화하여 실제적으로 한국을 병합한 사실을 규탄하고 있으며, 아울러 일제가 동양문화의 중심지인 한국과 중국을 침범하는 대륙침략을 감행하면 장차 백인 중심의 서구 열강에 의해 일본은 파멸될

---

66) 서구에서 나폴레옹 이전 시대까지 중요한 평화 유지 정책이 되었듯이 3국이 로마교황으로부터 왕관을 받아쓰는 고례(古例)를 원용한다면 동양평화 유지에 크게 유익할 것이라는 것이다. 천주교는 세계종교 중에서도 2/3 이상의 세력을 가졌고 로마교황은 그들의 상징이므로 먼저 일본 천왕이 동양평화 기구의 대표자로서 인준을 로마교황에게 요청한다면 세계 문명인은 이에 따르고 일본의 위상도 높아진다는 견해이다. 윤병석(2005), 54쪽.
67) 白井久也, 「일본에서 본 안중근 의사」, 사단법인 안중근의사 숭모회, 『대한국인 안중근 학술연구지: 안중근의사의 위업과 사상 재조명』, 서울: 사단법인 안중근의사 숭모회, 2005, 126쪽.

것이라고 갈파하고 있다. 안중근은 그 대응방안으로 일제가 대륙침략을 단념하고 청·러·일 등 3국의 세력상충지(勢力相衝地)인 여순 지역을 중립화시킬 것을 권고했다.[68]

안중근은 동양평화를 위해서는 일본이 러일전쟁 때 점유한 여순항을 청에 돌려주어 여순 지역을 동양평화의 근거지로 만들어야 한다고 인식했다. 20세기 초 여순은 러시아의 해양 진출기지이면서 일본의 대륙침략의 거점이기도 했다. 중국 역시 구 만주지역 전체의 향방과 맞물린 여순 반도의 소유권을 포기할 수 없었기 때문에 동북아분쟁의 도화선일 수밖에 없었다. 안중근은 이 지역을 중립화시키고 공동 관리할 때라야 동북아의 평화와 연대의 길을 열 수 있을 것이라고 판단했던 것이다.[69]

결국, 『동양평화론』은 안중근 의사의 사상을 대표하는 것으로서 이 저술은 한국, 일본, 중국이 각기 자주 독립국으로서 힘을 합하여, 서양의 침략을 막아 내자는 데 근본정신이 있었다. 즉 한·중·일 3국이 각기 서로 침략하지 말고 독립을 견지하면서 단결하여 서세동점(西勢東漸)의 서구 제국주의를 막아낼 수 있을 때 동양평화가 가능하다고 파악한 것이다. 이것은 일본이 침략 전쟁을 감추기 위해 주장했던 '아시아 연대주의론'과는 근본적으로 다른 사상이었다. 일제가 표방하는 동양평화론은 황화론(黃禍論)을 빌미로 동양의 패권을 잡아 일본의 동양 각국에 대한 침략을 합리화하는 것이었다.[70] 일본은 한국 및 중국과 협력해서 서양의 침략을 막을 생각은 추호도 없었고, 오히려 서양과 보조를 맞추어 동양을 침략해서 한국과 중국을 분할하려 했던 것이다. 당시 일본인들은 자국이 아시아 국가에 포함된다는 의식이 매우 희박했다. 1895년 청일전쟁에서 승리한 이후 일본에서는 이른바 탈아론(脫亞論)이 크게 대두되었던

68) 정병학(2005), 19쪽.
69) 김영호(2005), 101쪽.
70) 윤병석(2005), 52쪽.

것이다.[71]

　구한말 개화사상과 위정척사(衛正斥邪) 사상의 대립을 거쳐 애국계몽
사상이 전개되는 과정에 한·중·일의 '삼국제휴론(三國提携論)'을 중심으
로 한 동양주의 사상이 비교적 광범하게 유포되고 있었다. 이것은 세계
의 분쟁을 백인종과 황인종 간의 황백전쟁(黃白戰爭)으로 보고 황인종
끼리 단결해야 한다는 논리를 배경으로 한 것이었다. 러일전쟁 때 한국
사회가 대체로 일본 측을 응원하고 지원했던 것도 황백전쟁론을 기반으
로 한 한·중·일 연대론 내지 동양주의론의 영향이었다 해도 과언이 아니
었다. 이러한 동양주의론은 복택유길(福澤諭吉)의 동아연합론(東亞聯合
論)이나 다루이[樽井藤吉]의 대동합병론(大東合倂論) 혹은 이토의 동양
평화론을 중심으로 메이지[明治] 일본의 사상계에 의하여 주도되고 있었
다. 그런데 이러한 사상은 안중근의 동양평화론이 추구하는 평화상과는
전혀 다른 양상, 즉 한국을 비롯한 주변국의 경계심을 해제시킨 후 국권
을 유린하는 침략주의의 변형에 불과하였던 것이다. 여기에 비해 '삼국
제휴론'은 세 개의 다리로 솥을 받치고 있듯이 삼국이 독립국가로 존재
해야 솥이 있을 수 있다는 '삼정론(三鼎論)'을 강조하였다. 실제로 이 기
(李沂)는 일본 정부에 대하여 삼국의 관계가 솥의 세 다리와 같은 균형을
유지해야 한다고 주장했다. 장지연(張志淵)도 비슷한 입장이었으며, 안중
근의 동양평화론도 이러한 배경 위에서 성립한 것으로 볼 수 있다. 그런
데 이 기나 장지연의 삼정론에 입각한 내용은 국권개념이 보다 강조되어
있지만, 안중근의 동양평화론에서는 한국의 독립론이 부각되고 있다는
점을 주목할 필요가 있다. 즉 안중근의 동양평화론은 민족독립의 논리와
동양평화의 논리를 불가분의 관계로 구조화하고 있는 것이다. 안중근이
이토를 암살한 것은 바로 그가 한국의 민족독립을 훼손했으므로 동양의

---

71) 조순(2005), 145쪽.

평화가 깨지게 되었고 따라서 동양평화를 지키기 위함이었다는 논리 위에 서게 되는 것이다.[72]

제5회 검찰관 신문에서 검찰관이 "만약에 중국은 말할 것도 없고 러시아에 대항할 힘도 없는 한국을 그대로 방치한다면, 한국은 망할 수밖에 없다. 이는 곧 동양평화에 해가 되는 것이므로 일본이 보호하고 있는 것이다. 피고는 이런 사리를 모르고 있다고 생각하는데, 어떻게 생각하는가."라고 묻자, 안중근은 "결국 이토의 방법이 나빴기 때문에 한국이 오늘날과 같은 상태에 이른 것으로, 만약 간책을 부리거나 강제협약을 하지 않았다면, 말할 것도 없이 동양은 지극히 평화로울 것이라고 생각한다."[73]고 응수했다. 근본적으로 "한일협약은 거의 형제 동지 사이에서 한쪽이 다른 한쪽을 먹이로 하고자 한 것"[74]이기 때문에 한국의 독립을 훼손하게 된 것이고, 결과적으로 동양평화를 해친 것으로 안중근은 인식했던 것이다.

1910년 2월 7일 여순의 관동도독부 지방법원 형사법정에서 행해진 안중근 외 3명(우덕순, 조도선, 유동하)에 대한 제1회 공판(재판장 마나베 주조)에서 안중근은 이토 히로부미 저격에 대한 이유로 다음과 같이 답했다.

　　1895년 러일전쟁에 즈음한 일본 천황의 선전조칙(宣戰詔勅)에 의하면 "일본은 동양평화 유지와 한국의 독립을 위해 러시아와 싸웠다."라고 했다. 그래서 한국인은 모두 감격했고, 일본인과 함께 전쟁에 나간 사람도 있었다. 또한 한국인은 일본의 승리를 마치 자국이 승리한 듯이 기뻐했으며, 이에 따라 동양의 평화는 유지되고 한국은 독립될 것이라고 기뻐하고 있었다. 그런데 이토가 한국에 통감으로 와서 5개조의 조

---

72) 김영호(2005), 95~97쪽.
73) 이기웅 역편(2000), 118쪽.
74) 이기웅 역편(2000), 119쪽.

약을 체결했다. 이는 이전의 선언에 반하는, 한국에 불리한 것이어서 국민들은 전반적으로 복종하지 않고 있었다. 그뿐만 아니라 1897년 또다시 7개조의 조약이 체결되었다. 이는 통감인 이토가 병력으로 압박하여 체결시킨 것이기 때문에 국민들 모두가 크게 분개하여, 일본과 싸우게 되더라도 세계에 알리려고 했다. 원래 한국은 무력에 의존하지 않고 문필로써 세운 나라이다. … 이토는 일본에서도 제일의 인물로서 한국에 통감으로 왔으나, 지금 말한 두 가지 조약을 체결한 것은 일본 천황의 뜻이 아니라고 생각했다. 따라서 이토는 일본 천황을 속이고 또 한국인을 속인 것이므로, 한국의 독립을 위해서는 이토를 없애지 않으면 안 된다고 생각하고, 7개조의 조약이 성립될 당시부터 살해할 생각을 했다. 그리고 이토를 살해할 작정으로 블라디보스토크 부근으로 가서 내 한 몸은 생각지 않고, 오로지 한국의 독립을 도모하고 있었다.[75]

　이번의 거사에 대해 지금까지 그 목적의 대요(大要)는 말했다. 나는 헛되이 살인을 좋아해서 이토를 죽인 것이 아니다. 단지 나의 큰 목적을 발표하는 하나의 수단으로서 한 것이기 때문에, 세상의 오해를 없애기 위해 진술하고자 하는 것이 있으니, 다음과 같이 그 대요를 말하겠다.
　이번의 거사는 나 일개인을 위해 한 것이 아니고 동양평화를 위해 한 것이다. 러일전쟁에 대한 일본천황의 선전조칙에 의하면, 러일전쟁은 동양평화를 유지하고 한국의 독립을 공고히 하기 위해 한다는 것이었다. 그래서 일본이 개선(凱旋)했을 때, 한국인은 마치 자국이 개선한 것처럼 기뻐했다. 그런데 이토가 통감으로 한국에 와서 한국의 상하(上下) 인민들을 속여 5개조의 조약이 체결됐다. 이는 일본 천황의 뜻에 반하는 것이었기 때문에 국민은 모두 통감을 원망하게 되었다. 그런데 이어서 또 7개조의 조약을 체결 당함으로 인해 한국은 더욱더 불이익을 당했을 뿐만 아니라, 있어서는 안 될 일로, 황제의 폐위까지 행해졌다. 그래서 모두 이토 통감을 원수로 생각하고 있던 것이다. 따라서 나는 삼년간 도처에서 유세도 하고, 또 의병의 참모중장으로서 각지의 싸움에도 참가하였다. 이번의 거사도 한국 독립전쟁의 하나로, 나는 의병의 참모중장으로서 한국을 위해 결행한 것이지 보통의 자객으로서 저지른 것이 아니다. 따라서 지금 나는 피고인이 아니라 적군에 의해 포로가 돼 있는 것이라고 생각하고 있다.

---

75) 이기웅 역편(2000), 205쪽.

오늘날 한국과 일본과의 관계를 보면, 일본인으로서 한국의 관리가 되고 또 한국인으로서 일본의 관리가 되어 있으니, 서로 일본과 한국을 위해 충성을 다하지 않으면 안 된다. 이토가 한국에 와서부터 5개조와 7개조의 조약을 압박을 가해 강제로 체결하게 하고, 또 이토 개인은 한국의 신민으로 취급돼야 될 텐데, 심하게도 황제를 억류하여 마침내 폐위시키기까지 했다. 원래 사회에서 가장 존귀한 것은 황제이기 때문에, 황제를 침해하는 것은 있어서는 안 될 일인데도 공작은 황제를 침해했다. 이는 신하로서는 있을 수 없는 행위이며, 그는 더 이상 있을 수 없는 불충한 자다. 그러므로 한국에서는 지금도 의병이 도처에서 일어나 싸우고 있는 것이다. 일본 천황의 뜻은 한국의 독립을 공고히 하고 동양의 평화를 유지한다는 것인데, 이토가 통감으로 한국에 오고부터 그가 하는 방식이 이에 반하기 때문에 한일 양국은 지금도 싸우고 있는 것이다. 그리고 한국의 외부와 법부 및 통신기관 등은 모두 일본이 인계하기로 했는데, 그래서는 한국의 독립이 공고하게 될 까닭이 없다. 그러므로 이토는 한국과 일본에 대한 역적이다. 특히 이토는 한국인을 교사(敎唆)하여 민비를 살해하게 한 일도 있다.76)

한마디로 안중근의 동양평화론은 일본의 제국주의를 철저히 배격하는 논리였다고 볼 수 있다. 결국 안중근은 한국의 독립이 보존되는 한에 있어서라야 진정한 동양평화가 가능하고 의미가 있다는 메시지를 강력하게 전달했던 것이다. 달리 말해서 한국의 독립이란 절대적 가치인 만큼 밖으로부터 이를 손상하게 될 때는 필연적으로 평화가 깨지고 전쟁이 발발한다고 보았던 것이다.77)

안중근은 당시의 세계정세를 약육강식의 풍진시대로서 서세동점, 즉 서양세력이 동양에 뻗쳐오는 시기로 보았다. 이러한 사태를 막기 위해서는 동양민족이 일치단결하여 서양세력의 침략을 극력 방어하는 것이 가

---

76) 이기웅 역편(2000), 280~281쪽.
77) 박창희, 「안의사의 동양관과 아시아의 어제와 오늘」, 사단법인 안중근의사 숭모회, 『대한국인 안중근 학술연구지: 안중근의사의 위업과 사상 재조명』, 서울: 사단법인 안중근의사 숭모회, 2005, 422쪽.

장 중요한 임무라고 보았다. 따라서 동양평화를 위하여 동양침략인 러일
전쟁 때 "동양평화를 유지하고 한국독립을 공고히 한다."고 내건 일본의
명분은 올바른 것이었으며, 이때 한민족이 일본을 지원한 것은 매우 잘
한 일이라고 평가했던 것이다. 그러나 일본은 러일전쟁에서 승리한 뒤
동양평화의 약속을 깨뜨리고 한국의 국권을 빼앗았기 때문에 한국의 원
수가 되었으며, 이에 한국인들은 불가피하게 독립전쟁을 벌이게 된 것이
라고 강조했다. 동양평화를 실현하고 일본이 자존(自存)하는 길은 한국의
국권을 되돌려 주고 만주와 청나라에 대한 야욕을 버린 뒤 서로 독립한
3국이 동맹하여 자주독립과 국제적인 협력을 바탕으로 서양세력의 침략
을 막고 나아가 개화의 역(域)으로 진보(進步)하여 구주와 세계 각국과
더불어 평화를 위해 진력해야 한다고 했다. 이 글은 당시 일본이 주장하
고, 계몽운동자들의 일부가 가지고 있던 서양에 대응하는 동양세력의 단
결을 주장하는 '동양주의'적인 입장을 여실히 보여주고 있다. 그러나 일
제의 침략이 가시화된 1905년 이후 대부분의 계몽운동가들이 일제에 대
해 투항하는 모습을 보인 것과는 달리 폭력투쟁으로 나아간 것은 안중근
사상의 큰 특징 중의 하나라고 할 수 있을 것이다.

　안중근이 동양평화론에서 한·중·일 3국이 먼저 제휴를 하고 동양평
화회의를 구성한 후 점차 인도, 타이, 버마(미얀마) 등 서남아 및 동남아
국가들도 참가토록 하여 범아시아 평화회의체로 발전시킬 것을 주장한
것으로 보아 그가 한·중·일 간 인종주의의 틀을 크게 벗어나 '열린 지역
주의'를 지향하고 있었다는 사실을 잘 알 수 있다.[78] 한마디로 안중근은
동양평화를 실현함으로써 한국독립의 회복과 한민족의 안녕을 추구한
'열린 민족주의자'였다고 볼 수 있다.

　안중근의 동양평화론은 한국의 주권회복운동을 전개하면서 세운 지

---

78) 김영호(2005), 98쪽.

표로 그의 독립운동에 있어서 기초적 배경이 된 사상체계였을 뿐만 아니라, 향후 한국민족운동의 지표가 되었음은 물론이다. 무엇보다도 안중근의 동양평화론은 그가 성장과정에서 한학을 배우면서 개화사상을 접하고, 천주교도로서 기독교사상에 심취하는 과정에서 터득한 보편적이고 종합적인 사고에서 비롯된 이론체계임을 알 수 있다. 이러한 특성은 개화사상가들의 국가중립론의 한계를 뛰어넘게 하였을 뿐만 아니라, 일본 정한론자들의 '아시아 연대주의론'의 음모가 명백히 드러나게 하는 원동력이 되었음은 물론이다.

V. 맺는말

안중근은 청년기 이후 사회의 요구에 호응하면서 애국계몽운동과 독립전쟁을 전개한 구한말 대표적인 민족운동가였다.

근대 민족의식, 민권사상, 국권사상을 가지고 있던 투철한 사상의식을 가졌던 안중근은 조국이 식민지의 나락으로 떨어지는 현실을 타개하기 위해 애국계몽운동을 한 교육자였고, 의병투쟁에 직접 참가한 실천적 애국투사였다. 이처럼 행동가요 실천가로서 안중근은 국권이 일제에게로 넘어가는 현상을 목도하면서 마침내 독립전쟁의 일환으로 이토 히로부미를 손수 암살하는 하얼빈 거사를 단행한 진정한 독립투사였다. 어디 그뿐인가. 그는 진정한 동양평화를 위해 투신한 세계평화주의자이기도 했다.

안중근의 동양평화론은 한국, 중국, 일본 세 나라가 각기 독립을 견지하고 서로 협력하여 서세동점의 위기, 즉 서구제국주의의 침략에 공동대

처함으로써 동양의 평화를 유지하기 위한 방책으로 제시되었다. 안중근은 동양평화는 한·중·일 3국의 독립을 확고히 보장하는 데서 성립하지만, 특히 한국의 독립 없는 동양평화는 불가능하다고 보았다. 그는 동양주의가 전제가 되어야 민족독립이 보장되고, 민족독립이 전제되어야 동양주의가 보장되는 것으로 인식했던 것이다. 안중근은 결국 민족독립의 논리와 동양평화의 논리를 불가분의 관계로 구조화함으로써 일본의 침략주의를 무력화시키고 민족독립을 쟁취하고자 했음을 알 수 있다. 안중근은 자민족만의 이익을 추구하는 이기적이고 편협한 민족주의를 주창한 것이 아니라, 이미 동북아의 평화와 공동번영을 강조하며 지역협력을 강조한 '열린 민족주의자'였던 것이다. 한마디로 안중근은 한국독립운동의 영웅으로서 한국민족주의의 상징이기도 하지만, 진정한 동양평화의 주창자로서 국제평화주의자였음을 알 수 있다.

참고문헌

강석하, 『대한국인 안중근』, 서울: 예림당, 2000.

김영호, 「안중근의사의 동양평화론과 동북아경제공동체」, 『대한국인 안중근 학술연구지: 안중근의사의 위업과 사상 재조명』, 서울: 사단법인 안중근의사 숭모회, 2005.

김호일, 「안중근의사의 동양평화론」, 『대한국인 안중근 학술연구지: 안중근의사의 위업과 사상 재조명』, 서울: 사단법인 안중근의사 숭모회, 2005.

박준황, 『박준황(애국지사) 역사비평: 안중근(열사) '일·패전' 경고』, 서울: 나라임자, 2001.

박창희, 「안의사의 동양관 및 아시아의 어제와 오늘」, 『대한국인 안중근 학술연구지: 안중근의사의 위업과 사상 재조명』, 서울: 사단법인 안중근의사 숭모회, 2005.

백기인, 「안중근연구」, 한국정신문화연구원 석사학위논문, 1994.

사단법인 안중근의사 숭모회, 『대한국인 안중근 학술연구지: 안중근의사의 위업과 사상 재조명』, 서울: 사단법인 안중근의사 숭모회, 2005.

사단법인 안중근의사 숭모회·안중근의사기념관, 『대한국인 안중근 의사』, 서울: 안중근의사기념관, 1994.

신용하 편, 『안중근 유고집』, 서울: 역민사, 1995.

안중근, 『안중근의사자서전』, 서울: 안중근의사기념관, 1990.

오영섭, 「여순감옥에서의 안중근의 문필활동」, 『旅順地區與韓人民族運動家』, 韓國民族運動史學會·大連大學韓國學研究院·旅順日俄監獄旧址博物館 共同 韓中國際學術會議, 2007. 7. 19.

윤병석, 「안중근의사의 민족운동과 의열」, 『대한국인 안중근 학술연구지: 안중근의사의 위업과 사상 재조명』, 서울: 사단법인 안중근의사 숭모회, 2005.

윤병석 역편, 『안중근전기전집』, 서울: 국가보훈처, 1999.

이기웅 역편,『안중근 전쟁, 끝나지 않았다: 블라디보스토크에서 뤼순 감옥까지
　　　의 안중근 투쟁기록』, 서울: 열화당, 2000.

조　광,「안중근 연구의 현황과 과제」,『한국근현대사연구』12, 2000.

_____,「일본의 한국합병과 안중근의 동양평화론」,『21세기와 동양평화론』,
　　　국가보훈처, 1996.

滄海老紡室稿(白巖 朴殷植) 저, 이동원 역,『불멸의 민족혼 安重根』, 서울: 한
　　　국일보사, 1994.

최서면,「안중근 자전고」,『나라사랑』제34집, 1979.

최이권,「정의감과 동양평화론을 중심으로」,『대한국인 안중근 학술연구지: 안
　　　중근의사의 위업과 사상 재조명』, 서울: 사단법인 안중근의사 숭모회,
　　　2005.

한상권,「안중근의 공판투쟁」,『旅順地區與韓人民族運動家』, 韓國民族運動
　　　史學會·大連大學韓國學研究院·旅順日俄監獄旧址博物館　共同　韓
　　　中國際學術會議, 2007. 7. 19.

현광호,「안중근의 동양평화론과 그 성격」,『아세아연구』제46권 제3호, 2003.

中野泰雄,「안중근의사와 동양평화론」,『대한국인 안중근 학술연구지: 안중근
　　　의사의 위업과 사상 재조명』, 서울: 사단법인 안중근의사 숭모회, 2005.

제3장 단재 신채호의 민족주의 연구

정영순(한국학중앙연구원 부교수)

I. 머리말

한반도에서의 민족주의 형성과정은 일제 식민지를 경험하면서 구체화되었다고 해도 과언이 아니다. 그러므로 한국 민족주의 연구는 시대적으로는 일제시대를 대상으로 하지 않을 수 없고, 인물로서는 단재 신채호를 빼고서는 근·현대 민족주의를 논할 수 없을 정도로 신채호는 우리 역사에서 민족주의 운동의 선구자이면서, 대표적인 민족주의 이론가로 평가된다. 투철한 민족주의자였던 안재홍은 『조선사학의 선구자』에서 "그는 구한말의 지도자로서 또는 그의 지속적 노력자로서 종시(終始)한 관(觀)이 있고, 그 사상·학식에 관하여서도 조선에 있어서의 봉건주의 시대의 말기적인 도정에서 민족사상 또는 국민주의의 발흥하는 시대에 걸쳐 가장 총명하고 예민한 양심으로서 그 개척자적 임무를 다하던 분"이라고 평가하였다.[1] 최근 21세기에 접어들면서 지나온 천년을 되돌아보고 재평가하려는 시도에서 집필되었다고 하는 『한국사 천년을 만든 100인』에서 '민족국가 형성 및 발전에 기여한 정도'를 기준으로 전문가가 선정한 위대한 인물 순위에서 신채호가 6위인 것은 여러모로 시사해 주는 바가 매우 크다.[2]

단재 신채호가 근대 한국민족주의 형성과정에서 가지는 위치나 그의 이론과 사상에 대해서는 이미 학문적인 연구가 상당히 많이 이루어져 왔다. 본고에서는 이러한 연구들을 재고찰해보면서 단재 신채호의 민족주의사상을 새롭게 조명해보고자 한다.

즉 단재 신채호 민족주의는 제국주의 힘의 정치가 침투되었던 시대였기 때문에 제국주의에 대한 대응 관계에 있었던 한국사회의 시대적 성격을 반영하고 있다. 다시 말하면 그 첫 시기는 단재가 해외로 망명하기 이전의 계몽적인 민족주의의 시기를 들 수 있다. 그 다음 단계는 한국이 일본 식민지가 되자 해외에 망명하여 그곳에서 독립운동을 전개하던 투쟁적, 저항적 민족주의를 표방하였던 시기이다. 그리고 마지막 단계는 단재의 민족주의적 사상이 당시 새로운 사상의 수용에 의하여 무정부주의적 경향을 보여주었던 시기이다. 이러한 단재의 민족주의사상 성격이 시기별로 다른 양상으로 나타나는 것을 보다 면밀히 구체적으로 규명하고자 한다.

---

1) 김삼웅, 『단재 신채호 평전』, 시대의 창, 2005, 21쪽.
2) 김성환, 『한국사 천년을 만든 100』, 오늘의 책, 1998 참조.

II. 생애 및 활동

1. 출생과 성장

단재 신채호는 애국계몽운동가, 언론인, 민족사학자, 전투적 민족운동가이며 민중적 민족주의자로 불릴 만큼 다방면에서 전면적으로 치열하게 일제에 투쟁하며 살다간 인물로 평가된다.[3] 그는 스스로 두 나라에서 벼슬을 않겠다는 뜻에서 고려 말의 충신인 정몽주의 일편단심가(一片丹心歌)를 본 따 처음에는 호를 일편단생(一片丹生)이라고 지었으나 나중에 너무 길어 단생(丹生) 또는 단재(丹齋)라고 일컬었다.[4]

신채호는 한반도에 자본주의 열강 침입이 본격적으로 진행되면서 민족적 위기가 한창 고조되었던 1880년 12월 8일 충청남도 대덕군 산내면 어남리 도림마을에서 한 농촌 선비 신광식과 밀양 박씨 사이의 둘째 아들로 태어났다. 신채호는 고령 신씨로서 시조 신성용의 26대손이자 신숙주의 18대손에 해당되며 양반 가문 출신이었다.[5] 신채호가 태어난 고령 신씨 가문에서는 단재와 신규식, 신석구, 신백우 등 애국지사들을 배출한 명문가로 알려져 있다.[6]

그러나 신채호 집안은 사회신분상 양반이었으나 경제적으로는 매우 빈한하였으며, 할아버지 때부터 점차 가세가 기울어져 갔다. 할아버지는 처가인 충남 대덕군 산내면 한밭 근교인 안동 권씨 촌 외딴 묘막에 은거

---

3) 윤무한, 『인물대한민국사』, 나남출판, 2006, 13쪽.
4) 유홍렬, 「한국근대인물백인선」, 『신동아』 1970년 1월호 부록, 동아출판사, 206쪽.
5) 신용하, 『증보 신채호의 사회사상연구』, 나남출판, 2004, 13~14쪽; 김삼웅, 『단재 신채호 평전』, 시대의 창, 2005, 62쪽.
6) 김삼웅, 위의 책, 63쪽.

하면서 가난한 가계를 꾸려왔고, 아버지 대에 와서 집안 살림은 더욱 어려워졌다.[7] 어린 날에 주로 끼니로 때웠던 쑥죽이나 콩죽은 마침내 신채호를 불굴의 민족혁명가로 만들었다. 그는 어려서부터 육체의 생존이 아닌 정신의 생존을 추구하면서 사는 법을 배웠다. 자신을 희생하여 나라 전체, 민족 전체를 살리려 하였고, 영구히 사라지지 않는 정신의 삶을 생활화해 나아갔다. "나는 아이 때부터 콩죽에 하도 물려서 50이 가까운 지금에도 콩죽이라면 몸서리를 칠 만큼 신물이 나오."라고 망명 시절 친구 원세훈에게 단재는 실토하였다고 한다. 그는 가난과 병고, 곧 인간의 고통을 달게 받았다. 헐벗고 가난하나 구차한 노예의 삶을 뿌리치며, 시대의 아픔과 육신의 고통을 겪으면서도 의연하고 씩씩한 횃불 구실을 다하려 했던 것이다.[8]

특히 아버지 신광식의 대에는 가세가 더욱 어려워졌고 그의 아버지는 신채호가 8세일 때 38세의 젊은 나이로 작고하였다.[9] 그 후 신채호는 할아버지를 따라 청원군 안성면 귀래리 고두미 마을로 옮겨가 서당 훈장을 하였던 할아버지의 슬하에서 자라면서 할아버지를 스승으로 하여 한문과 유학 경전들을 공부하였다.[10] 신채호의 할아버지는 양반의식이 강하고, 성격도 매우 강직하여 손자에게 6세 때부터 글을 가르치기 시작했는데, 한 번 가르쳐서 곧 알지 못하고 암송하지 못하면 심하게 체벌하였다고 한다. 이처럼 신채호는 당시 유학의 조기 교육을 철저하게 받아서 9세에 『자치통감(資治痛鑑)』을 마치고 13세 때에는 사서삼경(四書三經)을 모두 독파했다고 한다.[11] 신채호는 두뇌가 영민하고 재주가 탁월하였지

---

7) 위의 책, 66쪽.

8) 임중빈, 『선각자 단재신채호』, 고령신씨 대종약회, 1986, 38쪽.

9) 신용하, 『증보 신채호의 사회사상연구』, 나남출판, 2004, 13~15쪽.

10) 윤무한, 앞의 책, 15쪽.

11) 신영우, 「조선의 역사대가 단재 옥중회견기」, 『조선일보』 1931년 12월 19~28일, 『개정판 단재신채호전집』 하권, 단재신채호선생기념사업회, 1977, 445~446쪽.

만 외모가 잘생기지 못하고 어리석은 것처럼 보였다. 신채호는 어려서부터 글재주가 탁월하고 기억력이 좋아 신동(神童)이라는 소리를 들었다. 신채호의 할아버지가 학자였기 때문에 집안에는 서적들이 상당히 많아 어렸을 때부터 신채호는 할아버지의 책을 모두 읽었다.[12) 그 후 신채호는 할아버지의 소개로 18세(1897년) 때 대한제국의 가부대신을 지낸 구한말의 대학자이며 수구파인 신기선을 만나 많은 장서를 빌려 읽었으며, 이듬해 신기선의 추천으로 성균관에 입학하였다.[13)

그는 주로 성균관에서 전국 각지에서 모여든 다른 유생들과 함께 깊고 넓은 전통적인 유학교육을 받았다. 그는 많은 유생 중에서 학문적 재능이 매우 뛰어나 점차 그의 명성은 당시 기재(奇才)로 서울 장안에 널리 알려지게 되었다. 그러나 그는 전통적인 유학에만 매몰되지 않았고, 조선시대 실학자들의 저술과 시무(時務)에 관한 책과 조선사(朝鮮史)·만국사(萬國史) 등 근대적인 신학문을 적극 받아들였다. 그리하여 그는 주자학이 봉건적인 왕조체제를 수호하려는 양반관료의 학문이고, 사대주의를 조장하는 학문이라고 비판하는 동시에 당시 사회가 절실히 필요로 하는 과학기술과 근대국가 건설을 위한 신제도를 받아들여야 한다고 생각하였다. 그는 당시 대립되었던 급진적인 개화사상이나 보수적인 위정척사론의 두 극단의 어느 한쪽에 기울지 않고, 개화사상을 자주적인 입장에서 민족자강사상으로 수용·발전시키는 노력을 아끼지 않았다.[14)

2. 개화자강파로의 전환과 애국계몽운동의 전개

신채호는 서울에 올라와 성균관 박사의 벼슬을 얻었으나 이에 만족하

---

12) 신용하, 앞의 책, 15쪽.
13) 신용하, 『증보 신채호의 사회사상연구』, 나남출판, 2004, 13~19쪽.
14) 최홍규, 『신채호의 민족주의사상』, 단재신채호선생기념사업회, 1983, 47쪽.

지 않고 험난한 구국운동의 길을 선택하였다. 당시 정부는 청일전쟁을 일으킨 일본의 강요에 의해 갑오경장(甲午更張)이라는 정치개혁을 1894년에 단행하여 종래의 봉건제도를 폐지하는 한편 근대적인 민주제도를 취하기 시작하였다. 이를 꺼려하던 명성황후가 이듬해에 일제의 자객들에게 살해되자 고종은 러시아공사관에 피신하여 1년 동안 머물면서 우리의 철도부설권(鐵道敷設權), 광산개발권(鑛山開發權), 삼림채벌권(森林採伐權) 등을 모두 외국인에게 넘겨주었다. 이러한 망국적인 처사를 보고 서재필이 미국으로부터 돌아와 1896년 4월부터 『독립신문』을 간행하고 독립협회를 만들어 구국운동을 펼치기 시작하였다.[15] 이러한 시국 속에서 신채호는 개인의 안위를 위해 벼슬할 시대환경이 아니라고 판단하였다. 국권 상실을 앞둔 상황에서 구습 타파와 학문의 무용(無用)을 주장하고 조선사의 비판적 인식을 갖기 시작하였다. 그 후 그는 끊임없는 자기반성과 변화를 추구하는 생애를 추구하였다.[16]

신채호가 서울에 올라오던 해인 1898년(19세)에는 독립협회의 자주민권운동이 본격적으로 전개되었고, 당시 서울에서 『독립신문』, 『황성신문』, 『제국신문』, 『대한매일신보』 등 근대적 신문들이 발행되어 독립협회의 자주민권 자강운동을 지원하면서 세계정세의 변화와 국내개혁의 필요를 보도 계몽하고 있었다. 그는 유학을 연구하기 위해 성균관에 입학했지만 그가 서울에서 보고 체험한 것은 개화자강의 분위기였다. 예민한 관찰력을 가졌던 신채호는 곧 개화자강의 새로운 사상에 매력을 느끼기 시작하였다.[17]

독립협회운동을 계기로 전통적 유교 학인(學人)에서 개화독립사상가로 전환하게 된 신채호는 계몽논설, 사론(史論), 전기 작품 등을 집필하면

---

15) 유홍렬, 앞의 글, 206쪽.
16) 이이화, 『한국사의 주체적 인물들』, 여강, 1994, 375쪽.
17) 신용하, 앞의 책, 20~21쪽.

서부터 언론인, 전기 작가, 애국계몽사상가, 국사학자로서 한말사상계에서 주목을 받게 되었다.[18] 당시 한반도에 외세의 침략이 가중되는 시대상황 속에서 우리나라를 근대적인 자주독립국가로 발전시키기 위한 국권수호운동으로 정치적인 애국계몽운동이 대두되었다. 이 운동의 시발은 서재필을 중심으로 독립협회가 조직됨으로써 구체화되었다. 독립협회운동은 김옥균, 박영효 등이 추진한 초기 개화운동의 계승이었으며 한층 시대적, 사회적, 사상적, 문화적 의식과 내용을 심화시키고 관료적 차원에서 민중적 차원으로까지 확대, 발전시킨 정치적인 국권운동이었다. 처음 독립협회는 정부의 개혁파 고급 관료세력을 중심으로 조직되어 독립문, 독립공원, 독립관을 세우는 데 주력하였다. 1897년 8월부터 독립협회는 매주 일요일마다 토론회를 개최하고 일부 간부들이 적극적으로 민중계몽에 주력한 결과 점차 그 조직에 민중들이 많이 참여하였으며, 또한 그 조직도 민주적 원칙에 따라 운영하게 되었다. 1898년 2월 이후부터 독립협회는 구국선언 상소를 계기로 본격적인 민중주도의 조직으로 정비되어, 국가의 주권을 수호하고 외세의 이권 반대, 수구파 정권의 부패와 무능을 비판하는 등 본격적인 구국운동을 전개하였다. 독립협회가 민중의 힘을 바탕으로 한 자주민권자강의 민족운동을 전개하게 되자 당시 회장으로 선출되었던 이완용 등 일부 관료세력들은 그 운동 방향에 반대하고, 독립협회를 떠나게 되었다. 그 후 독립협회는 학생, 상인, 일반시민, 하급관료, 노동자 등의 광범한 민중 계층과 그들을 대변하는 선각적인 지식인들이 그 조직과 운동방향을 이끌게 되었다.[19]

　신채호가 독립협회에 참여한 시기는 대략 1898년 10월 '만민공동회'를 통하여 자강개혁내각의 수립과 의회 개설운동을 추진하던 전후의 시

---

18) 최홍규, 『위대한 한국인 단재 신채호』, 태극출판사, 1975, 26쪽.
19) 최홍규, 『신채호의 민족주의사상』, 단재신채호선생기념사업회, 1983, 48~49쪽.

기였던 것으로 추측되고 있다. 남보다 유난히 시대의식에 민감하고 애국심이 투철했던 신채호는 당시 『독립신문』, 『황성신문』 등 저널리즘과 집회를 통하여 구국자강사상을 고취하던 이 독립협회운동을 접하면서 전통적인 유학사상에서 탈피하여 개화독립사상으로 과감한 자기혁신과 방향전환을 하게 되었다.[20] 당시의 회상자료인 『독립협회연혁략(獨立協會沿革略)』에 의하면 신채호는 당시 독립협회 소장파의 한 사람으로서 일반회원의 부서담당 중 내무부 문서부 서기장 및 과장, 부장급에서 활약한 것으로 기록되고 있다.[21] 그가 활동할 무렵의 독립협회는 공식 조직보다는 만민공동회(萬民共同會)의 자발적 집회가 활기를 띠고 치열한 민중투쟁을 전개하던 시기였으며, 이때 집회는 독립협회의 간부가 아닌 일반 회원들의 자발적 의사에 따라 거의 매일 개최되었다.[22]

　이후에 전개된 애국계몽운동은 독립협회운동을 계기로 점차 민중의 요구와 의식을 반영하면서 추진된 반봉건·반침략의 민중적 민족운동의 성격을 띠게 되었다. 신채호 역시 독립협회와 만민공동회 운동에 참여하면서 그의 사고, 학문, 의식, 행동에서 뚜렷한 방향전환을 하게 되었다. 그는 전통적인 구학문인 한학에만 몰두하지 않고 개화자강사상을 적극적으로 받아들여 민족과 시대의식에 투철한 선각자적 자세를 견지하였다.[23] 그는 이 만민공동회의 참가와 활동을 전환점으로 하여 주자학도에서 개화자강파로 전환한 것으로 보인다. 만민공동회운동은 가장 적극적인 자유민권운동이면서 개화자강파의 민중운동이었기 때문에 만민공동

20) 위의 책, 50~51쪽.
21) 작자미상, 『독립협회연혁략(獨立協會沿革略)』, 『창작과 비평』, 1970년 봄호 所收 참조, 위의 책, 51쪽에서 재인용.
22) 위의 책, 51쪽.
23) 최홍규, 『위대한 한국인 단재 신채호』, 110~111쪽, 「獨立協會沿歷略」, 『창작과 비평』, 1970년 봄호.

회에서 활동하였다는 것은 개화자강파의 일원으로서 활동하였다는 것을
의미한다. 고종과 친러수구파 정부의 무력탄압에 의하여 1898년 12월 25
일 독립협회와 만민공동회가 다시 강제 해산되고 주동자 430여 명이 체
포될 때 신채호도 일시 체포되었다가 석방되었다.[24]

  1904년 일본은 인천 앞바다에서 러시아 군함을 기습 격침한 뒤 러·일
전쟁을 도발하고 조선에 불법 상륙하여 제1차 한일의정서를 강제 조인하
였다. 일본 제국주의의 침략으로 나라의 국권이 상실되었다. 신채호는 성
균관 박사가 된 직후인 1905년 장지연의 초청을 받아 『황성신문』의 논
설기자로 들어갔다. 신채호가 입사할 무렵 『황성신문』에는 박은식과 남
궁억 등이 있었다. 안재홍은 당시 신채호의 심경을 신채호의 『조선상고
사』 서문에서 "'누를 수 없는 북받치는 정열을 한 자루 붓에 맡겨 민족의
심장을 쳐 움직이는' 논객의 길을 택한다."라고 전했다.[25] 개화자강파로
서 유학을 강하게 비판하였던 신채호는 1905년부터 『황성신문』의 논설
기자로 활동하면서 본격적으로 애국계몽운동을 전개하였다. 당시 장지
연, 박은식, 남궁억 등이 이 신문을 주도적으로 이끌어 갔다. 그들은 신채
호와 같이 만민공동회를 전환점으로 하여 정통파 주자학에서 개화자강
파로 전환하였던 인물들이다.[26]

  그러나 『황성신문』에서 신채호가 활동한 것은 1년이 채 안 되었다.
일제가 그 해 11월 을사조약을 강제로 체결하여 국권을 박탈하자, 장지연
이 "시일야방성대곡(是日也放聲代哭)이란 사설을 실어 『황성신문』이 무기
정간 처분을 당하였기 때문이다. 그리하여 신채호는 『대한매일신보』 총무
양기탁의 요청으로 1906년부터 이 신문 논설기자로 본격적인 언론활동을
하게 되었다. 이 신문은 발행인이 영국인 베셀(Ernest Thomas Bethell)이었

---

24) 신용하, 앞의 책, 20~21쪽.
25) 윤무한, 앞의 책, 16쪽.
26) 신용하, 앞의 책, 19~20쪽.

기 때문에 일제의 사전검열을 받지 않았다.[27] 그는 여기에서 일본제국주의의 침략과 친일파 매국행위를 강하게 비판하고 국권회복을 고취시키는 논설들을 쓰기 시작하였다. 그의 애국심이 넘치는 논설 내용은 즉시 독자들의 마음을 사로잡고 감동시켰으며, 국민들에게 가장 영향력 있는 애국계몽운동가의 한 사람으로 부상되기 시작하였다.[28]

신채호가 1906년~1910년 동안 『대한매일신보』에 발표한 논설은 매우 많았지만, 이 논설들을 관통하는 사상적 체계와 주장들은 모두 애국계몽사상에 토대를 둔 것이었다.[29] 당시 『대한매일신보』의 배일적인 논조는 ① 을사조약의 체결은 조선 황제의 뜻이 아닌 일제의 일방적인 불법조약임을 폭로하고 또 무효화를 주장하였고, ② 통감부 설치의 불법성과 일경(日警)의 난폭한 탄압상을 비난·폭로하였으며, ③ 일제의 부정·불법적인 경제 침략행위를 낱낱이 폭로·비판하였고, ④ 친일 매국노와 친일신문을 공격·비판하였으며, ⑤ 정부의 비정을 비판·공격하여 국민들의 민족적 각성을 고취시켰고, ⑥ 국채보상운동을 적극 지원하는 등 국권회복을 위한 항일 애국계몽운동을 끈질기게 전개하였다.[30]

이처럼 『대한매일신보』에서 활약한 신채호의 애국계몽사상운동은 일본제국주의를 몰아내고 국권을 회복하여 '입헌공화주의'에 입각한 문명조국을 건설하는 데 목적을 두었고, 모든 국민이 실력을 배양하여 일제를 물리치는 데 일조하였다. 즉 신채호의 애국계몽사상은 민족주의사상의 일환이었다. 그의 초기 애국계몽사상은 부르주아적 민족주의사상으로서, 사상이 운동과 직결되는 실천적 성격을 띠었다. 안재홍은 신채호가 우리나라의 봉건 말기에 부르주아 민족주의와 국민주의의 "가장 총명하

---

27) 윤무한, 앞의 책, 16쪽.
28) 신용하, 앞의 책, 22~23쪽.
29) 윤무한, 앞의 책, 17쪽.
30) 최홍규, 『위대한 한국인 단재 신채호』, 앞의 책, 135쪽.

고 예민한 양심으로서 그 개척자적 임무"를 다했다고 하였다. 또한 그는 신채호가 "국민사상 개혁의 급선봉"에 서있었다고 지적하면서, 신채호의 선구적 부르주아 계몽사상은 역사적으로 뜻 깊은 역할을 수행했다고 평가하였다.[31] 언론인으로 출발했던 단재의 민족주의운동은 당시 언론에 발표되었던「이순신전」,「을지문덕전」,「거걸최도통전」을 통해 잘 나타나있다. 이 글들에서는 민족과 국가가 위기에 처해 있을 때 나라를 구하려 목숨을 아끼지 않았던 인물들의 정신과 행적을 기리고 있다. 신채호는 이러한 모범적인 애국자들을 통해 자라나는 후속세대인 청년들의 애국심을 고취하려 하였던 것이다.[32]

3. 근대민족주의 사학의 창립

1907년을 전후한 시기에 신채호는 적극적인 문필활동을 하면서 애국계몽사상 역사학자로서 당시 사상계에 상당한 두각을 나타내기 시작하였다. 그는 양계초(梁啓超)가 쓴『이태리건국 삼걸전(伊太利建國 三傑傳)』을 번역하여 국민에게 애국심과 민족자강을 고취시키기 위해 노력하였다. 여기서 그는 애국자의 본보기로서 마치니, 카부르, 가리발디 등 이탈리아 민족국가 건설에 헌신한 세 영웅의 활동과 업적을 소개하였다. 이 책은 역사 연구의 새로운 인식을 강조한 최초의 성과라고 할 수 있다. 즉 기울어져 가는 대한제국의 국운을 바로잡고 소생시킬 한민족 중흥의 영웅을 열망한 가운데 이탈리아 건국의 3걸을 모델로 제시한 것이다. 그 후에 그는 국민의 애국심을 고취시키고 민족 자주적인 역량을 강화하기 위하여 을지문덕, 최영, 이순신 등 우리 민족의 세 영웅에 관심을 확대시켰다.

31) 윤무한, 앞의 책, 17쪽.
32) 이이화, 앞의 책, 376쪽.

이 세 영웅들은 모두 침략적인 외세와의 싸움에서 크게 승리한 민족적 위인들이라는 점을 강조하고 있다. 이처럼 신채호의 투철한 민족의식과 민족사에 대한 열정은 국난 극복의 민족 영웅, 특히 대외투쟁에서 승리한 애국적 장군들에 대한 그의 전기물로 나타났다.[33]

그리고 신채호의 애국계몽사상을 바탕으로 한 민족주의 역사학은 당시 우리 민족의 실력이 부족한 상태에서 국권회복을 위하여 '애국심'을 가장 중시하고 강조하였다. 또한 그는 국권회복을 위한 '애국심', '애국주의'를 배양하는 가장 좋은 방법과 부문을 '역사'라고 주장하였다. 신채호의 민족주의사상에는 그의 독특한 '역사민족주의'가 골간을 이루고 있었다. 그는 이러한 관점에서 근대민족주의 사관(史觀)을 정립하고, 기존의 사관과 사서(史書)들을 다음과 같이 비판하였다. 첫째, 국사에서의 존화사관(尊華史觀)과 사대주의를 비판하였다. 둘째, 왕조사 중심의 중세사학을 강하게 비판하였다. 셋째, 한국역사에 대한 일본 역사서들의 한국사 왜곡을 강도 높게 비판하였다. 넷째, 한국인이 서술한 당시 역사교과서들을 예리하게 분석, 비판하였다. 그는 특히『독사신론』을 통해서 확고한 근대민족주의 사관을 제시하였을 뿐만 아니라 많은 새로운 학설을 정립하였다. 이처럼 우리나라 근대 민족주의사학의 성립은 신채호의『독사신론』에서 시작되었다고 평가되고 있다.[34]

『대한매일신보』에 1908년 8월 27일부터 12월 13일까지 이 사론이 발표되면서 기존의 봉건적 국사관은 타격을 받게 되었다. 신채호는『독사신론』을 통해 기존 국사학계에 팽배해온 존화사관(尊華史觀)과 사대주의를 철저하게 비판하였다. 그 대표적인 예는 김부식의 사대주의사관이었다. 또한 그는 왕조사 중심의 중세사학도 날카롭게 비판하였다. 즉 왕실

---

33) 최홍규,『위대한 한국인 단재 신채호』, 앞의 책, 149~151쪽.
34) 이기백 외,『우리 역사를 어떻게 볼 것인가』, 삼성문화문고, 1976, 121~122쪽; 신용하,『증보 신채호의 사회사상연구』, 앞의 책, 31~32쪽 참조.

의 흥망이나 정통성만을 따지는 것이 민족의 발전과정이나 민족국가 흥
망성쇠를 설명하는 데 낡고 몰가치하다고 규정하였다. 다시 말해 신채호
에 의해 역사서술의 주제가 왕조 중심에서 '민족' 중심으로 이동하였다
고 할 수 있다. 또한 일본 역사서들의 한국역사에 대한 왜곡을 강하게
비판하였다. 일본이 고대부터 한반도의 남부지방을 지배하였다는 '임나
일본부설(任那日本府說)'과 신공황후(神功皇后)의 신라침공설 등의 역사
왜곡을 비판하면서, 이러한 무설(誣說)을 무비판적으로 수용하던 한국의
역사책들도 나쁜 역사책의 표본이라고 강하게 비판하였다.

이처럼 신채호는 『독사신론』에서 새로운 학설을 제시함으로써 '신역
사'를 써야 한다고 주장하였다. 예를 들어 부여-고구려 주족론(主族論), 단
군-추장시대론, 만주영토설, 임나일본부설 부정, 삼국문화의 일본 유입설,
삼국통일 및 김춘추 비판론, 발해-신라 양국시대론 등의 학설을 주장하였
다.35) 여기서 그는 중세사학을 극복하고 근대 민족주의사학을 창건함과
동시에 당시 새로이 대두되는 일제 초기 식민주의사관에 대한 학문적 투
쟁을 전개하였다.36) 이와 같이 그는 언론을 통해 문필로서 나라를 망친
사대사상(事大思想)을 배격하고 자주적인 민족혼을 대중에게 불러일으키
고자 하였다. 즉 그의 언론활동은 정치론 외에 역사학까지 확대되었다.

그는 당시 민족적·시대적 문제를 해결하기 위한 방도로서 보수적인
주자학(朱子學)과 유림(儒林)에 대하여 과감한 비판을 하면서 반성과 새
로운 개혁을 할 것을 주장하였다. 즉 「유교(儒敎) 확장(擴張)에 대한 론
(論)」에서 당시 친일에 기울던 대동학회(大東學會)가 유교확장론을 내세
우자 "유교를 확장코자 하면 허위와 진리를 확장하여 허위와 허학(虛學)
을 버리고 실학(實學)을 힘쓰며, 소강(小康)을 버리고 대동(大同)을 힘써

---

35) 윤무한, 앞의 책, 18쪽.
36) 신용하, 앞의 책, 22~23쪽.

유교의 빛을 우주에 비출지어다."[37]라고 하면서 그 친일매국성과 반민족적 허위성을 날카롭게 비판하였다. 다시 말해 일부 유림세력이 위학적(僞學的)·친일적 유교확장론에 빠져있지 말고 실학과 대동사상에 입각하여 유교의 참 진리와 실천적인 애국운동에 힘쓸 것을 강조하였다.[38]

신채호는 일제의 강권과 친일 매국관료들에 의해 을사조약이 체결되고 대한제국의 국권이 박탈되자, 교육구국사상에 입각해 신지식과 신교육의 필요성을 주장하면서 민중에게 애국사상을 고취하였다. 즉 그는 논설 「대한의 희망」에서 '국권 없는 국가', '자유가 없는 인민'의 대한제국기 위기의 민족현실을 다음과 같이 절실하게 상기시켰다.

> 오호(嗚呼), 금일 아대한(我大韓)에 하(何)가 유(有)한가, 국가는 유(有)하건마는 국권(國權)이 무(無)한 국(國)이며, 인민이 유(有)하건마는 자유가 무한 민(民)이며, 화폐는 유하건마는 주조권(鑄造權)이 무유(無有)하며, 법률은 유하건마는 사법권이 무유며, 삼림(森林)이 유하건마는 아(我)의 유(有)가 아니며, … 철도가 유하건마는 아의 유가 아니니, 연즉(然則) 교육에 열심하여 미래 인물을 제조할 대교육가(大教育家)가 유한가 차(此)도 무유(無有)며, 연즉 식견이 우열하여 전국 민지(民智)를 계발할 대신문가(大新聞家)가 유한가 차(此)도 무유(無有)며, 대철학가(大哲學家)·대문학가(大文學家)도 무유며, 대이상가(大理想家)·대모험가(大冒險家)도 무유라.[39]

여기서 신채호는 위기적 현실에 좌절하지 말고 민족자강의 입장에서 전 국민이 분발하여 '대희망'을 가지고 '신사업'을 일으켜 '신국민'이 될 것을 촉구하였다. 그는 희망, 애국심, 역사를 우리 민족이 자강, 독립할 수 있는 기본요건으로 파악하였다.[40] 이와 같은 신채호의 문필을 통한

---

37) 『大韓每日申報』 1909. 2. 28, 『改訂版 丹齋申采浩全集』 下, 형설출판사, 1977, 119~120쪽; 최홍규, 『신채호의 민족주의사상』, 앞의 책, 79쪽에서 재인용.

38) 최홍규, 위의 책, 79쪽.

39) 「大韓의 希望」, 『改訂版 丹齋申采浩全集』 下, 63쪽; 최홍규, 70쪽에서 재인용.

항일구국운동은 을사보호조약(乙巳保護條約)이 체결된 이후 직접적인 항일정치운동으로 발전하였다.[41] 그는 안창호 등이 1906년에 미국에서 조직하여 1907년부터 전국 각지에서 일어나고 있던 국채보상운동(國債報償運動)에도 가담하여 일본부채금(日本負債金) 일천 3백만 원을 국민의 힘으로 갚으려는 활동을 전개하였다.[42]

한편 1906년 3월 말경에는 국권회복과 교육 및 산업을 진흥시키기 위해 대한자강회가 창설되어 전국 각지에 지회를 두고 자강주의적(自强主義的) 입장에서 민족 실력배양운동이 추진되었다. 그러나 1907년 8월 이완용 내각은 보안법에 의거 해산령을 내리자 그 해 11월에 다시 대한협회로 발족되었다. 이 대한협회는 1909년 2월경 전국 각지에 60여 개의 지회와 수만 명의 회원에 이르는 방대한 조직체로 성장하였는데, 신채호도 이 운동에 적극 참여하여 언론을 통해 민족자강사상을 고취시켰다.

또한 그는 1907년 9월 비밀결사인 신민회 조직에 참여하여 정치적인 민족독립운동을 전개하였다. 신민회 회원은 민족의식이 철저한 정수분자로 조직되어 1910년경에는 그 회원이 4백여 명에 이르렀다.[43] 신민회 조직은 철저한 비밀결사로서 엄격한 자격심사에 의하여 회원을 엄선하고, 다만 각 회원의 활동은 표면적으로 합법적인 것을 표방한 것이 특징이었다. 신채호가 여기에 합류한 것은 『대한매일신보』의 동지들인 양기탁 등이 모두 참여하였기 때문이었다. 그는 1908년 1월부터 상동청년학원에서 가정교육과 여성계몽을 위해 순 한글잡지 『가뎡잡지(家庭雜誌)』 속간을 직접 편집, 발행하기도 하였다. 당시 신민회의 취지와 목적은 「大韓新民會 趣旨書」 속에도 잘 나타나 있다.

---

40) 위의 책, 69~71쪽.
41) 유홍렬, 앞의 글, 206쪽.
42) 유홍렬, 앞의 글, 206쪽.
43) 김구, 『백범일지』, 국사원, 1947, 195쪽 참조.

> 신민회는 무엇을 위하여 일어남이뇨? … 무릇 아한인(我韓人)은 내
> 외를 막론하고 통일연합으로써 기(基) 진로를 정하고 독립자유로써 기
> 목적을 세움이니, 차(此) 신민회의 발원(發願)하는 바며 신민회의 회포
> 하는 소이(所以)니, 약언(略言)하면 오직 신정신을 환성(喚醒)하여 신
> 단체를 조직한 후 신국(新國)을 건설할 뿐이다.[44]

이 취지문에 나타난 바와 같이 국민이 통일 연합하여 애국할 때 독립
자유의 '신국(新國)', 즉 시민 주체의 근대적 국민국가를 이룩할 수 있다
고 보았다. 당시 신민회가 목표한 신국 건설의 모델은 서구 근대적 체제
의 자주 독립국가였다. 이 조직은 민간 중심이었고 뒤에 국망(國亡) 후
민족독립운동 및 상해임시정부의 조직과 활동에 그대로 계승, 발전되었
다.[45] 이처럼 신채호가 주요 회원으로 가입하여 비공식적 대변인으로서
활동하고 있던 신민회는 1909년 봄에 총감독 양기탁의 집에서 전국 간부
회의를 개최하여 "독립전쟁전략"을 채택하고 국외에 독립군기지를 창건
하는 운동을 전개하기로 결정하였다. 그리고 일제에 체포되었던 간부들
을 중심으로 안창호, 이갑, 이동휘, 이동녕, 유동열, 신채호, 김희선, 이종
호, 이종만(이종호의 아우), 김지간, 정영도 등을 일차로 국외에 망명시켜
독립군기지 창건사업을 담당하도록 하였다.[46] 신채호는 신민회의 결정에
따라 1910년(31세)에 안창호, 이갑 등의 동지들과 함께 망명길에 올랐다.

4. 해외에서의 독립운동 전개

신채호의 생애는 1910년을 기점으로 민족 독립을 위한 혁명투사로서
극적인 전환을 하게 된다. 국권상실이후 국내활동과 애국계몽운동의 한

---

44) 「大韓新民會 趣旨書」, 『개정판 단재신채호전집』 별집, 85~86쪽.
45) 최홍규, 『신채호의 민족주의사상』, 앞의 책, 84~85쪽.
46) 신용하, 「신민회의 창건과 그 국권회복운동」 (하), 『한국학보』 제9집, 1977 참조.

계점을 느낀 그는 더욱 넓은 활동무대가 필요하였다. 그리하여 1936년 2월 그가 여순(旅順) 감옥에서 옥사하기까지 신채호는 조국의 자유와 독립을 위한 혁명전선에서 망명의 세월을 보내게 된다. 따라서 그가 단순한 언론인 역사학자가 아니라 민족독립을 위해 행동한 실천인이라는 것을 그의 후기 활동을 통해서도 분명히 알 수 있다.[47]

망명길에 오른 신채호, 이갑, 안창호 등은 1910년 4월에 중국 청도에서 모였다. 청도는 독일의 중요한 군사기지로 독일식으로 시가지가 건설되고 독일 양식의 건물들이 세워진 중국 내의 독일 영지였다. 독립운동가들이 이곳 청도에 모이게 된 것은 독일의 조차지였기 때문에 일본의 위협으로부터 안전할 수 있었다. 또한 무엇 보다 교통의 요지였기 때문에 국내를 탈출해 오는 애국지사들이 모두 모이기에 용이한 장소였다.[48] 여기서 이른바 청도회의를 열고 독립군기지 창건의 구체적 실행책을 논의하였다.[49] 그들은 약 3천 달러의 자금으로 만주 밀산현(密山縣)에 있는 미국인 경영의 태동실업회사(泰東實業會社) 소유지 30팡자(약 70평방리)의 땅을 사서 개간하였다. 그리고 독립군기지로서의 신한민촌(新韓民村)을 만들고 농업을 경영하면서 무관학교(武官學校)를 세워 독립군 장교와 독립군 전사들을 양성하였다. 군장교 출신인 이갑, 유동열, 김희선 등은 무관학교의 전술교관을 맡았고, 신채호는 무관학교의 국사와 한문 교사를 담당하였으며, 김지간은 농업경영의 책임을 맡았다.[50]

한편 1910년 9월 동포가 가장 많이 있는 러시아령 블라디보스토크에 도착한 신채호 등 신민회 간부들은 한국이 완전히 일제 식민지로 합방되

---

47) 최홍규, 『위대한 한국인 단재 신채호』, 태극출판사, 1975, 32~33쪽.
48) 김삼웅, 『단재 신채호 평전』, 시대의 창, 2005, 49쪽.
49) 신용하, 앞의 책, 28~37쪽.
50) 「이강회고담(李剛回顧談)」, 『속편 도산안창호』, 도산기념사업회 간, 144쪽 참조; 신용하, 위의 책, 37쪽에서 재인용.

었다는 소식을 들었다. 그리하여 1911년 12월 이상설, 최재형, 이동휘, 이종호 등이 중심이 되어 권업회(勸業會)를 조직할 때 신채호도 참여하였다.[51] 그는 여기서 『권업신문』의 주필이 되어 논설을 책임졌다. 그리고 그 이듬해인 1912년에는 윤세복, 이동휘, 이갑 등과 함께 광복회를 조직하였다. 신민회 계통의 민족주의자들과 대종교(大倧敎) 계통의 민족주의자들이 합작하여 만든 광복회는 그 후 일제에 조직이 발각되어 1918년 사실상 붕괴될 때까지 독립운동에서 중요한 역할을 수행하였다.[52] 광복회의 자금은 대종교 계통 민족주의자들에 의해 충당되었으나, 이 회를 실질적으로 운영한 것은 신민회 계통의 민족주의자들이었다.[53]

그러나 신채호는 이곳보다 상해로 활동무대를 옮기는 것이 효과적이라고 판단하였다. 당시 상해에 있던 신규식이 '굶든 먹든 함께 지내자'고 청하면서 여비까지 보내주어 그는 상해로 갈 것을 결심하게 되었다. 그가 블라디보스토크를 떠나게 된 또 다른 동기는 단순한 생활고 이외에도 한인 사회내의 지방적 파벌과 지도자들 간의 반목 대립 등이 격화되어 이에 대한 실망도 크게 작용하였다는 추측도 있다.[54] 신채호를 초청했던 신규식은 중국의 혁명지사들과 교제하면서 손문이 주도한 신해혁명에 참가한 바 있었고 상해 교포사회의 중심적 인물로 활약하였다. 1912년 7월 신규식은 '동단공제(同丹共濟)한다'는 뜻에서 동제사(同濟社)라는 독립운동기구를 조직한 바 있었는데 상해에 온 신채호도 이 조직 주요 멤버의 한 사람으로 참여하게 되었다. 이 조직의 중심인물로는 박은식, 김규식, 신채호 등이었고, 그 회원은 3백여 명에 이르렀다.[55]

---

51) 윤무한, 앞의 책, 19쪽; 유홍렬, 앞의 글, 207쪽.
52) 윤무한, 앞의 책, 20쪽.
53) 신용하, 앞의 책, 38~40쪽.
54) 최홍규, 『신채호의 민족주의사상』, 앞의 책, 118~119쪽.
55) 위의 책, 119쪽.

상해에서 그는 박은식, 신규식과 함께 청년운동, 교육운동에 헌신하면서 역사학자로서 그 기초를 다지게 되었다. 그는 특히 역사는 민족주체성을 강조하는 민족사학이어야 함을 강조하였다. 또한 조선사와 세계사의 인식이 절실함을 강조하면서 종래에 기술된 조선사를 강하게 비판하였다. 즉 예전에 '동사(東史)'라는 이름의 우리나라 역사가 중국 중심에서 벗어나지 못했음을 날카롭게 비판하였다. 더 나아가 국가는 민족정신으로 구성된 유기체라고 규정하여 그 추동력을 강조하면서 당시 여러 역사교과서가 중국의 역사나 선비족의 역사, 일본의 역사로 착각할 정도로 서술되어 있음을 예리하게 지적하고 고대사에서 압록~두만강 남쪽에 무대를 설정하고 있는 한국사 서술을 비판하였다.56) 또한 이 무렵 신채호는 박은식, 문일평, 정인보, 조소앙 등과 함께 영국 조계의 서북천로(西北川路)에 박달학원(博達學院)을 세우고, 국외에 있는 청년들의 민족교육에 전념하기도 하였다. 상해에서 활동한 단재를 정인보는 다음과 같이 회고하고 있다.57)

> 무창(武昌)혁명한 지 3년 되던 해 상해에서 단재를 만났다. 단재가 북만을 거쳐 그리로 왔다던 것, 노자(路資)는 예관(睨觀)이 보냈다던 것들이 생각나고 단재가 휴래(携來)한 책롱(冊籠)이 둘이든지, 셋이든지 백지에 베낀 『동사강목』이 꺼내는 대로 연방 나오던 것을 본 것은 아직도 눈에 선하다. 모여 앉아 이야기를 하다가 사론(史論)이 나면 모두 단재에게로 향하였다. 그때 단재는 중국옷을 입었다. 회색 융(絨) 두루마기가 발등을 덮은 대로 고개는 항상 기우듬하던 게였다. 언제나 난핍(亂乏)한 빛이 떠어 누르스레 부은 듯도 하고, 기운은 초췌(憔悴)하고 걸어다닐 때면 늘 복부(腹部)를 부등키기에 왜 그러냐고 물으니까, 냉통(冷痛)이 때때로 심하다고 이러면서도 조선 역사를 말할 때에는 두 눈이 곁에 있는 사람을 쏘고 담변(談辯)이 칼날 같았다.58)

---

56) 이이화, 앞의 책, 376쪽.
57) 최홍규, 『위대한 한국인 단재신채호』, 앞의 책, 218~219쪽.

신채호는 1914년(35세)에 대종교 계통의 독립운동가 윤세복의 초청으로 상해에서 서간도의 환인현(桓因縣) 홍도천(興道川)으로 가서 약 1년간 체류하였다. 경남 밀양 출신의 독립지사인 윤세복은 1910년 만주로 망명하여 환인현에서 동창학교(東昌學校)를 창설하고 교포 자제의 교육 및 대종교(大倧敎)의 포교에 힘쓰는 한편, 각지의 독립운동자들과 연락을 취하면서 많은 후원을 아끼지 않았다. 박은식이 이곳에서 교편을 잡았던 것으로 알려지고 있다. 이때 신채호는 이곳 동창학교에서 교포 청소년들에게 한국사를 가르치는 한편, 만주에 거류하는 동포들의 애국심 고취와 계몽을 겸한 국가 교재로『한국사』를 집필, 발간하였다고 하지만 현재는 전해지지 않고 있다.59)

그리고 이 기간 동안 고구려, 발해의 유적지를 답사하면서 의식적으로 역사연구의 고증작업을 시작하였다. 그가 고조선의 지리경역(地理境域)에 관한 획기적인 새 학설을 제시할 수 있었던 것은 중세사학에 대한 그의 투철한 비판의식과 함께 유적답사를 통해서 문헌고증의 범위를 극복하여 실증을 겸비한 탐구정신과 결부되었기 때문이었다.60) 민족사에 대한 신채호의 투철한 사명감과 탐구열은 역사의식과 중세적, 존화적, 사대주의적 유교사관을 극복하였고, 주체적인 역사인식과 편사체계(編史體系)의 근대적인 민족주의 사관의 수립을 가능하게 하였다. 특히 신채호가 강조한 고구려 중심 사관은 봉건적인 왕조시대에 고질화되었던 중국 중심의 화이관(華夷觀), 곧 중세적 유교사관의 사대주의적 사관을 극복함과

---

58) 정인보,「丹齋와 史學」,『동아일보』1936. 6. 26,『改訂版 丹齋申采浩全集』下, 455쪽.

59) 최홍규,『신채호의 민족주의사상』, 앞의 책, 123쪽.

60) 김철준,「단재사학의 위치」,『한국문화사론』, 1976, 172~184쪽 및「한국근대사학의 성장」,『한국문화전통론』, 1983, 143~161쪽 참조 신용하, 앞의 책, 38~49쪽에서 재인용.

동시에 사실(史實)의 실증, 발굴을 통한 자주적이며 근대적인 민족주의 사관을 수립한 것이다.[61] 또한 이 시기 신채호의 독립운동 관계 논설은 주로 중국신문들에 '한중항일공동전선'의 결성을 주장하고 한국인들에 대해서는 '무장단투(武將段鬪)', 즉 '무장투쟁'이 일본 제국주의를 몰아내고 독립을 쟁취하는 최선의 방법임을 주장하였다.[62]

한편 3·1운동 후 온 겨레의 희망에 부응하기 위하여 수립된 임시정부는 처음부터 내분으로 점차 비판의 대상이 되었다. 특히 이 시기는 사회주의사상이 유입되어, 식민지 하의 민족의식과 합류하려는 경향과 함께 민족주의자와 사회주의자 간의 이데올로기적 갈등이 극심하게 표면화되었다. 그리하여 민족운동의 방법 문제로 지도자들 간에 의견이 대립되었다. 특히 독립운동의 방법과 전술의 문제는 이미 1910년 청도회의(靑島會議) 때부터 교육, 실업 등 실력배양을 우선하자는 안창호 등의 점진론(漸進論) 내지 준비론(準備論)과 무장투쟁을 주장하는 이동휘 등 무력급진론(武力急進論)의 대립을 초래하였고, 개조·통합된 임정 초기부터 그 대립은 강하게 표면화되었다. 즉 이승만·안창호의 지도노선이 크게 반영된 임정의 외교론과 준비론적인 편향에 대해서 이동휘·신채호·박용만 등을 주축으로 한 무력급진론자나 소련의 지원을 받는 사회주의자들은 독립투쟁 방법과 이념을 둘러싸고 비판적인 입장을 취함으로써 점차 갈등과 대립이 심화되었다.[63]

그러자 신채호는 북경에서 상해로 가서 독립운동가들이 임시정부를 조직한 맨 처음의 모임인 '29인 모임'에 참가하였다. 이 회의에 모인 29인들의 임시정부 발기회의에서는 이 회의를 '임시의정원(臨時議政院)으로 하자는 조소앙의 동의가 채택되어 의정원이 성립되고 임시정부의 조

---

61) 최홍규, 『신채호의 민족주의사상』, 앞의 책, 127쪽.
62) 신용하, 앞의 책, 40~41쪽.
63) 최홍규, 『신채호의 민족주의사상』, 앞의 책, 157~158쪽.

직이 활동을 개시하였다.[64] 그러나 그는 임시정부 대통령에 이승만 선출을 반대하는 신규식, 남형우 등의 지원을 받아 1919년 10월 상해에서 동지들과 주간신문으로 『신대한(新大韓)』을 창간하여 그 주간으로서 임시정부를 맹렬히 비판하고 공격하기 시작하였다. 이에 따라 신채호의 『신대한(新大韓)』과 임시정부의 기관지로서 1919년 8월에 창간한 『독립신문(獨立新聞)』 사이에는 끊임없는 논쟁이 벌어졌다. 이로 인해 그는 마치 반임시정부 계통 독립운동가들의 총아처럼 되었고, 임시정부의 압력으로 상해에서의 『신대한(新大韓)』 발행이 중단되자 1920년 4월 상해를 떠나 북경으로 자리를 옮겼다. 그리하여 그 해 9월에 북경에서 박용만, 신숙 등과 함께 군사통일촉성회(軍事統一促成會)를 발기하였다.

단재는 독립운동에서 임시정부 활동보다 독립군 부대들의 무장군사활동이 훨씬 중요하다고 보아 분산된 독립군 부대들의 지휘계통을 통일하여 더욱 효과적인 항일 무장투쟁을 전개하기 위하여 군사통일촉성회를 발기한 것이다. 또한 그는 1921년 1월에 북경에서 김창숙 등의 지원을 받아 독립운동잡지 『천고(天鼓)』를 창간하였다. 월간인 이 잡지는 한국인들뿐만 아니라 중국인들까지 읽을 수 있도록 하기 위하여 순한문으로 간행되었다. 이 잡지 대부분의 논설은 신채호가 집필하였다.[65]

다른 한편 상해 임시정부는 1920년 12월 8일 임시대통령 이승만이 미국에서 상해로 와서 대통령의 권위로 임시정부의 내부분열을 수습하려 하였다. 그러나 이것이 무산되자 1921년 1월 24일 임시정부 국무총리 이동휘가 러시아령으로 돌아가는 사태가 발생하였다. 이에 독립운동을 지도하는 최고기관의 재정비가 절실히 요구되자, 1921년 2월 초에 북경에서 박은식, 원세훈, 김창숙, 왕삼덕, 유례군 등 14명은 "우리 동포에게 고

---

64) 「대한민국 임시의정원 기사록 제1회집」, 『한국독립운동사 자료』, 국사편찬위원회, 제2권, 임정편 Ⅱ, 386쪽 참조; 신용하, 앞의 책, 53쪽에서 재인용.
65) 신용하, 앞의 책, 28~63쪽.

함"이라는 성명서를 발표하고 국민대표회의의 소집을 요구하였다. 이는 통일된 강력한 정부의 재조직과 독립운동 최선의 방법에 대한 중지를 모으기 위한 것이었다.[66]

1922년에 신채호는 국민대표회의 개최가 확정되고 신채호의 노선이 독립운동가들 사이에서 인정을 받자 무력급진노선 독립운동단체인 의열단(義烈團) 활동을 개시하였다. 그는 김원봉으로부터 의열단 독립운동의 이념과 방법을 천명하는 의열단 선언문인 "조선혁명선언(朝鮮革命宣言)"을 집필해달라는 간곡한 요청을 받았다. 의열단은 1919년 11월 10일 만주의 길림(吉林)에서 창립된 폭력노선의 독립운동단체로서 그 이념은 '조국광복'을 목적으로 한 민족주의의 내용을 갖고 있었으나 그 운동의 방법은 무정부주의자들이 선호하는 암살, 파괴, 폭동의 방법을 택하고 있었다.

이처럼 의열단의 극렬한 투쟁방법에 대해서는 많은 독립운동가들의 비판과 비난이 있었으므로 의열단은 그들 독립운동의 이념과 방법을 이론화하고 합리화할 필요가 있었으며 이 일을 신채호가 맡게 되었던 것이다. 이러한 의열단 선언문으로서의 "조선혁명선언"은 의열단원들 뿐만 아니라 많은 독립운동가들과 전 민족 성원들에게 큰 영향을 끼쳤다. 신채호의 "조선혁명선언"은 일제강점기에 한국의 독립운동이 낳은 가장 귀중한 문헌의 하나가 되었다. 신채호는 개인적으로 이 선언문의 집필 후 의열단의 유자명을 만나면서 점차 무정부주의자로 전환하게 되지만, "조선혁명선언문" 집필 당시에도 여전히 민족주의자라고 평가되고 있다.[67]

이 국민대표회의는 국외의 독립운동 집회로서는 규모가 가장 큰 모임이었고, 임시정부로서는 임정 수립 이래 가장 큰 도전이기도 하였다. 이

---

66) 『韓國民族獨立運動史料』 중국편, 국회도서관, 276~277쪽; 위의 책에서 재인용, 133~134쪽.
67) 신용하, 앞의 책, 64~69쪽.

모임은 사실상 각 지역 각 파의 독립운동가들이 거의 총망라하다시피한 통일전선과 같은 성격을 지녔다는 점에서 역사적 의의를 지닌 것이었다. 그러던 3월 9일 윤자영 등 20여 명이 본회의 시국문제 토의안건을 제안하여, 그 중의 하나인 임시정부 개조안이 3월 13일 본회의에 상정됨으로써 이후 회의는 창조파(創造派)와 개조파(改造派)로 대립되어 결렬되기에 이르렀다. 창조론은 현재 있는 정부를 해소하여 새로운 독립운동 기구를 만들자는 것으로, 북경의 군사통일회 계통의 시베리아에서 온 공산당 대표들이 이에 가담하였다. 한편 개조론은 현재 있는 정부를 실제운동에 적합하게 개조하자는 것으로 주로 안창호 계열과 상해 공산당 대표들이 이를 주장하였다. 이 두 파의 대립으로 회의가 혼돈 상태에 빠지자, 5월 15일 김동삼, 배천택, 이진산, 김형식 등 만주 대표들은 대표회의 분쟁을 이유로 군정서(軍政署)와 한족회(韓族會)의 소환을 받아 물러가게 되었다.

회의가 개막된지 제 63일째인 5월 15일, 김동삼 등 서간도의 대표들이 물러간 후 창조파의 윤해가 의장이 되어 회의를 진행시켰다. 이때 개조안은 부결되고, 창조파의 제의에 따라 국호와 연호가 상정되자, 개조파에서는 5월 16일부터 회의 참석을 거부하였다. 이에 양측에서는 다시 타개책을 강구하기 위해 막후 접촉을 벌였으나 결국 실패하였다. 그러자 창조파에서는 단독으로 회의를 진행하여 국호를 "한(韓)", 연호는 "단군기원"으로 정하였다. 이때 임정 당국에서는 6월 6일 내무부령으로 국민대표회의의 해산을 명령하기에 이르렀다. 그러나 창조파의 인사 39명은 6월 7일 회의를 속개하여 운동방침을 결정하고, 전문 10조의 헌법을 통과시킨 후 입법부인 국민위원회와 행정부인 국무위원회를 조직하였다. 이 '한국정부'의 주동인물은 김규식, 원세훈, 윤해, 신숙, 이청천 등이었다. 그들은 새로운 정부를 만들어 그해 8월 시베리아 블라디보스토크로 옮겨 갔으나, 소련 정부는 이들을 받아들이지 않았다. 그것은 국민대표회의를 결렬시키고 단독으로 새 정부를 만들어 왔다는 점을 핑계로 삼았지만, 대일 외교상 한국독립운동단체를 불러들인다는 것이 불리하다고 판단했기 때문이라고 볼 수 있다.

이러한 과정에서 처음에 신채호는 임정을 적극적 독립투쟁 기구로 새로 만들어야 한다는 명분에서 창조론을 주장했지만, 점차 회의가 상해파, 이르쿠츠크파 두 공산당의 지도권 쟁탈전으로 바뀌는 것을 보고 크게 실망하였다.[68] 특히 공산주의 독립운동가들이 '자유시 참변' 때 소련군의 독립군 학살과 소련 정부의 창조파 새 임시정부의 활동에 대한 불인정 조치에도 불구하고 여전히 소련 국제공산당의 지시에 따라 움직이는 것을 보고 공산주의 독립운동을 사대주의적인 것으로 비판하기 시작하였다.[69] 신채호는 한민족이 당면한 최대의 적인 일제에 대한 실천적인 무력투쟁도 한번 하지 못하고 독립운동 지도자들 사이의 싸움으로 자체 내부 역량이 약화되는 것을 보고 이념적, 행동적인 새로운 전기를 필요로 하게 되었다. 그리하여 무정부주의 독립운동 노선이 한국의 독립운동을 개척해 줄 길이라고 생각하게 되었던 것으로 많은 학자들이 설명하고 있다.[70]

한편 신채호는 이상의 인생 노정을 통해 겪은 좌절감으로 인해 승려가 됨으로써 불교에 의탁하여 극복하려 하였다. 그리하여 1924년 3월 북경에 있는 관음사(觀音寺)에 들어가 수도생활을 시작하면서 다시 역사연구를 하였다. 그해 여름에 "전후삼한고(前後三韓考)"를 집필하면서 그는 민족사연구의 사명을 새롭게 깨달았다. 국내의 『시대일보』, 『동아일보』,

---

68) 최홍규, 『신채호의 민족주의사상』, 앞의 책, 180~183쪽.
69) 신용하, 앞의 책, 72쪽(조선총독부 경찰구, 책인용).
70) 최홍규, 『신채호의 민족주의사상』, 앞의 책, 180~183쪽; 신용하, 앞의 책, 72~75쪽.

『조선일보』 등에 발표된 그의 대부분 역사논문과 저작들은 모두 이 무렵
에 집필된 것으로 알려지고 있다. 그리고 그는 국사연구에만 집중하면서
이회영, 김창숙 등 절친한 동지들과만 접촉하였고, 유자명을 통하여 알게
된 이석증 등 중국의 무정부주의자들을 만나 무정부주의적 견해를 경청
하는 정도로 외부와 접촉하였다.71)

　신용하는 신채호가 "조선혁명선언"을 집필할 때 유자명을 통하여 무
정부주의를 알기 시작하였고, 이 선언에도 무정부주의적 요소가 어느 정
도 투영되었으나 민족주의에 대한 집착이 강렬했기 때문에 신채호는 이
시기에도 여전히 민족주의자였다고 평한다. 그가 무정부주의에 본격적으
로 젖기 시작한 것은 1924년 가을 승려생활을 청산한 후, 이회영, 유자명
등 동지들과 만나며 국사연구를 위해 도서열람의 도움을 구하려고 이석
증 등과 본격적으로 접촉하기 시작하면서부터라고 한다. 그리고 무정부
주의자로서 적극적으로 활동하기 시작한 것은 1927년(48세)때 중국의 천
진(일설 남경)에서 무정부주의동방연맹(일명 A동방연맹)에 조선대표로 참
가하면서부터라고 한다. 신채호는 같은 해에 홍명희, 안재홍의 편지 요청
에 의해 처음에는 사양하다가 본국에서 창립된 신간회(新幹會)에 발기인으
로 참가하였다.72) 신채호의 무정부주의자로서의 활동 시기는 1925년~28
년까지 혹은 순국할 때까지인 1925년~36년의 기간이라 볼 수 있다.

　신채호는 1928년 4월에 한국인을 중심으로 한 '무정부주의동방연맹
북경회의'를 조직, 개최하여 "선언문"을 썼다.73) 이 회의에서 신채호 등
은 무정부주의 동방연맹의 선정기관(잡지 또는 신문)을 설립할 것과 일
제관공서를 폭파하기 위한 폭탄제조소 설치를 결의하였다. 신채호는 이

---

71) 최홍규, 위의 책, 208~215쪽; 신용하, 위의 책, 75~81쪽.
72) 洪碧初, 「哭 丹齋」, 『단재신채호선생 탄신100주년기념논집』, 30쪽; 안재홍, 「嗚
　　呼 丹齋를 哭함」, 『조선일보』 1936년 2월 27일자, 『전집』 별집, 379쪽 참조.
73) 「선언문」, 『전집』 하권, 44~50쪽 참조.

결의를 실천하기 위한 잡지발행 자금을 마련하기 위하여 외국위체[換] 2백 매를 위조 인쇄하여 고베일본은행에서 2천 원을 찾으려다가 일본 경찰에 체포되었다. 그 후 대련(大連)으로 호송되어 10년형을 언도받고 중사상범(重思想犯)으로 다루어져 독방에 수감되어 1936년(57세) 2월 21일에 마침내 옥중에서 순국(殉國)하였다.[74]

III. 신채호 민족주의사상의 쟁점

신채호는 한말 국망의 위기에 처하면서 민족의식을 고취하는 수많은 논문을 발표하여 근대 한국민족주의의 토대를 구축한 것으로 평가된다. 즉 그의 민족주의 사상은 일제시기는 물론, 1960년대 현대 한국사학이 일제시기의 민족사학을 비판적으로 계승한 시기의 민족주체사관에서도 핵심적 관심의 대상이 되었다.

그러므로 그에 대한 연구는 매우 풍부하다. 그 중에서 특히 그의 민족주의 사상에 대한 연구 관점은 대략 세 가지로 정리되고 있다. 첫째, 신채호의 민족주의 사상이 지니고 있는 주체적이며 고유한 민족주의 측면을 강조한 연구이다.[75] 둘째, 앞의 연구 경향이 국가주의적 지배이데올로기로 이용되는 것을 경계하면서 대두한 연구이다. 즉 신채호의 사상은 초기에 국가주의적 요소가 있었으나 역사담당주체에 대한 인식에서 영웅-국민-민중으로 변모 발전하였으며, 한말에는 국민주권주의, 입헌공화제를 주장했다고 보았다.[76] 셋째, 최근 정치학에서 대두된 연구로서 신

---

74) 신채호, 앞의 책, 81~95쪽.
75) 이을호, 「단재사학에 있어서의 단군의 문제」; 김철준, 「단재의 문화관」; 배용일, 「신채호의 낭가사상고」 이상 『단재신채호와 민족사관 ─ 탄신백주년기념논문집』, 단재신채호선생기념사업회편, 형설출판사, 1980 참조.

채호는 자유주의, 국민주권주의 등의 요소가 있지만 그는 한말 국망 위기에 따라 사회진화론에 크게 영향을 받아 생존경쟁의 단위로 국가를 상정하여 결국 자유주의를 국가주의에 종속시켜 국가유기체론적 사상을 지니게 되었다는 것이다.[77]

　1990년대 이후 민족주의 담론은 이전의 연구경향과는 다른 각도에서 탈근대주의 내지 탈민족주의의 영향 하에 탈민족담론이 제기되고 있다. 이 탈민족담론에서는 민족이라는 존재는 근대화 과정에서 민족주의가 창출한 허상에 불과하며 일시적 존재라는 점을 강조하고, 민족주의가 사회의 하위주체를 억압하는 이데올로기라는 관점에서 기존의 민족개념을 해체하고자 한다. 이러한 맥락에서 민족주의사상에 관한 재검토가 요구된다고 하겠다.[78] 본고에서는 이러한 점을 염두에 두고 신채호의 민족주의사상을 살펴보고자 한다.

1. 연구사 정리

　생전에 신채호의 활동과 업적은 식민지시대 정신사(精神史)의 한 귀감으로 추앙되었으며, 일본 경찰에게 체포되어 투옥된 후에도 언론의 큰 주목을 받았다.[79] 그럼에도 불구하고 치열하면서도 '천재적' 또는 '사학

---

76) 이만열, 「단재사학에서 있어서의 역사주체 인식 문제」, 『단재신채호와 민족사관―탄신백주년기념논문집』, 1980; 강만길, 「신채호의 영웅 국민 민중」, 『신채호의 사상과 민족독립운동』, 형설출판사, 1986; 정창렬, 「한말 신채호의 역사인식」, 『손보기박사정년기념한국사학논총』, 지식산업사, 1988.

77) 신연재, 「동아시아 삼국의 사회진화론 수용연구」, 서울대 외교학과 박사학위논문, 1991; 전복희, 『사회진화론과 국가사상―구한말을 중심으로』, 한울, 1996 참조.

78) 김명구, 「한말·일제강점 초기 신채호의 민족주의 사상」, 『단재신채호의 현대적 조명』, 도서출판 다운샘, 2003, 189~191쪽.

79) 『조선일보』, 1928. 11. 8; 신영우, 「조선의 역사대가 단재 옥중면회기」, 『조선일보』

의 거벽(巨擘)'이라고 평가된 그는 1930년대 중반 이후 식민지 시대는 물론 1945년 해방 후 1960년대 초에 이르기까지 학계와 사회에서는 거의 외면당하다시피 하였다. 이러한 현상은 민족해방기의 좌·우익 투쟁과 미·소 양 대국에 의한 분단구조, 그리고 6·25 후 냉전 시대의 개막이라는 정치적 상황논리와 함께 식민주의 사학을 그대로 전수받아 온 폐쇄적인 역사학계의 학문적 풍토에 의해 신채호에 대한 정당한 역사적 평가가 자리잡을 수 없었기 때문이었다. 따라서 해방 후의 냉전체제 전개에 따라 실증적 학풍이 형성되는 가운데 반외세·민족자주의 성격을 지닌 신채호의 진보적이면서도 격렬한 민족주의 이론은 자연스럽게 불온시되거나 그의 사학 또한 고루한 관념사학으로 치부되었다. 이러한 현상은 신채호 사학뿐만 아니라 박은식, 문일평, 정인보, 안재홍 등의 민족주의 학풍을 지녔던 사학자들의 경우에도 마찬가지였다.

신채호의 학문, 이론, 실천운동은 한국근·현대사의 과정 속에서 그 시대가 당면한 민족적, 역사적 과제를 해결하는 첨예한 문제의식에 응집되어 있다. 그러므로 1960년대 초 4·19혁명 이후 최근까지 약 40여 년간 민족주의와 민족운동사, 사학사 등에 대한 관심과 연구가 활발해짐에 따라 역사적 인물에 대한 학술적 연구로서는 신채호 연구가 다방면에 걸쳐 많은 연구가 이루어져왔으며 그 관점과 평가 역시 매우 다양하다.

1960년 4·19 이후 홍이섭 등에 의해 신채호의 사학과 사상에 대한 새로운 관심과 평가가 이루어지기 시작하였다. 이는 기존의 냉전적 사고와 외세의존적 의식에 대한 반성이 일어나면서 민족주의적 새로운 기풍이 사회 전면에 부상하게 되자 학계에서도 민족문제에 대한 논의가 점차 활기를 띠게 되었기 때문이다. 그러한 과정에서 1970년대 초에는 신채호를 비롯한 장지연, 박은식의 사학과 사상이 홍이섭, 이기백, 천관우, 김철

1931. 12. 19~28.

준, 김용섭, 신일철 등에 의해 주목되었다. 특히 김용섭에 의해 근대사학
의 선구자인 신채호의 민족주의 사학과 문제의식이 사학사적으로 새롭
게 조명되어 이후 학계에 큰 자극을 주었다. 또한 단재의 영식 신수범의
헌신적인 노력으로 선친의 기념사업이 활발히 전개되어, 1972년『단재신
채호전집』상·하 2권이 간행되고, 이어서 1975년『보유편(補遺篇)』1권
이 보충되었다. 그러나 수록 내용이 불충분한 것들이 있어 1977년 천관
우의 교열을 거친『개정판 단재신채호전집』상·중·하권과 별집(別集) 1
권 등 전4권의 새로운 전작집(全作集)이 간행되었다.

그 결과 1970년대초 이후 1980년대 중반까지 학계의 중진과 소장학
자들에 의한 본격적인 연구가 크게 활성화되었다. 이어서 단재기념사업
회에 의해 1980년 신채호 탄신100주년기념논집『단재신채호와 민족사관』
이, 1986년에는 순국50주년추모논총『신채호의 사상과 민족독립운동』
등의 논문집이 각각 간행되었다. 이처럼 1970년대 초부터는 각 부문의
소장 연구자들을 중심으로 신채호의 사학, 사상, 독립운동, 문학 등에 대
한 깊이 있는 연구논문의 발표가 활발해지고, 연구 저작과 주석본도 단
행본으로 묶여져 간행되기에 이르렀다. 신채호의 활동과 업적이 1900년
대 한말에서 1930년대 중반까지 언론, 역사학, 민족운동, 문학 등 여러
분야에서 매우 다양하게 전개되었던 만큼 그 연구사 또한 매우 다양하고
폭이 넓을 뿐만 아니라 분량 또한 상당하기 때문에[80] 본고에서는 신채호
의 민족주의사상에 대해서만 고찰하고자 한다.

먼저 일제하 1930년대부터 민족해방기의 연구 성과를 살펴보면, 신채
호는 한말 애국계몽운동기에『독사신론(讀史新論)』을 서술하였고, 국외

---

80) 1994년까지 최홍규의 조사에 의하면 주요 단행본 전문연구서 5권, 기념논문집 2
권, 주석본 3권, 각 분야의 전공 논문 편수 약 120편이다. 1994년 이후에는 더 많
은 저서와 논문들이 집필되었음은 물론이다. 최홍규,『신채호의 역사학과 민족운
동』, 일지사, 2005, 13~15쪽.

망명 민족해방운동기에는 『조선상고사(朝鮮上古史)』, 『조선상고문화사(朝鮮上古文化史)』, 『조선사연구초(朝鮮史研究艸)』 등을 집필하여 자주적인 근대정신에 기초하여 '신역사(新歷史)'로서 우리나라 근대 민족주의사학을 창건하는 데 중심적인 역할을 하였다. 특히 그의 탁월한 역사관과 근대적인 연구방법론은 문헌고증과 해석사학의 새로운 가능을 시도함으로써 근대사학의 새로운 지평을 열게 되었다. 그의 사학은 학풍면에서 다른 민족주의 사학자들의 경향처럼 사론(史論) 중심의 역사 범위에 들어간다고 볼 수 있다.[81] 신채호 사학에 대한 적극적인 평가는 민족주의 사학의 계승자로 알려진 정인보와 안재홍에 의해 이루어졌다. 안재홍은 신채호를 일세의 고사(高士)·석학(碩學)·문호(文豪) 사학자이며, '민족사상의 발흥시대'를 대표하는 관념주의적 사학자로 평가하였다.[82]

이후 신채호의 민족주의 사학에 대한 관심과 평가의 필요성이 제기된 것은 앞에서 언급한 바와 같이 1960년 초 홍이섭에 의해서였다. 그는 신채호를 비롯하여 박은식, 정인보, 문일평 등 민족주의 사학의 학풍에 대한 새로운 조명의 필요성을 강력히 제기하였다. 즉 그는 단재의 민족주의 사학은 중국 중심의 부용적(附庸的) 사관과 침략적 일제의 식민주의 사관을 동시에 배격하였으므로 "식민지 현실의 부정으로서의 독립운동이란 행동과 그 행동 기반으로서의 정신의 확립"[83]이란 기준점을 마련한 것으로 평가하였다. 한편 이기백은 1963년 「민족주의 사학의 문제점」에서 신채호의 "민족사관은 표면적으로는 이민족과의 투쟁사였지만, 내면적으로는 고유사상과 외래사상과의 투쟁사로 파악되었다. 따라서 단재의 민족사는 정신사적인 성격을 강하게 지니고 있다."[84]고 하여 신채호를

---

81) 천관우, 「한국사학의 반성」, 『한국사의 재발견』, 일조각, 47~48쪽 참조.
82) 최홍규, 『신채호의 역사학과 민족운동』, 앞의 책, 16~23쪽.
83) 홍이섭, 「단재사학의 주변」, 『나라사랑』 제3집, 1971, 27쪽.
84) 이기백, 「민족주의사학의 문제-단재와 육당을 중심으로」, 『사상계』, 1963. 2,

비롯한 민족주의 사학을 신성시하는 태도는 경계해야한다고 주장하였다.
그러나 일본의 진보적인 학자 가지무라가 신채호를 남북한에서 동시에
긍정적으로 평가되는 소수의 인물임을 상기시키면서 한국의 근대사학사,
사상사, 민족운동사가 전개되는 가운데 신채호의 민족주의 역사학이 차
지해야 할 위치를 검토하고, 그의 진보성과 창조적 성격에 크게 주목하
였던 점[85])은 신채호의 민족주의사상을 연구하는 국내 학자들에게 많은
시사점을 주고 있다.

그리고 1970~80년대 시기에 신채호를 비롯한 민족주의계열 사학에
대한 새로운 시각으로 사학사적 체계화와 조명을 시도한 학자가 김용
섭[86])이다. 그는 「우리나라 근대 역사학의 성립」(1970)과 「우리나라 근대
역사학의 발달－1930·1940년대의 민족사학」(1971)에서 일제에 치열하
게 투쟁한 신채호를 한국 근대민족주의사학을 성립시킨 선구자로서, 특
히 1900~1930년대의 민족주의사학을 발달시키는 데 지대한 역할을 한
인물로 평가한다. 김용섭의 이러한 평가는 1960년대 말에서 70년대 초부
터 일기 시작한 식민주의 사관의 왜곡된 논리를 극복하며, 그동안 국사
학계를 지배해 온 실증주의사학을 극복하고 한국사의 내재적 발전 과정
을 발견하려는 분위기를 자극하였다. 그 후 김철준 역시 "근대정신을 확
립한" 기념비적 존재인 신채호의 민족주의사학은 "뚜렷한 우리 민족의
주체성에 대한 인식체계"[87])를 세울 수 있었다고 평가하였다. 또한 그는
"한국의 근대사학은 단재의 민족주의사학을 통해서 비로소 성립될 수 있

『민족과 역사』, 일조각, 1977, 46쪽.
85) 최홍규, 『신채호의 역사학과 민족운동』, 앞의 책, 26~31쪽.
86) 김용섭, 「우리나라 근대 역사학의 성립」, 이우성·강만길 편, 『한국의 역사인식』
     하, 창작과 비평사, 1976, 421~422쪽 참조; 「우리나라 근대 역사학의 발달－
     1930·1940년대의 민족사학」, 이우성·강만길 편, 『한국의 역사인식』 하,
     422~423쪽.
87) 김철준, 「단재사학의 위치」, 『한국사학사연구』, 서울대출판부, 1990, 402~408쪽.

는 정신적 기초"[88]를 마련한 것으로 적극적인 평가를 시도함으로써 김용
섭과 더불어 신채호 민족주의사학을 한국근대사학사의 중심축으로 인식
하는 데 결정적인 단서를 마련하였다. 더 나아가 천관우는 언론인·사상
가로서의 단재가 "주로 전통적인 유학을 사상 내지 교양의 토대"로 삼았
음을 지적하고, "청년기의 단재는 광의의 개화-자강계에 속하되, 때마침
국운이 황혼으로 접어든 시대적 조건으로 말미암아 민족주의에 특히 강
렬한 헌신적 실천을 보였고, 점차 민족의식과 근대지향 의식이 서로 괴
리됨이 없이 일체로 파악되는 시대의 조류 속에 단재는 더욱 민족주의에
투철하게 된 것"[89]이라고 함으로써 신채호를 독립운동가·민족주의 이론
가로서의 면모와 역사적 위치를 크게 부각시켰다.

한편 신일철은 단재가 초기 민족자강론은 물론 '아와 비아의 투쟁' 사
관을 도출하고 무정부주의 사상에 대한 이론적 접근을 이루는 등 새로운
연구 성과를 보여주었다고 평가하였다.[90] 안병직은 신채호의 민족주의
사상의 한계를 "반제(反帝) 의식은 강하였지만 반봉건 의식은 약하였다
는 점"을 지적하였다. 그럼에도 불구하고 근대 한국이 처했던 시대상황
속에서 신채호의 민족주의는 "민족문제 해결에 있어서 정확한 지침은 주
지 못하였다고 하더라도 대체적으로 그 해결을 위한 올바른 방안을 준
것"[91]으로 평가하고 있다. 그리고 최근 권희영은 신채호의 사론이 민족
주의적 전승으로서는 진지하게 연구되고 또한 집중적으로 조명을 받으
면서도 학문적으로는 계승되기 어렵다고 주장한다. 즉 신채호는 근대 민

---

88) 김철준, 「한국 근대사학의 성장과정」, 『한국문화전통론』, 1983, 131쪽.
89) 천관우, 「언론인으로서의 단재」, 『나라사랑』 제3집, 35쪽.
90) 신일철, 「신채호의 민족사적 역사이론」, 『신채호의 역사사상연구』, 고려대출판부,
    1981, 97쪽.
91) 안병직, 「단재 신채호의 민족주의」, 이우성·강만길 편, 『한국의 역사인식』 하, 앞
    의 책, 471쪽.

족에 근대적 국민의 의미를 각인시키고 그에 입각한 민족주의를 전개하
여 현대까지도 영향력을 행사하고 있지만 그것은 여전히 모순적이라는
것이다. 다시 말해 그의 민족주의와 무정부주의가 모순적이며 충돌하듯
그의 역사학에서는 정치적 목적과 과학이 충돌한다는 것을 강조함으로
써 결국 신채호의 민족주의가 가지고 있는 복합적 측면과 역사적인 공과
를 함께 드러내고자 시도하였다는 점에서 새로운 관점이 주목된다.[92]

　　신채호에 관한 연구 중에서 사상·사학·민족운동 등 전체적 구도 하에
조명한 가장 대표적인 연구자는 신용하와 최홍규이다.[93] 신용하는 해박
한 사회과학 이론의 구사와 민족주의적 신념을 투영하면서, 개개의 역사
적 사실을 실증적으로 정확히 포착하는 미시적 관점과 전체적인 각도에
서 논지를 전개하는 거시적 관점을 유효하게 구사하고 있다. 이러한 그
의 논문들은 1984년 단행본『신채호의 사회사상연구』로 간행되었다. 여
기서 그는 단재사상에는 국권회복을 위해 애국심을 강조하는 시민적 민
족주의와 한국사를 새로운 근대민족주의사상에 의해 재정립한 역사민족
주의의 성격이 두드러진다고 평가하고 있다.[94] 최홍규는 1979년『단재
신채호』와 1983년『신채호의 민족주의사상』을 발간하여 신채호의 생애·
사학·사상·민족해방운동 등 전체적인 단재사상에 대한 구조적 연구를
종합적으로 방대하게 진행하였다. 그는 여기서 단재의 민족주의사상의
변모된 모습과 특성, 그리고 민족해방운동 노선이 어떠한 특성과 양상을
띠었는가를 탐구하여 이를 민족운동사적 시각에서 부각시키고 있다.[95]

---

92) 권희영,「신채호의 상고사 담론과 민족주의」, 권희영 외,『한국 근현대의 상고사
　　담론과 민족주의』, 한국학중앙연구원, 2005, 38~39쪽.
93) 그러므로 본고에서는 신용하, 최홍규의 글을 중심으로 분석 정리하고자 한다.
94) 신용하,「신채호의 애국계몽사상」,『신채호의 사회사상연구』, 한길사, 1984, 229
　　쪽.
95) 최홍규,『신채호의 역사학과 민족운동』, 앞의 책, 32~53쪽.

이와 같이 단재 신채호에 대한 연구는 오랜 세월 동안 다양한 학자들에 의해 다방면에서 연구되었지만 앞으로도 미공개된 자료들을 적극 발굴하여 연구의 질적 수준을 향상시키기 위해 노력해야 할 것이다.

2. 단재 민족주의사상의 특징

한말 일제강점초기 신채호는 민족존망의 위기에서 국권회복과 독립운동을 위한 사상적 기초로서 민족주의를 적극적으로 추구하였고, 그 사상적 성과는 근대 한국민족주의의 연원을 이루었다. 그의 민족주의 사상의 구조는 대개 원초론적 민족관, 공화제론, 한국상고사의 재구성이라는 측면으로 구성되었다고 볼 수 있다. 그리고 이러한 민족주의론은 한말의 급진적 국권회복론과 1910년대 독립운동진영의 사상적 동향을 대변하고 있다.

독립운동의 주체는 민족이며, 독립운동은 민족운동의 한 형태로서 민족해방운동을 말한다. 독립운동은 종속해방운동인 구국운동을 선행운동으로 가지고 있는 것이 통상적이다. 한국은 구한말 구국운동으로 전개된 의병전쟁과 계몽운동으로 나타났다. 이 계몽운동의 선구자이며 대표자가 바로 신채호라고 하겠다. 이러한 사회운동은 근대사의 산물이며 민족주의, 민족운동 또한 근대에 일어났다. 민족이나 민족의식은 전통시대에 발생하였으나 민족운동이나 민족주의는 근대에 형성된 것이라고 하겠다. 특히 의병전쟁과 계몽운동으로 나타났던 구국운동에서 비롯된 한국독립운동은 1919년 3·1운동을 통해 1920년대 민족총력항쟁의 시기를 맞게 되었다. 그리고 1930년대에는 이론과 조직을 정비하면서 일제 패망을 전기한 1940년대에 독립전쟁을 통하여 해방을 맞게 되었다.[96]

---

96) 조동걸, 『한국근현대사의 이해와 논리』, 지식산업사, 2002, 13~14쪽.

일제 식민지 시기에는 독립운동의 이념과 조직이 다원적이고 분산적이었던 것과 같이 독립운동의 방법도 다양하였다. 일제 침략 초기부터 일제에 대한 살신성인의 정신과 민중의 생명을 담보한 항쟁의 정신이 결합한 의병 전쟁 노선이 있었던 반면, 유산자 지식인의 사회진화론적 계몽운동의 실력양성 노선이 양립하였다. 이러한 두 노선이 1910년대에 이르러 의병전쟁과 계몽운동을 통합하면서 합류하여 나갔다. 1910년대까지 사회진화론자였다가 3·1운동을 계기로 사회진화론의 사고에서 탈피하여 절대독립을 목표한 독립전쟁론자가 된 대표적인 인물은 양기탁, 박은식, 신채호, 이동휘 등이다. 이들에 의해 독립운동방략(獨立運動方略)으로 독립전쟁론(獨立戰爭論)이 확립되었다. 독립전쟁론에는 1923년 신채호의 '조선혁명선언(朝鮮革命宣言)'에 잘 나타나 있는 의열투쟁론(義烈鬪爭論)이나 사회주의와 무정부주의의 혁명론 등 이른바 민족주의 좌파의 비타협론도 모두 독립전쟁론과 같은 범주로 이해된다. 그리하여 독립전쟁론이 중심이론으로 자리를 잡으면서 해방시기까지 더욱 강화되어 갔다.

독립운동에 대한 방략 중에서 독립전쟁론 외에 외교론과 실력양성론이 있었다. 외교론은 이승만을 중심으로한 미주 동포의 일각에서 제기하고 있었던 방략인데 8·15해방 시기까지 이론의 변화가 없었으며 외교론 자체가 방략이었다면 이는 종속론에 함몰될 위험에 처해 있었다. 이것은 어느 정도 민족주의의 일환으로 의미가 있었을지 몰라도 독립운동방략으로 될 수 없다는 것이 일반론이며 독립운동방략이 되지 못한다면 민족주의 범주에도 포함될 수 없다는 견해도 강력하다. 그러나 이 개량주의는 1920년대에는 연약하나마 민족주의로 존재하다가 1930년대에 이르러 연약한 체질에 의해 친일파로 전락하는 등 민족주의에서 멀어졌다고 파악된다. 그러므로 한국독립운동의 방략은 독립전쟁론(獨立戰爭論)이 중심 위치에 자리하고 있었기 때문에 격렬한 독립운동만이 역사에서 정당한 평가를 받게 된다는 것을 조동걸은 강조하고 있다.[97] 이러한 의미에서 신채호는 계몽운동을 주도하였던 인물이지만 계몽주의자들이 외교론이나 개량주의자로 전환된 것과는 확연히 다른 길을 선택하여 독립전쟁론을 강하게 주장함으로써 확고한 투쟁적 민족주의를 기반으로 한 독립운동가라고 할 수 있다.

본고에서는 독립운동 중에서 이념적인 차원에서 중요시되었던 민족주의를 중심으로 살펴보기로 하겠다. 일제시기에 있어 자유주의, 사회주의, 무정부주의의 논리에 의하면 그 목표 최고의 가치는 민족주의라기보다는 세계주의에 있었다고 설명되고 있다. 즉 민족주의의 요구는 세계주의를 달성하기 위한 전 단계에 한시적으로 필요하다는 것이다. 한시적 기간에는 민족주의가 세계주의와 모순되지 않게 존재한다는 것이다. 그러나 이러한 논리가 정착되기 시작한 것은 1930년대 후반부터이다. 그 전에는 대체로 자유주의자는 세계주의와 민족주의로 양분되어 세계주의자는 독립운동을 포기하였고, 반면 민족주의자는 구한말에는 종족주의, 1920년대까지는 국수주의에 머물러있는 경향을 보였으며, 사회주의자는 신간회를 결성한 시기를 제외하면 당장에 세계주의를 달성할 것으로 판단하여 세계혁명론을 주장하고 있었다. 오히려 세계혁명과 민족혁명의 시기와 그에 대한 논리가 비교적 분명하였던 것은 무정부주의 노선이었다. 아시아 무정부주의운동에서는 1922년 극동인민대표대회(極東人民代表大會)이다. 그러나 1923년부터 민족주의의 논리와 노선이 분명해진 것으로 파악된다. 그런데 당시 어느 진영도 당대에 세계주의를 실현할 수 있다는 공상에 젖어 있었거나, 민족주의를 긍정적으로 생각한 경우도 민족주의 단계를 거치면 세계주의가 곧 달성될 것으로 착각하였던 것으로 판단된다. 이러한 경향은 한반도에서만의 현상이 아니라 세계사조(世界

---

97) 위의 책, 22~23쪽.

思潮)의 오류였다고 볼 수 있다. 당시는 세계주의(Cosmopolitanism)와 국제주의(Internationalism)를 혼동하여 세계주의와 국제주의를 같은 의미로 뒤섞어 사용하는 오류가 있었다고 할 수 있다. 세계주의의 꿈을 실현하자면 민족주의의 기초위에서 국제주의의 단계를 거쳐야 하는 것을 간과하지 못하였던 것이다. 즉 세계주의는 민족주의와 국제주의의 기초위에서 거론하여야 함에도 불구하고 1920년대에 국제주의는 고사하고 민족주의의 단계도 거치지 않고 세계주의 실현을 성급하게 제기하여 판단을 흐리게 되었다고 할 수 있다. 특히 식민지 지배아래 있는 민족의 경우에는 더욱 더 민족주의를 외면한 논리는 공허한 주장일 뿐이라는 것이다.98) 그러나 당시 신채호는 이러한 오류를 정확히 꿰뚫어 인식하고 한국 민족주의가 나아갈 방향을 고민한 끝에 이 두 가지 오류 방향을 탈피하기 위하여 다른 선택의 길이 무정부주의라고 파악하여 독립운동후기에는 무정부주의운동을 하였던 것으로 파악된다.

　민족주의 사상은 근대 서구에서 대두되었는데, 서구 각국의 역사발달 조건에 따라 상이한 개념이 발달하였다. 프랑스에서의 민족주의는 주로 국민국가 형성의 이데올로기로 발달하였다. 그것은 계몽주의, 자연권 사상을 기초로 국민의 자유와 평등을 기초로 한 근대적 정치공동체의 형성과 관련하여 대두한 것이다. 반면 독일에서의 민족주의는 각 민족 상호간의 민족정신과 언어, 문화 등의 고유성과 개체성을 강조하는 원초적 민족주의 개념으로 발달하였다. 그런데 독일에서의 민족주의는 초기에는 민족문화의 고유성을 강조하는 문화적 민족주의의 성격이 강하였는데 점차 프로이센 학파에 의해 국가유기체 사상의 발달과 더불어 국가를 신성시하는 국가주의적 민족주의로 발달하였다.99) 신채호의 민족주의는

---

98) 위의 책, 18~19쪽.

99) 박순영, 「문화적 민족주의―그 의미와 한계」, 『철학』 37, 1992 봄; 임지현, 「민족주의」, 김영한·임지현 편, 『서양의 지적 전통』, 지식산업사, 1994; 최갑수, 「프랑스

이러한 서구에서의 개념에 영향을 받으면서도 식민지 위기 상황과 전근대 민족 전통 위에서 구성되었다고 할 수 있다.[100]

　다음에는 영어의 'nation'에 대한 번역 의미를 살펴볼 필요가 있겠다. 즉 3종의 번역어 즉 국민, 국가, 민족에 상응하여 'nationalism'에도 국민주의, 국가주의, 민족주의 등의 번역어가 통용되고 있다. 여기서 국민주의는 시민혁명기 특히 프랑스 혁명기에 형성된 중산층의 내셔널리즘을 뜻한다. 국가주의는 식민지주의, 제국주의, 파시즘으로 연결되는 팽창주의적 내셔널리즘인데, 나치즘 하 독일의 민족국가주의 유형이라 할 수 있다. 민족주의는 일단 반식민주의적 내셔널리즘을 나타내는 번역어로 상정하고 있다. 여기서 한 가지 주목할 사실은 한국에서 'nationalism'을 국민주의나 국가주의로 번역하지 않고 주로 민족주의란 용어로 해석하는지에 대해 생각해야 할 것이다. 그 이유는 무엇보다도 근대 이래로 우리 역사 속에서 반식민지(항일) 민족주의 이외에 국민주의나 국가주의의 경험이 없기 때문에 한국내셔널리즘에 대해서는 국민주의나 국가주의 대신 민족주의란 번역어를 써 왔다고 설명하기도 한다.[101]

　그러한 의미에서 신채호는 이미 민족주의에 대한 개념 정리까지 정확히 하였던 것으로 파악된다. 그는 이미 구한말에 '민족주의'라는 용어를 애용한 사상가였으며, 민족주의를 새로운 진보적 사상으로 이해하였고, "민족주의로 전국의 완몽(頑夢)을 환성(喚醒)"[102]할 수 있다고 확신하여 스스로 민족주의자임을 분명히 하였다.[103]

　　　혁명과 국민의 탄생」, 김기봉, 「정치종교로서의 민족주의」, 한국서양사학회 편, 『서양에서의 민족과 민족주의』, 까치, 1999 참조.
100) 김명수, 앞의 글, 191~192쪽.
101) 노태구 편, 『한국민족주의의 정치이념: 동학과 태평천국혁명의 비교』, 새밭, 1981, 23~24쪽.
102) 「讀史新論」, 『전집』 상권, 108~109쪽.
103) 신용하, 앞의 책, 96~97쪽.

> 연즉(然則) 차(此) 제국주의(帝國主義)로 저항(抵抗)하는 방법은
> 하(何)인가. 일(日) 민족주의(民族主義)[타민족(他民族)의 간섭(干涉)
> 을 불수(不受)하는 주의]를 분휘(奮揮)함이 시(是)이니라. 차(此) 민족
> 주의는 실(實)로 민족보전(民族保全)의 불이적(不二的) 법문(法門)이
> 라.104)

여기서도 알 수 있는 것처럼 신채호는 '민족주의'의 개념을 '타민족의
간섭을 받지 않는 주의, 아민족(我民族)의 국가는 아민족이 주장한다는
주의'로 설명하고 있다. 신채호의 이러한 민족주의 개념은 민족자주독립
사상(타민족의 간섭을 받지 않는 주의)과 민족국가의 자결주의(아민족의
국가는 아민족이 주장한다는 주의)를 골간으로 하고 있다고 말할 수 있
다. 그리고 '민족보전'과 '국가보전'이 독립의 유일한 방법이요, '민족국
가의 발전'을 추진하는 가장 효과적인 방법이며, '제국주의 침략의 격퇴'
와 '국권회복'을 위한 유일한 길임을 강조하였다. 즉 그는 민족주의가 강
건한 곳에서는 어떠한 제국주의도 감히 침입하지 못한다고 하였다. 그는
대한국민의 민족주의가 강건하지 못한 결과 식민지로 전락하였다고 보
았다. 따라서 한국인이 해야 할 가장 중요한 일은 민족주의를 대분발하
여 일본 제국주의를 몰아내고 국권을 회복해서 민족과 국가를 보전하는
것이라고 주장하였다. 또한 신채호가 말하는 국가는 바로 근대의 '민족
국가'를 가리킨 것이었다.105)

> 국가 명칭의 출생은 고대에 재(在)하나 고대의 국가는 일가족의 유
> (有)한 바며, 금대의 국가는 일민족의 유(有)한 바라.106)

---

104) 「帝國主義와 民族主義」, 『개정판 단재신채호전집』 하권, 단재신채호선생기념사
    업회, 1972, 108쪽. nationalism
105) 신용하, 앞의 책, 97~98쪽.
106) 「今日 大韓民國의 目的地」, 『전집』 별집, 175~177쪽 참조.

당시 신채호 민족주의의 핵심은 '국가'이며 이 국가는 '민족국가'인 것이다. 그러므로 때로 '민족주의'를 '국가사상'이나 '국가관념'이라는 용어와 병행해서 사용하기도 하였다.[107]

　　즉금(卽今) 이십세기 신천지를 조성하매, 어시호(於是乎) 국가는 사민(斯民)의 민이라 하여 기안기위(其安其危)를 유국(惟國)이 시고(是顧)라 하며, 국가는 국민의 공산(公産)을 작(作)하며 국민은 국가의 공권(公權)을 유(有)함에 지(至)한지라.[108]

여기서 그는 국가는 국민의 것이며 국민은 공권을 가지고 국가는 국민의 생명과 공권과 재산을 신성불가침한 것으로 보호하는 것이라 하여 시민적 민족주의의 국가 개념을 잘 설명하고 있다. 다시 말하면 신채호의 민족국가는 곧 국민국가이며, 이는 시민적 국민국가를 의미하는 것이라 할 수 있다. 그는 더 나아가 민족국가로서의 국가에 대하여 국민들이 다른 모든 것을 희생하더라도 우선적으로 충성을 바쳐야 한다고 주장하였다. 그는 이러한 민족국가관에 입각하여 당시 한국의 사회관습이 가족관념, 가문관념, 씨족관념이 너무 강하여 국가관념이 성장하지 못했음을 상당히 날카롭게 비판하고,[109] 낡은 가족 관념의 타파를 주장하였다.[110]

또한 신채호는 서양 학자들이 국가의 구성요소로서 주로 국민·영토·주권이라고 주장한 내용을 받아들여, 그만의 독특한 구성요소로 구분하였다. 즉 '정신상 국가(추상적 국가)'와 '형식상 국가(구체적 국가)'로 나누어, 정신상 국가는 그 민족의 '독립할 정신', '자유할 정신', '생존할 정신', '국권을 보존할 정신', '국위를 분양(奮揚)할 정신' 등을 가리키는 것

---

107) 「讀史新論」, 『전집』 상권, 472쪽.
108) 「身·家·國 三觀念의 變遷」, 『전집』 별집, 155~156쪽.
109) 「二十世紀 新東國之英雄」, 『전집』 하권, 111~116쪽 참조.
110) 신용하, 앞의 책, 99~105쪽.

이라고 설명하였다. 그리고 '형식상 국가'라 함은 '영토', '주권', '정부', '의회', '대포', '군함', '육군', '해군', '경제' 등의 집합체를 말하는 것이라고 설명하였다. 어느 나라든 정신상 국가가 있은 후에야 형식상 국가가 있다고 보아 정신상 국가는 형식상 국가의 어머니라고 한다.[111]

　이러한 신채호의 민족주의는 독립정신, 민족정신을 강조하는 시민적 민족주의 성격을 띠며 관념적 요소를 내포하고 있다고 신용하는 평가한다. 더 나아가 신채호가 민족국가의 구성에서 정신상 국가를 선행시킨 것은 당시의 사회적 조건이 일제에 의하여 주권, 부기, 군대, 영토 등 형식상 국가를 빼앗긴 상태에서 전 국민이 독립정신, 국권회복정신을 갖고 투쟁하면 결국에는 국권을 회복하여 완전한 국가를 세울 수 있음을 강조하기 위한 것이므로 특수한 관념적 요소라고 설명하고 있다.[112] 또한 신채호가 「독사신론」, 『조선상고사』, 『조선상고문화사』, 『조선사연구초』 등을 서술함으로써 한국의 근대 민족주의사학의 창건자로 평가받고 있으며, 신채호의 민족주의는 국사연구로서 더 큰 결실을 보아 역사민족주의라고 평가받고 있다.[113] 마지막으로 신용하는 3·1운동 이후 자치론·내정독립론·참정권 등 일제와의 타협주의를 분쇄하는 데 결정적 공헌을 한 신채호의 "조선혁명선언"이 신채호의 민족주의 성격을 혁명적 민족주의로 승화시키는 커다란 역할을 하였다고 주장한다.[114]

　한편 조동걸에 의하면 "한국에서 민족, 민족의식, 민족주의에 대한 인식이 논리적으로 정립된 것은 1930년대이다. 그전에는 민족과 종족의 구분이 명확하지 못했고 민족의식과 국가의식이 구별되지 못하였다. 그러므로 민족주의는 종족주의나 국가주의와 혼동될 수밖에 없었다. 그러나

---

111) 「精神上 國家」, 『전집』 별집, 166쪽 참조.
112) 신용하, 앞의 책, 107~111쪽.
113) 위의 책, 127쪽.
114) 위의 책, 371쪽.

독립운동 50년 사이에 인식의 변화가 진행되었다. 구한말 문서를 보면 민족과 종족은 같은 의미로 사용되었다. 따라서 민족주의의 이해도 대체로 3·1운동 전까지는 종족적 민족주의, 그 후에는 국수적 민족주의로 이해하다가 1930년대에 이르러 보편적 민족주의로 이해하는 등 단계적으로 변천하였다. 이처럼 민족주의에 대한 인식이 변천하기까지는 일본이나 서양의 이해방식이 우리와 달랐기 때문에 어려움이 많았다. 일본은 해방 전까지 민족을 종족과 같은 의미로 사용하였다. 그들의 황도사상(皇道思想)에 근거한 국수주의를 민족주의로 이해한 군국주의자의 논리가 일반 이론으로 지배하고 있었다. 이와 같이 민족과 종족을 구별하지 못한 것은 전통시대의 한국에서도 마찬가지였는데 일본과 서양의 영향을 받아 1920년대까지 민족주의를 종족주의나 국수주의와 구별하지 않고 있었던 경우가 많았다."고 한다.115)

그리고 당시 선구적 지식인이었던 신채호의 경우도 국가주의 논리에서 봉건적 한계를 떠나 민족을 이해하기 시작한 것은 1908년 7월의『독사신론(讀史新論)』에서 비롯되었다고 한다. 그러므로 민족주의의 논리를 일반 지식인에게 기대하기가 어려운 형편이었다는 것이다. 이는 1910년을 전후하여 나라를 떠나 해외에 망명한 처지에서 그들이 의지할 것은 멸망해가는 국가가 아니라 민족과 그의 발전 논리인 민족주의뿐이었다는 것이다. 그에 따라 정치이념도 군주주의(복벽주의)나 입헌군주론(보황주의)보다 공화주의가 확산되었다는 것이다.116) 그러므로 신채호의 민족주의는 국민주의와 종족주의의 복합체로 이해한 것으로 인식되며 그의 민족주의는 국수주의로 성장하게 되었다고 평한다. 그런데 1930년을 전후하여 국내외에 국수주의가 극복되었던 것을 안재홍의 민세주의(民世主

---

115) 조동걸, 앞의 책, 28~30쪽.
116) 위의 책, 42쪽.

義)와 조소앙의 삼균주의(三均主義)라고 주장한다. 즉 이때에 이르러서야 민족주의의 보편적 논리가 수립되어 민세주의의 민족과 세계의 모순 없는 발전을 꾀하는 논리나 삼균주의의 인균(人均)·국균(國均)·족균(族均)의 논리가 국수주의를 극복한 구체적 내용이라고 한다. 이러한 독립운동 과정에서 민족이나 민족주의 논리가 크게 발전하였다는 것이다. 그리고 민족의식이나 민족주의가 대중화된 것은 3·1운동과 더불어 민중운동이 크게 성장하면서 항일의식에 이은 민족의식이 크게 확산됨에 따라 민족주의도 1930년대에 이르면서 시민적 테두리를 넘어 즉 모든 계급을 망라한 이론의 방향으로 발전된 신민족주의(新民族主義)라는 것이다.[117]

한말 식민지위기에 직면한 상태에서 신채호는 실력양성보다는 직접적 저항과 투쟁을 우선적 과제로 파악하여 그의 민족주의는 국권회복과 자주독립의 정당성 문제, 보다 직접적으로 국민의 행동을 촉구하는 국수주의적 관점, 그리고 국가가 무너진 상태에서 국가의 주체로서의 국민의식의 제고 등의 문제를 중심으로 사상적 모색을 시도하였다.[118] 여기서 신채호 사상은 원초론적 민족주의를 표출하였으며, 그 주요한 내용은 민족=종족으로서 민족은 대외적으로 주권을 지니며 국가를 소유한 존재라는 '민족국가론'적 입장을 지녔다. 이를 바탕으로 그는 1910년을 전후하여 두 가지 방향으로 심화되는데, 하나는 공화주의적 사고이고, 다른 하나는 대종교의 창립에 영향을 받아 한국상고사 연구를 심화시키는 것이었다. 그는 서구의 부강함과 동양의 허약함의 원인을 상고하여 "서구 열강의 학술이 발달하고 도덕의 진보로 그 국(國)이 날로 강대해졌"[119]고,

---

117) 위의 책, 28~30쪽.
118) 신연재, 「동아시아 삼국의 사회진화론 수용연구」, 서울대 외교학과 박사학위 논문, 1991; 전복희, 「사회진화론과 국가사상 ― 구한말을 중심으로」, 한울, 1996 참조.
119) 신채호, 「문화와 무력」, 『전집』 별집, 201쪽.

이러한 구미의 강대함의 원인을 자유주의, 입헌주의에서 구하였으며 동양의 약함의 원인을 주로 전제주의에서 찾았다. 그는 제국주의시대 국권회복의 원동력을 서구 근대문명을 모델로 하여 국민적 참정의식과 애국심 등에서 구하였다. 즉 그는 근대적 국민국가 모델을 보편적 존재로서 이해하고 한국의 경우에도 국민국가로의 전환이 필요하다고 본 것이다. 이러한 맥락에서 국민국가적 민족주의 개념도 동시에 지니게 되었다.[120]

그는 '애국심이란 국수에 대한 애정'[121]에서 발현된다고 보아 민족의 정체성을 제기하였다. 즉 "자기 나라 언어로 자기 나라의 문자를 편성하고 자기 나라의 역사와 지리를 편찬하여 전국인민이 받들어 읽고 외어야 그 고유한 나라 정신을 보존 유지하며 순미한 애국심을 발휘할 것이라."[122]고 본 것이다. 신채호가 주장하는 '국가'는 통치기구를 뜻하는 것이 아니라 영토·민족·주권으로 구성된다고 하는 '민족국가'의 의미로서 민족에 초점이 맞추어져 있다. 그리고 그는 「독사신론」에서 "국가의 역사는 민족의 흥망성쇠의 상태를 가려서 기록한 것이다. 민족을 버리면 역사가 없을 것이며, 역사를 버리면 민족의 그 국가에 대한 관념이 크지 않을 것"이라고 하였다.[123] 그는 한 걸음 더 나아가 한국사의 전개과정 중에 중세 이후 민족독립사상이 미약해진 것은 왕조체제와 귀족 지배층의 무능 탓이지 국가공동체의 대다수 구성원인 국민의 독립정신은 끊임없이 연속되어 왔다고 주장하였다.[124] 이러한 그의 생각은 후에 독립전쟁론, 민중혁명론을 주장하게 된 것과도 무관하지 않다고 보여진다.

또 한편 한국독립운동사의 대가인 조동걸은 1920년대의 이념이 다양

120) 김명구, 앞의 글, 197~199쪽.
121) 신채호, 「新教育과 愛國」, 『전집』 별집, 201쪽.
122) 신채호, 「국한문의 경중」, 신채호 저, 정해렴 편역, 『신채호 역사논설집』, 현대실학사, 1995, 279쪽; 김명구, 앞의 글, 199쪽에서 재인용.
123) 김명구, 위의 글, 199쪽.
124) 최홍규, 앞의 책, 85쪽.

하게 발전해 갔으므로 그들의 독립운동 성과는 민족주의를 기준하여 평
가해야 한다고 강조한다. 특히 1920년대 독립운동은 각 분야에 걸쳐 민
족 총력항쟁으로 나타났으므로 정치, 경제, 사회, 문화 등의 영역별로 파
악할 것을 주장한다. 즉 정치적으로는 임시정부의 변천과 독립군의 독립
전쟁 등을 말하고, 경제적으로는 협동조합운동이나 물산장려운동 등 경
제인 스타일의 운동을 말하며, 사회적으로는 여성운동과 형평운동 등의
반봉건적 신분해방운동을 말하고, 사회운동과 경제운동을 복합적으로 전
개한 것은 농민운동과 노동운동이었고, 문화적으로는 민족보존을 위한
문화운동을 말한다고 한다. 여기서 문화운동은 민족보존을 위한 것과 실
력양성운동으로 나누어 볼 수 있는데, 실력양성운동은 독립운동을 보류
하거나 포기한 논리로 민족개량주의의 범주에 속한 것이지만, 민족보존
을 위한 문화운동은 민족동화정책[一視同仁] 또는 민족말살정책[內鮮一
體]을 구사한 일본제국주의의 식민지 아래서는 대단히 중요한 의미를 가
진다고 한다. 문화운동은 학술, 예술, 종교, 교육, 언론 운동으로 나타나
는 것인데 그 가운데 학술운동으로 전개된 한글(민족어)운동과 역사(민족
사)운동은 식민지 시대에 괄목할 민족보존운동으로 평가되어야 한다는
것이다.125)

이렇게 볼 때 신채호는 어느 한 가지 운동의 대표자가 아니라 각 분야
에서 괄목할 만한 활동을 적극적으로 전개한 인물이라고 하겠다. 즉 정
치적으로는 임시정부의 변천과정에서 이승만 계열의 외교론을 강하게
비판하면서 독립군의 독립전쟁을 선택하였고, 경제적으로는 국채보상운
동(國債報償運動)에 깊숙이 관여하였으며, 사회적으로는 민중혁명론을
주창하였고, 문화적으로는 민족개량주의적 실력양성론에서 탈피하여 민
족보존을 위한 문화운동으로서의 역사운동에 매진하여 역사적 민족주의

125) 조동걸, 앞의 책, 43쪽.

의 기틀을 마련하였다. 이는 앞에서도 언급한 바와 같이 신채호의 민족주
의는 안재홍 등에 의해 평가받고 길이 한국 역사에서 발전되어 나갔다.

신채호는 "독립을 조(造)함에 있어 실력이 일부 대요소(大要所)라 함
은 가(可)할지언정 부강한 후에야 독립을 조(造)한다 함은 불가(不可)한
바라."고 하여 독립을 위해 실력이 필요하지만 실력을 양성한 후에야 독
립이 가능하다는 주장은 비판받아야 함을 분명히 하였다. 오히려 "부강
이 독립의 전제를 작(作)한다 함보다도 오히려 독립이 부강의 전제가 된
다함이 가(可)하다."고 주장하였다.126) 즉 보호국 치하에서 독립의 문제
는 실력여부가 문제가 아니라 우선 독립 자체가 문제라는 관점에서 선독
립론 내지 독립우선주의, 무장독립전쟁을 주장한 것이다.127)

1920년대에는 민족운동, 독립운동의 이념과 노선이 다양하게 발전해
가고 있었지만 이념의 혼돈과 이론의 산만성으로 민족주의 문제도 선명
하게 정리되지 못하였다. 이 시기 자유주의, 사회주의, 무정부주의 가운
데 민족주의 논쟁의 기준이 비교적 선명한 것은 무정부주의라고 평가된
다. 민족주의 문제를 포함하여 사회운동 이론이 정비되어 간 것은 1927
년의 신간회 운동이었으며, 이를 계기로 정당 이론, 민족해방운동 이념과
노선의 토론이 광범위하게 전개되어 세계와 민족, 사회와 계급문제가 토
론의 중심 주제를 이루면서 점차적으로 이념이 정비되어 갔고 1930년대
에 이르러 독립운동의 중심개념인 민족주의의 위치가 분명해졌다고 한
다.128) 앞에서 살펴본 바와 같이 신채호는 신간회 운동에도 적극 참여하
였으며, 후기 노선에서는 시민적 민족주의 한계를 극복하고 무정부주의
와 민중적 민족주의 노선을 확실하게 걸어 나아갔다. 즉 신채호의 민족

---

126) 『大韓每日申報』 논설, 「韓人의 當守할 國家的 主義」, 1909. 6. 18; 김명구, 앞
　　의 글, 194쪽에서 재인용.
127) 위의 글, 194쪽.
128) 조동걸, 앞의 책, 43~45쪽.

주의는 각 시기별로 독립투쟁 노선에서 선봉적이고 투쟁적인 민족주의 노선을 선택하여 일관된 독립투쟁의 길을 걸었다는 점에서 매우 높이 평가할 만하다.

Ⅳ. 맺음말

신채호는 민족존망의 위기에서 국권회복과 독립운동을 위한 사상적 기초로서 민족주의를 적극적으로 추구하였고, 그의 사상적 성과는 근대 한국민족주의의 연원을 이루었다고 평가된다. 그리고 그의 초기 민족주의는 한말의 급진적 국권회복론과 1910년대 독립운동 진영의 사상적 동향을 대변하였다고 볼 수 있다. 그는 민족은 고유한 개체로서 민족과 국가는 분리될 수 없는 절대독립의 존재라는 것을 부각시켜 한민족의 정체성 추구를 촉구시켰다. 즉 우리 민족은 단군을 국조로 하여 부여, 고구려 중심의 종족 공동체임을 강조하였다. 또한 그는 민족의 근대적 형태로서 국민 내지 국민국가 개념을 발전시켰다. 즉 민족의 근대적 형태로서 국민개념을 형성함과 동시에 국권회복이라는 민족사적 과제를 담당할 주체를 모색하는 과정에서 국민적 참정의식과 애국심을 강조하였다. 신채호의 민족주의에서 주목되는 부분은 민족이 영속적인 존재라고 파악한 것과 공화제 사상이 내재되었다는 점을 들 수 있다.[129]

한편 1900년대 애국계몽운동 시기에 신채호의 역사적 민족주의 내지 시민적 민족주의가 오직 국권회복과 국민국가 의식에 얽매인 나머지 영웅사관과 애국계몽사학의 한계를 드러냈으며, 역사방법론을 소홀히 하였고 비객관적·국수적 민족주의 성격을 지녔다는 한계점을 갖고 있다는 비

---

129) 김명구, 앞의 글, 221~222쪽.

판도 있다. 그러나 이러한 비판은 오히려 당시 상황이 역사적으로 후퇴하였던 시대적 조건과 학문적 분위기, 사학적 수준 등이 전반적으로 미치지 못한 것에 대한 총체적 접근과 분석을 요한다고 하겠다. 단지 역사적 민족주의를 견지했던 한 개인 역사가에게 모든 책임을 전가하는 것은 바람직한 현상이 아니라고 보겠다.[130] 필자는 오히려 당시 우리 민족이 정치적, 경제적, 사회적, 문화적 발전이 뒤쳐졌고, 일제 식민지 통치 하에 국권을 상실하여 민족의 앞날이 어두웠던 현실 속에서 일반 민중들의 민족의식을 깨우치기 위해 역사이론 뿐만 아니라 정치적 독립투쟁이론, 독립투쟁방법론까지 새롭게 주창한 민족의 선구자로 적극적인 평가가 이루어져야 한다고 본다. 당시 일본의 식민주의 사관이 횡행하던 시대에 그는 혁명적이라 할 신역사관을 선구적으로 주창함으로써 한국의 민족주의사학, 근대 사학이 발전하는 데 새로운 전기를 마련해 주었기 때문이다.

신채호의 후기 활동은 이념과 독립운동 방략에 있어서 상해임시정부 수립기를 전후해서 민족의 완전 자주독립을 위한 절대독립노선을 지향하였다. 절대독립노선을 견지하면서 그가 끊임없이 추구한 사상적 모색과 민족해방운동의 전술론은 일제 식민지 지배체제의 강도(强度)와 국내외 정세 변모, 민족해방운동 전선 내부의 갈등에 따라 그 대응형태로서 시기적으로 많은 적극적인 변모를 거듭하게 되었다. 중국 망명기인 1920년대 초에는 '민중직접혁명론'에 나타난 바와 같이 초기의 민족·국민·국가사상을 강조한 시민적 민족주의 대신 민중과 혁명사상으로 대체되어, 무력투쟁적인 반제국주의·반식민주의의 항일 투쟁의식이 한층 강화되었다. 즉 민족주의 이념과 민족해방운동의 목표를 비타협적인 자주독립·완전독립·절대독립 노선에 두고, 그 방법도 무장폭력투쟁이라는 주전론적

---

130) 최홍규, 앞의 책, 123쪽.

(主戰論的)인 급진론을 실천하려고 하였다. 또 이념면에서도 신채호는 당시 중국 사상계의 영향을 받아 무정부주의 사상의 진보적인 성격과 투쟁방법을 과감히 수용하여 반제·반식민·반봉건주의에 기초한 민중적·혁명적·저항적 민족주의 논리를 정립하고 이를 새로운 국면으로 한층 강화시켰다.[131]

마지막으로 강조하고 싶은 것은 신채호의 무정부주의에 대해 부정적인 평가를 하는 학자들이 다소 있지만, 당시 국권을 상실한 시대적 상황 속에서 독립운동가들 내부에서 독립운동 노선을 두고 많은 갈등과 반목을 거듭하는 것을 보면서 그가 선택할 수 있는 최선의 길이 아니었나 되짚어 보아야 할 것이라는 점이다. 특히 그가 무정부주의적 방식에 의한 독립투쟁과정에서 일제에 체포되어 이국땅 감옥에서 목숨을 거두면서도 일제에 굴하지 않고 마지막까지 불굴의 투사 모습을 보여주어 한민족이 갈 길을 명료하게 가르쳐 주었다는 점을 간과해서는 안 될 것이다.

---

131) 위의 책, 164쪽.

참고문헌

단재신채호선생기념사업회,『개정판 단재 신채호』, 상·중·하·별집, 형성출판사, 1997.

단재신채호선생기념사업회, 이만열 주석,『주석 조선상고사』, 상·중·하, 형성출판사, 1983.

단재신채호선생기념사업회, 이만열 주석,『주석 조선상고문화』(『독사신론』,『조선사연구초』), 형성출판사, 1992.

단재 신채호 원저, 박기봉 옮김,『조선상고문화사』, 비봉출판사, 2007.

단재 신채호 원저, 박기봉 옮김,『조선상고사』, 비봉출판사, 2006.

신채호 지음, 박인호 옮김,『조선사연구초』, 동재, 2003.

변영로,「국수주의의 항성인 단재 신채호선생」,『개벽』1925. 11. 8.

이관용,「대련감옥 신단재 면견기」,『조선일보』1928. 11. 9.

이관용,「신채호부인 방문기」,『동아일보』1928. 11. 9.

신영우,「조선 역사대가 단재 옥중회견기」,『조선일보』1931. 12. 19~28.

신영우,『조선상고사』서문, 종로서원, 1948.

정인보,「단재와 사학」,『동아일보』, 1936. 2. 26.

홍기문,「조선 역사학의 선구자인 신단재 학설의 비판(1)~(7)」,『조선일보』1936. 2. 28~3. 7.

안재홍,「신단재학설 사관」,『조광』1936. 4.

강만길 편,『신채호』, 고려대학교 출판부, 1990.

권희영,「신채호의 상고사 담론과 민족주의」,『한국 근현대의 상고사담론과 민족주의』, 한국학중앙연구원, 2005.

김명구,「한말·일제강점 초기 신채호의 민족주의 사상」,『단재신채호의 현대적 조명』, 도서출판 다운샘, 2003.

김병민,『신채호문학연구』, 료녕민족출판사, 1988.

김삼웅, 『단재 신채호 평전』, 시대의 창, 2005.

김병민 편, 『신채호문학유고선집』, 연변대학출판사, 1994.

김삼웅, 『단재 신채호 평전』, 시대의 창, 2005.

김성국, 『한국의 아나키스트, 자유와 해방의 천사』, 이학사, 2007.

김성환, 『한국사 천년을 만든 100인』, 오늘의 책, 1998.

김영명, 『우리 눈으로 존 세계화와 민족주의』, 오름, 2002.

김철준, 「단재사학의 위치」, 『나라사랑』 3, 1971.

김호성, 『한국민족주의론: 한국사상사적 맥락에서』, 문우사, 1989.

노무지, 『단재 신채호의 민족주의사상 연구』, 연세대 교육대학원, 1982.

노태구 편, 『한국민족주의의 정치이념: 동학과 태평천국혁명의 비교』, 새밭, 1981.

노태구 편, 『민족주의와 국제정치』, 백산서당, 2002.

단재신채호선생기념사업회, 『단재신채호와 민족사관』, 형설출판사, 1980.

대전대 지역협력연구원 편, 『단재 신채호의 현대적 조명』, 도서출판 다운샘, 2003.

동아일보사, 『韓國近代人物百人大選』 신동아 1970년 1월호 부록.

박찬승, 『한국근대정치사상사연구: 민족주의 우파의 실력양성운동론』, 역사비평사, 1992.

박현채·정창렬, 『흔국민족주의론 III』, 창작과 비평사, 1985.

박희병, 「신채호의 근대민족문학」, 단재신채호선생순국50주년 기념학술대회, 『신채호의 한국민족주의』, 단재신채호선생기념사업회, 1996.

배용일, 『박은식과 신채호사상의 비교연구』, 경인문화사, 1992.

신일철, 『신채호의 역사사상연구』, 고려대 출판부, 1981.

신일철, 「신채호의 자강론적 국사상(國史像)」, 『한국사상』 10, 1972.

신용하, 「신채호의 민족주의와 '신역사'」, 『아세아학보』 18, 1986.

신용하, 「구한말 단재신채호의 민족주의사상」, 『단재신채호연구논집』, 충북대 인문과학연구소, 1994. 12.

신용하, 『신채호의 사회사상연구』, 한길사, 1984.

신용하, 『증보 신채호의 사회사상연구』, 나남출판, 2004.

신충우, 『민족지성 신채호』, 한림원, 2006.

유홍렬, 「한국근대인물백인선」, 『신동아』 1970년 1월호 부록, 동아출판사.

윤무한, 『인물대한민국사』, 나남출판, 2006.

이만열, 『단재신채호의 역사학에 관한 연구』, 서울대학교 대학원 박사학위논문, 1986.

이만열, 『단재 신채호의 역사학연구』, 문학과지성사, 1990.

이기백, 「민족사학의 문제-단재와 육당을 중심으로」, 『사상계』, 1963. 2.

이기백, 「단재사학에 있어서의 민족문제」, 제22회 전국역사학대회, 1979 및 『서양사론』 20, 1980.

이연복, 『한민족독립운동사연구』, 국학자료원, 2004.

이은직 지음, 정홍준 옮김, 『한국사명인전』 3, 일빛, 1994.

이현희, 『우리나라 근대인물사』, 새문사, 1994.

이이화, 『한국사의 주체적 인물들』, 여강, 1994.

안병직, 「단재신채호의 민족주의」, 『창작과 비평』, 1973.

양병우, 「민족사와 단재」, 『세계 속의 한국』, 탐구당, 1979.

임영길, 『한국 국민정신교육의 사적 고찰: 민족주의를 중심으로』, 한양대학교 대학원 박사학위논문, 1985.

임중빈, 『선각자 단재신채호』, 단재신채호선생추모사업회, 1986.

진영일, 『민족주의 사학가들의 서구인식: 박은식·장지연·신채호를 중심으로』, 서울대 교육대학원, 1977.

장을병, 『인물로 본 한국민족주의』, 범우사, 1988.

정윤재, 「단재 신채호의 국권회복을 향한 사상과 행동」, 『단재신채호의 현대적 조명』, 도서출판 다운샘, 2003.

조동걸, 『한국근현대사의 이해와 논리』, 지식산업사, 2002.

차기벽, 『한국민족주의의 이념과 실태』, 까치, 1978.

천관우, 「신채호선생의 근대역사학의 성립」, 『한국현대사』 6, 신구문화사, 1970.

충북대 인문과학연구소, 『단재신채호연구논집』, 1994.

최홍규, 『위대한 한국인 단재 신채호』, 태극출판사, 1975.

최홍규, 『단재신채호』, 태극출판사, 1979.

최홍규, 「신채호의 전기 민족독립사상」, 『단재신채호와 민족사관』(단재신채호선생탄신 100주년기념논문집), 형설출판사, 1980.
최홍규, 『신채호의 민족주의사상』, 단재신채호선생기념사업회, 1983.
최홍규, 「식민지시대의 민족주의와 민중의식」, 『신채호의 사상과 민족독립운동,
　　　1986.
최홍규, 「신채호의 민중적 민족주의와 독립노선」, 『아세아학보』 18, 1986.
최홍규, 『신채호의 역사학과 민족운동』, 일지사, 2005.
한영우 외, 『한국사특강』, 서울대학교출판부, 1990.
한국사연구회, 『신채호사학의 현대적 조명과 그 과제』, 2000.
홍이섭, 「단재신채호」, 『사상계』 1962. 4.
홍이섭, 「신채호의 "조선사연구초"」, 『사상계』 1967. 1.

제4장 고당 조만식의 민족주의 연구

권성아(성균관대학교 외래교수)

I. 머리말 : 고당에 관한 연구사 정리

　모두가 인정하듯이 근·현대 한국사회의 민족주의에는 한국의 기독교인들이 커다란 한 축을 형성하고 있다. 이는 한국의 근대 민족주의가 미국을 중심으로 한 기독교의 전파로부터 촉발되기 시작하였고, 우리 스스로 근대화를 이루기도 전에 일제강점기로 접어드는 바람에 이에 저항하는 민족운동이 기독교를 중심으로 이어져 온 것이 한 몫을 하기 때문이다. 게다가 우리의 해방이 외세에 의하여 이루어지는 바람에 남과 북이 각기 다른 이념에 의한 분단으로 이어진 데다가 민족끼리의 6·25전쟁으로 적대관계가 악화되는 데 있어서, 남한의 경우에는 미국에 의한 해방과 미군에 의한 적화통일 방지가 이루어질 수 있었기 때문이다. 이에 따라 우리 사회에는 자연스럽게 "미국=기독교=반공주의=우파 민족주의"

라는 공식이 자리 잡게 되었다.

　고당 조만식이 출생한 1882년은 이 땅에 임오군란이 일어나 조선의 신구세력 간에 치열한 대결을 벌이던 때이면서 동시에 미국과 수호통상 조약을 맺어 조선이 서양에 대해 문호를 처음 개방한 해이기도 하다. 이 러한 때 이 땅에 본격적으로 들어오기 시작한 기독교는, 선교와 아울러 이 땅에 학교·병원·신문·출판 등의 문명의 이기(利器)들을 함께 보급해 줌에 따라, 조선의 근대화와 부강을 이룰 수 있는 촉진제로 여겨졌다. 특 히, 동학혁명과 갑오개혁 및 청일전쟁이라는 급격한 사회변동을 한꺼번 에 겪은 1894년을 보내게 됨에 따라, 개화파 인사와 관료들은 개화 구국 을 위해서 그리고 봉건 지배층과 외세로부터 압박받는 민중들은 이들 압 제자들로부터 생명과 재산을 보호받기 위하여 기독교에 투신하게 되었 다(이만열, 1981, 49).

　그리고 이들은 구한말이라는 안으로는 반봉건의 사회개혁이 요청되 고 밖으로는 반침략의 자주독립이 절실하였던 때에, 이러한 민족적·시대 적 과제들을 외면하지 않고 민족의 선각자로서 앞장서서 활동하게 되었 다. 그리하여 1896년 이 땅의 최초의 한글전용신문인 '독립신문'과 1897 년 '조선 크리스도인 회보'를 비롯하여 '그리스도 신문' 및 1898년 '협성 회 회보' 등을 발간하여, 단순히 기독교 교리나 소식을 전하는 데 그친 것이 아니라, 사회·국가·역사의식을 고취시키고, 각종 산업에 대한 정보 와 교육을 겸하였으며, 우리 자신을 반성·경고하는 역할까지 담당하였던 것이다(자세한 사항은 L. G. Paik, 1971 참조). 이를 포함하여 교육·의료· 문자·산업상의 개화가 이루어지면서 기독교인들에게는 인간의 자유와 민권에 대한 사회의식이 형성되게 되었다. 즉, 그들은 인간의 생명과 자 유가 하나님으로부터 부여받은 것이며, 법에 의하지 않고는 인신(人身)이 함부로 억압될 수 없다는 것을 인식하게 되었다.

사실 이 땅에 선교사들이 들어오게 된 것은 이들이 서구의 제국주의 침략 세력과 결탁되어 있었기 때문에 가능한 것이었으나, 조선의 백성은 이를 크게 인식하지 못하였다. 대신 이들에 의해 자주·자립의 정신을 훈련받을 수 있었다. 게다가 동학혁명 이후 반봉건·반침략의 이념 아래 행동해 온 동학교도들이 기독교를 찾게 됨에 따라, 이들의 수용과 더불어 반침략과 자주독립의 의지를 더욱 공고히 할 수 있었다. 그러나 이때 반침략의 대상은 서구의 제국주의 세력이 아니라, 이 땅을 침략하려고 하는 일본과 러시아였다. 따라서 여기서 서구의 기독교 국가, 특히 미국의 제국주의적 성격은 간과한 채 이를 옹호하면서 반일을 하는, 초기 조선 기독교인의 독특한 민족주의가 형성되게 된다.

미국과의 국교가 맺어진 해에 태어나 평생을 미국 선교사 및 기독교와 관련을 맺은 상황에서 일제와 분단이라는 시대를 산 고당 조만식은, 따라서 이러한 기독교적 민족주의의 한 중심을 형성하고 있는 것으로 알려져 왔다. 일제하에서의 물산장려운동과 조선민립대학 설립운동 등 민족경제 및 교육운동을 주도하던 조만식은 신사참배 반대운동으로 그의 기독교적 민족운동이 절정에 달한다고 할 수 있다.

그런데 해방 후 북쪽에 소군이 들어오게 됨에 따라 평양을 근거지로 하고 있던 그의 민족운동은 자연스럽게 공산주의와 대립하는 성격을 띨 수밖에 없다. 이에 그는 북한 정권이 수립되는 과정에서 자연스럽게 배제될 수밖에 없으며, 6·25전쟁을 거치는 동안 제거될 수밖에 없는 상황에 이르게 된다. 이를 가지고 고당을 '우파 민족주의'로 분류하는 사람들이 많으나, 그는 신간회운동과 농촌진흥운동 등의 활동을 통하여 공산주의 사상을 가진 사람들과도 가능한 협력하려고 노력하였다. 따라서 일부에서는 그를 '기독교 사회주의자'로 보고 있으나, 고당은 어떤 '주의자'라기보다는 오로지 "동포를 사랑하는 마음과 조국을 걱정하는 정신"이 있었을 뿐이다(오영진, 「고당 조만식 선생」, 『회상록』, 32).

그런데, 일제강점기에 많은 애국자와 애국지사들이 있었지만 변절하지 않은 사람들은 모두 죽었다. 이때 죽지 않고 살아남은 사람들은 일제 말기에 대개 변절해 버렸다. 또한 이때 변절하지 않은 사람이라 하더라도 해방 이후 부정·부패 권력과 결탁하여 자신들의 과거 업적을 흐려놓은 사람이 많았다. 그런데 고당만은 일제강점기나 해방 이후를 통하여 민족의 지탄을 받을 만한 허물이 없이 살아왔고, 오히려 많은 사람들의 존경을 받고 있다(김성식, 「민족주의자로 일관한 삶」, 『회상록』, 271). 그 이유가 무엇일까?

고당은 평생을 자신의 지조를 지키며 민족주의자로 일관하는 삶을 살았다. 그러나 일제하에서 국내에 계속 남아 민족주의자가 된다는 것은 어려운 일이고, 더욱이 일제 말기로 갈수록 창씨개명과 시국강연 및 학병 권유 등 이루 헤아릴 수 없는 난관 속에서 자신의 지조를 지켜 나간다는 것은 정말 힘 드는 일이다. 그런데도 고당은 자신의 민족주의를 종교·교육·경제·사회·정치 등 모든 분야에서 실천하고, 그 모든 난관을 의지로 극복해냈다. 그 비결은 과연 무엇일까?

이 장에서는 전반적으로 '기독교 민족주의'에 속하는 고당 조만식이, 일제 및 분단이라는 상황에서 다양한 민족운동을 전개하면서, 일반 기독교의 민족주의 및 공산주의와 어떤 차이를 보이면서 그의 독특한 민족주의로 발전해 가는가 하는 점을 분석하고자 하였다. 연구방법론으로는 일차로 고당에 관한 연구물들을 분석하는 '문헌분석연구'가 이루어졌으며, 이차로 고당이 직접 논술하거나 강연한 '잡지 및 신문자료' 등에 대한 분석이 이루어졌다. 그러면서 그동안 밝혀지지 않았던 소 군정 자료 및 북한에서 나온 자료들을 찾아보는 데 주력하였다. 그래도 부족한 부분에 대해서는 고당과 직·간접으로 관련된 사람들을 찾아가 그들에게서 나온

'구술자료'를 분석하여 보완하고자 하였다.

그동안 고당을 단독으로 직접 다룬 중요 연구물로는 다음과 같은 것들을 대표로 들 수 있다.

조영암, 『고당 조만식』, 부산 : 정치신문사, 1953.
홍성준, 『고당 조만식』, 서울 : 평남민보사, 1966.
한근조, 『위대한 한국인 ⑩ 고당 조만식』, 서울 : 태극출판사, 1972.
오영진, 『한국인물사 ⑨ 조만식』, 서울 : 양우당, 1985.
김요나, 『고향을 묻지 맙시다』, 서울 : 엠마오, 1987.
고당기념사업회(편), 『고당 조만식 회상록』, 서울 : 조광출판인쇄주
　　　식회사, 1995.
홍만춘, 『고당 조만식 사상의 연구노트』, 서울 : 혜림출판사, 2004.
송삼용, 『고당 조만식 - 하나님이 보낸 사람 민족지도자』, 서울 : 생
　　　명의말씀사, 2006.
장규식, 『민중과 함께 한 조선의 간디 - 조만식의 민족운동』, 서울 :
　　　역사공간, 2007.

이 가운데 고당이 직접 글을 쓰거나 강연한 자료는 고당기념사업회에서 1995년에 편찬한 『고당 조만식 회상록』(이하 『회상록』)에 담겨 있다. 『회상록』은 다음과 같은 장으로 구성되어 있는데, 고당의 논설 및 강연자료는 Ⅵ장에 35편이 담겨 있다. 그리고 Ⅱ장 "내가 만난 조만식"에는 무려 45인의 글이 올라와 있으며, Ⅳ장 "조만식의 사상과 실천"에는 11인의 글이 실려 있다. 이에 이 글에 인용된 『회상록』의 자료는 본문에서 처음 나올 때만 논거를 제시하고, 이후에는 『회상록』의 쪽수만 다는 방식으로 처리하였다.

Ⅰ. 조만식의 위대한 생애
Ⅱ. 내가 만난 조만식
Ⅲ. 조만식의 최후

Ⅳ. 조만식의 사상과 실천
Ⅴ. 남편 조만식을 회상하며
Ⅵ. 조만식의 논설과 강연

그리고 1997년도에는 숭실대학교가 개교 100주년을 기념하여 고당 서거 47주기 추모 세미나(『고당 조만식 선생 사상의 재조명』, 이하 『재조명』)를 열었는데, 여기에서는 다음과 같은 사람들이 고당을 여러 측면에서 분석한 연구물들이 발표되었다.

유영렬, 「인간으로서의 조만식」.
정연선, 「정치인으로서의 조만식」.
김기순, 「교육사상가로서의 조만식」.
이만열, 「기독교 신앙인으로서의 고당 조만식」.
김영호, 「경제인으로서의 조만식」.

이외에도 한국의 근·현대 종교운동과 독립운동 및 민족운동을 다루는 글에 있어서나 조선일보사와 오산고등학교 등에서 나온 자료집에는 고당이 빠질 수 없으며, 여러 학위논문에서도 조만식을 주제로 다루었다. 그러나 장규식의 글을 뺀 나머지 대부분의 자료들은 기독교적인 입장에서 고당의 정치·경제·교육적 활동을 긍정적인 측면에서 조망해 본 것들이기 때문에, 그의 민족주의를 사상적인 측면에서 조명해 보거나 쟁점이 될 만한 사항을 제대로 집어내기가 쉽지 않다. 따라서 이 연구에서는 주로 고당의 생애와 활동을 통해 나타난 그의 민족주의 사상의 성격을 규명하는 데 초점을 두었다는 한계가 있다.

II. 고당의 생애와 활동

1. 만식의 성장 및 수학(修學)과 기독인으로서의 활동

1876년 강화도조약 체결 이후 우리나라는 1882년 미국·영국·독일 등과 통상조약을 체결하면서 급격히 근대화 물결에 접어들고 있었다. 그러면서 내부적으로는 임오군란 등으로 개화정책에 반대하는 물결도 거세지고 있었는데, 이러한 시기 조만식(曺晩植)은 평안남도 강서(江西)군 반석면 반일리 안골 마을(內洞)에서 출생하였다. 만식의 고향 안골은 누대에 걸친 창녕 조 씨의 마을이었으나 빈촌이었다. 그러나 만식의 아버지 조경학(曺景澤)은 벼 백 섬을 경작할 정도로 비교적 가세가 풍족한 편이었다. 이렇게 향반 중소지주 출신인 아버지는 평양 상점에서 회계장부를 정리하는 서사 일을 맡고 있다 독립하여 일종의 위탁판매업이라 할 수 있는 물산객주로 자영업을 하고 있었다.

이곳에서 어머니 경주 김씨 경건(金敬虔) 사이에서 외아들로 태어난 만식은, 출생 자체가 부모의 기쁨이었다. 그는 강직하고 엄격한 성품을 지닌 아버지의 영향으로 6세 때 평양에 있는 관후리 서당에서 글공부를 시작했는데, 몇 달이 지나지 않아 천자문을 터득할 정도로 영특했다고 한다. 이러한 모습을 보면서 그의 훈장인 한학자 장정봉은 "그 녀석은 공부도 잘하지만 신의가 있고 의협심이 강하거든 ……. 그 놈의 언행을 보면 지혜가 이만저만이 아니야."라고 하면서 만식을 칭찬했다 한다(송삼용, 2006, 35).

소년 시절의 만식은 몸집은 작은 편이었으나 몸이 날래고 용맹스러웠다고 한다. 특히, 그는 '날파람'의 명수였다. 날파람은 지금의 태권도와 비슷한 편싸움의 일종인 민속경기였는데, 처음에는 석전(石戰)을 하다가 나중엔 육박전으로 전개되는 상당히 거친 게임이었다. 또한 만식은 쌈꾼으로도 유명하였는데, 그 덕분에 그의 머리는 자랄 수가 없어, 언제나 짧은 '모지랑' 머리에 댕기를 달고 다녔다고 한다. 왜냐하면 쌈을 하면 머리를 폭 숙이고 상대의 가슴을 향하여 달려들어야 하는데, 이때 상대가 그의 머리 꽁지를 붙잡기 일쑤이므로 머리가 많이 빠질 수밖에 없었다는 것이다(오기영, 「조만식씨의 이꼴 저꼴」, 『회상록』, 57). 이런 만식이 당시 일반인들에게는 공포의 대상일 수밖에 없었다.

> … 싸움판에서나 날파람 터에서는 물론 석전 판에서도 선생의 그림자만 한 모퉁이에서 나타나면 마치 솔개가 지나간 뒤에 병아리들이 조용해지는 듯한 감이 없지 않아 그 당시의 선생의 존재는 일반에게 공포의 표적이 되어 있었다.
> (「조만식 선생의 청년학도시대」, 『회상록』, 63).

조만식은 아직 서당에서 공부하고 있던 때인 1895년 13세밖에 안 된 나이에 박씨와 결혼을 하였다. 아마도 만식이 외아들이어서 부모님께서 빨리 후손을 보고 싶어 하셨던 것 같다. 어쨌든 결혼 4년 만에, 즉 17세에 그는 아버지가 되었다. 그러나 그의 장남 칠숭은 태어날 때부터 언어가 미숙하고 행동이 어눌한 정신 미 발육 상태였다. 그런 아들을 보고 싶지 않아 만식은 집에 들어가는 것조차 싫어했으며, 저녁이면 술로 시간을 보내기도 했다고 한다. 게다가 아내마저 칠숭이가 4살 때 이 세상을 떠나자, 그는 절망하면서 삶을 포기하고픈 생각에 사로잡혔다.

그때 만식의 아버지께서는 "자식에게 장애가 있다고 해서 부모가 돌보지 않으면 저 불쌍한 것을 누가 돌봐 주겠느냐. 나는 칠숭이가 조금도 부끄럽지 않다."고 위로와 격려를 아끼지 않았다고 한다(송상용, 2006, 43). 이때부터 만식은 생각을 달리 하여 아들에 대한 애정도 깊어져, 아버지로부터 받았던 사랑을 아들에게 쏟아 부어 저녁에는 일찍 들어와 함께 놀아주고 말도 가르쳐 주었다 한다. 그러나 칠숭이는 그 후로 9년밖에 더 살지 못하고 13세에, 즉 만식이 26세 되던 해에 어머니의 뒤를 이어 하늘나라로 가고 말았다.

1897년 15세에 만식이 서당을 졸업하자 아버지는 관청에 데려가 성인이 되었다고 호패를 받도록 했다. 그리고는 평양성 종로에 백목점, 즉 포목상을 운영하게 하였다. 아들을 어린 나이에 상업에 종사하도록 한 것은, 만식의 아버지만 그런 것이 아니라, 그러한 경험을 토대로 일생을 개척하며 살아가게 하려는 평양인들의 당시 습관이기도 하였다(유영렬, 『재조명』, 14). 그러면서 아버지는 부지런함과 정직함으로 당장의 이익보다는 신용을 쌓을 것을 당부했으며, 만식은 가게에 찾아온 모든 사람들에게 친절로 대하고 형편이 안 되는 사람들에게는 싼 값으로 무명을 팔기도 했다. 8년간 포목점을 운영하면서 상당한 재산을 모으게 되자 동창생 한정교와 지물상까지 동업하여 성공하자 사업가로 크게 이름을 날리게 되었다.

상업에 종사하면서 조만식은 "머리에서부터 발끝까지 모양 잘 내고 다니는 젊은이"였으며, "술 잘 먹고 기생들의 귀여움 받고 또 놀음 잘하던 젊은 난봉꾼"이었다(『회상록』, 57). 그는 연일 술을 마셔댔기 때문에 그의 어머니는 아들의 몸이 상할까 얼마나 염려를 했는지 모른다고 자신의 청년시절을 회상했다(한근조, 1972, 47~48). 또한 담배를 피워도 "보통 담배로는 만족을 얻기 힘들어 특제의 큰 담뱃대에다 성천초(成川草) 세 잎사귀를 꽁꽁 말아서 석 대를 피운 후에야 기침(起寢)을 하였다"하니, 그의 젊은 청년시기의 성격이 어떠하였는지 짐작할 수 있을 것이다(『회상록』, 63).

그런 가운데 1902년 20세에 아내 박씨와 사별한 조만식은 당시 17세인 전주 이씨 의식(李義植)과 재혼하였다. 그런데, 1904년 2월 10일 일본은 조선을 점령하는 데 걸림돌이 되고 있던 러시아의 세력을 몰아내기 위해 전쟁을 일으켰으며, 이로부터 한 달쯤 지나자 평양성 밖에는 총소리가 요란해졌다. 이에 조만식의 가족을 포함한 많은 주민들이 생업을 포기하고 대동강 중류에 있는 베기섬(벽지도 : 碧只島)으로 피난하였다. 그곳에서 당시 22세였던 그의 인생을 송두리째 뒤바뀌게 하는 일이 피난지에서 발생하였으니, 그것은 바로 서당 다닐 때부터 친구이면서 지물상 동업자인 한정교의 전도로 기독교에 입신하게 된 것이다. 물론 만식은 이보다 훨씬 이른 11-12세경부터 한석진 목사 집을, 그의 아들과 친구였기 때문에, 자주 드나들며 모펫(馬布三悅, S. A. Moffet) 선교사 등을 만나고 복음서를 받곤 한 적이 있었다(자세한 내용은 조만식, 「서양인 처음 보던 인상」, 『회상록』, 385~386 참조). 어쨌든 당시까지만 해도 만식은 남이 싫다는 것과 좋지 않다는 것을 한 가지도 빼놓지 않고, 그것도 선봉대장 격이 되어 매일 만취의 생활과 함께 장사를 계속하였으니 그의 상업이 거덜이 나 있었을 것은 분명한 일이었다. 하지만 원래 두뇌가 명석하고 고집이 센 만식은 이러한 사도(邪道)를 집어던지는 데에도 상쾌하였다(『회상록』, 63~64).

러일전쟁이 끝나 평양으로 되돌아 온 후 한정교는 만식을 데리고 '장대현교회'로 갔다. 그러면서 그는 만식에게 일제의 야욕을 알려주면서, 나라를 위해 큰일을 하기 위해서 신학문을 할 것을 권유하였다. 그리고 그러기 위해서는 신앙생활을 잘하기 위해 술도 끊어야 할 것을 당부하였다. 워낙 대주가(大酒家)였던 만식은 고민을 할 수밖에 없었으나, 나라를 위해 무언가 하려면 지혜와 실력을 갖추어야 하고, 그러기 위해서는 자신이 가장 좋아하는 술과 이로 인해 맺어진 세상 친구들과 결별을 해야 한다고 판단하였다. 그리하여 그는 1905년 23세에 사업을 모두 정리하고, 금주금연을 결심하고, 평양에 있는 1897년 기독교 선교사들에 의해 평양에 처음 세워진 숭실학교 초대교장 배위량(裴緯良, W. M. Baird) 박사를 찾아갔다.

당시 만식은 신학문에 대한 호기심도 있었기 때문에 친구의 권고를 받아들이고 아버지께 말씀드렸더니, 아버지께서는 "그랬으면 사람구실 하게. 나는 암만해도 네 소리가 믿어지지 않는다."고 하시면서 반신반의 하셨다 한다. 어쨌든 결국 아버지의 승낙을 받아낸 만식은, 그날 밤 술동무 및 화류계와 인연을 끊는다는 명목으로 밤이 새도록 전별주(餞別酒)를 마셔 "아직 입에서는 술 냄새가 나고 발걸음을 갈지자로 걷게 되는 작취미성의 몽롱한 꼴을 하고" 학교를 찾아가 교장에게 입학시켜 달라고 요구했던 것이다(『회상록』, 64).

> 배 박사는 조 선생의 곤 쓰고 주정뱅이 같은 모양을 물끄러미 바라 보더니 "공부는 무엇하려구 하겠나" 하면서 숭실학교에 입학할 자격이 없다는 표시였으나, 조 선생은 지금에도 어떻게 그러한 걸작의 대답을 했는지 알 수 없는 "공부해서 하나님의 일을 하겠소" 하고 대답을 한 것이 배 박사를 감격케 하여 "좋소! 그렇게 생각하고 열심히 공부하시오" 하면서 조 선생의 등을 쓰다듬어 주었다 한다.
> (「조만식 선생의 청년학도시대」, 『회상록』, 64~65).

만식은 근대식 교육을 받지 않고 서당에서 한학을 배운 터라 바로 중학교 과정을 밟을 수가 없어서 숭실학교에서 현재의 초등학교 5~6학년에 해당하는 무등반에 다니는 것을 출발로 근대식·서구식 교육을 받기 시작하였다. 이 곳에서 그는, 1907년 미국에서 귀국하여 탁월한 연설로 군중의 마음을 사로잡은 도산 안창호 선생과 그의 영향으로 실력을 양성하는 길만이 국권으로 회복하는 길임을 깨달았으며, 이 해 정주에 오로지 민족자본에 의하여 오산학교를 세운 남강 이승훈 등 민족 선각자들의 영향을 많이 받았다. 그리고 두뇌가 워낙 명석하였던 만식은 1908년 3월 26세에 남들은 보통 5년을 다녀야 하는 중학교를 3년 만에 우수한 성적으로 졸업하고, 4월에 바로 동경으로 건너가 유학생활을 하기 시작하였다.

만식은 먼저 세이소쿠(正則)영어학교에 입학하여 3년간 수학하면서, 1909년 5월에 동경 조선인교회(초대 목사 한석진)가 조직되자 그 영수(領袖, 교회에 아직 장로가 없던 시절 장로직을 대행하던 직분)의 직을 맡았으며 동시에 조선기독교청년회(YMCA) 회장에 추대되었다. 만식은 영어학교를 마친 후 1910년 4월 28세에 메이지(明治)대학 전문부 법학과에 입학하였다. 만식은 그곳에서 학업뿐만 아니라 신앙생활에도 전력을 다하던 중, 기독교운동을 발전시켜 민족의 독립정신을 강화시키기 위해서는 독립된 한인교회가 필요하다는 판단 하에, 동경 YMCA 안에 한인교회를 창립하였다. 그러나 교리와 교과 문제로 장로교와 감리교가 따로 예배드리는 것을 보며 만식은 "가뜩이나 우리 한민족이 국난을 당하고 있는 이때, 그것도 본바닥 일본에서 이러한 민족분열의 인상을 주게 되다니 가슴 아픈 일"이라고 판단하였다(홍만춘, 「총칼 휘두르는 자 제 총칼에 망한다」, 『회상록』, 103). 그리하여 본국 총회에 협조를 의뢰하여 승인을 얻어냄으로써, 1911년 29세에 장로교와 감리교를 연합하여, 동경 YMCA 회관에서 '재일조선인 장감연합교회'를 설립하고 여기서도 영수의 직책을 맡았다.

당시 동경 YMCA는 조선 유학생들의 집결지이면서 민족운동의 심장부였다. 여기서 만식은 고하(古下) 송진우(宋鎭宇) 및 인촌(仁村) 김성수(金性洙)를 포함하여 안재홍, 장덕수, 신익희, 김준연, 김병로, 현상윤, 조소앙, 현준호 등과 빈번한 교류를 가지면서 한일합방과 더불어 해산되던 '대한흥학회'의 재건 필요성을 역설하여 '조선유학생친목회'를 창립하였다. 이는 단순히 친목만을 위한 것이 아니라, 유학생 600여 명의 인

권과 조국의 자주독립 선봉대로서의 결집된 독립투쟁 의지의 모임이기
도 하였다(『회상록』, 103～104). 때문에 1919년 3·1운동에 앞서 일본에
서 먼저 일어난 '2·8독립선언'도 가능했던 것이다.

　　당시 동경 유학생들은 송진우·김성수·조만식을 '구국투쟁 3총사'라
불렀는데, 하루는 친목회 총무인 송진우가 '호남유학생 다화회'(茶話會)
라는 산하 서클을 조직하여 만식을 당혹하게 만들었다. 그러나 이때 만
식은 "우리가 앞으로 고국에 돌아가게 되면 피차 고향을 묻지 말고 일해
나가자. 인화단결이야말로 앞날의 국권을 회복하는 과정에서 뿐만 아니
라 독립하였을 경우에도 마찬가지로 중요하기 때문이다."라는 말로 이들
을 설득하였다(『회상록』, 104). 이에 송진우와 김성수는 호남 출신이었음
에도 불구하고 조만식의 연합과 인화정신을 존중하여 지역 색을 벗어버
리고, 후일 독립운동과 물산장려운동 및 민립대학 설립운동에 앞장서게
된다. 그러나 이 친목회 자체는 1912년 봄 일본 당국에 의하여 강제 해산
되었다.

　　한편, 조만식은 숭실학교에 다니면서 1906년 1월 이후에는 1905년 장
대현교회에서 지교회로 설립한 평양 닭골(鷄洞)의 산정현교회에 출석하
고 있었는데, 1913년 3월 31세에 일본 유학을 마치고 돌아와 오산학교
교사를 맡으면서, 1921년에는 이 교회 집사로도 봉사하였다. 다음 해 이
교회에서 고당은 장로로 피택 되어 1922년 6월 14일 고시를 치르게 되었
는데, 자신은 아직 장로가 되기에는 자격이 부족하다고 여겨 교리문답
시험에 제대로 답하지 않아 낙제하고 말았다. 그만큼 그에게는 '명예욕'
이 없었다. 그러나 평양노회에서는 "그의 인품과 신앙 그리고 사회에 끼
쳤던 지도력 등을 고려하여 준무시험(準無試驗)으로" 장로 임직을 주었
다(『회상록』, 61).

　　이때부터 고당은 각종 청년 모임에 강사로 초빙되어 왕성한 활동을

펼치게 되었는데, 그 대표적인 것이 오늘날 청소년들의 방학 중에 교회에서 열고 있는 여름수련회에 해당하는 '하령회'(夏靈會)에서의 강연이라고 할 수 있다. 특히 1927년부터 전국 YMCA를 중심으로 하여 하령회가 개최되었는데, 여기서 고당은 가장 중요한 강사로 참여하였다. 이후 각 교회 부흥집회나 지방에서도 고당의 강연을 듣고자 하는 사람들이 많아졌다. 숭인상업학교 출신 박재창(현, 고당기념사업회 상임위원장)은 보이스카웃 등의 활동을 하면서 고당의 강연을 들을 때마다 받았던 감동을 다음과 같이 표현하고 있다.

> … 선생은 늘 희망을 주는 말씀을 하시곤 했습니다.
> "산을 높이 봐라, 보통 낮은 데에서 옆을 볼 때와 높은 산 위에 올라가서 옆을 볼 때와 모든 것이 다르게 보인다. 높이 봐라 그리고 더 멀리 원대한 앞을 봐라. 크게 봐라, 높이 멀리 크게 지금 당장은 암담하고 당장은 일본의 천자가 되는 것처럼 보이지만은 크게 봐라 멀리 봐라(高遠大)"라는 말씀을 늘 하셨던 것입니다.
> 그래서 선생님께서는 '태산을 움직이는 것은 이론이 아니라 신념이다(성경 히브리서 11장 1절)'라고 하셨던 말씀도 기억납니다.
> (박재창, 「"높이 봐라! 멀리 봐라! 크게 봐라!"」, 『회상록』, 210~211).

이러한 고당의 인품과 신앙심은 교회에서 목사를 새로 모셔오는 일에서도 드러난다. 1930년대 산정현교회에서는 교회의 위치를 고려하여 일제의 박해에 대항할 만한 지도력과 역량을 지녔다고 판단되는 주기철 목사가 천거되었는데, 주 목사는 오산학교에서 고당에게 배운 제자로, 당시 마산에서 목회 활동을 하고 있었다. 제자인 주 목사를 스승인 고 장로는 정중하게 예의를 갖추어 모셔왔고, 담임 목사로 청빙한 이후에도 고당은 주 목사를 지극한 정성으로 섬겼다.

그런데 1934년 일제가 만주국에 제정(帝政)을 실시하면서 중국에 대한 침략 야욕을 드러내고 있을 때 평양의 '숭실전문학교'에서 신사참배 거부사건이 발생하였다. 신사참배는 1920년대 일제가 그들의 신도(神道) 사상을 학생들에게 전파하기 위하여 시작하여 1930년대에는 이를 일반 인에게까지 확대시켜 나갔는데, 당시 학교 및 사회교육운동을 통하여 민 중들의 민족교육을 주도해오던 기독교는 이에 강력하게 항거하여 끝까 지 거부하였다. 그리하여 1938년까지 장로교 계통의 사립학교 18개교가 폐교처분을 당하였으며, 1939년도에는 구속·처형된 기독교인의 수가 324명에 이르렀다.

그러나 천주교의 경우는 1936년 교황청에서 신사참배를 애국행사로 인정하였기 때문에 아무런 박해를 받지 않았으며, 개신교의 경우 이미 1935년에 안식교와 성결교가 신사참배를 가결하였으며, 1938년에는 감 리교도 굴종하고 말았다(김양선, 1971, 189). 그런데 가장 완강하게 거부 하였던 장로교도 1938년 9월 8일 일경의 감시 하에 이루어진 27회 총회 에서 신사참배가 기독교 신앙에 위배되지 않는다는 결의를 하고 만다(자 세한 과정은 송건호, 1981, 82~100 참조). 이후 일제는 1939년 '종교단 체법'을 제정하면서 신사참배 강요를 노골화하고, 1940년 기독교 '반전 공작 사건'이라는 것을 조작하여 신사참배에 협력하지 않는 사람을 모두 비(非) 국민으로 단정하고 주기철 목사와 조만식 장로 등 평양 산정현교 회 소속 교인들을 비롯하여 기독교 지도자들을 체포·고문하기에 이른다.

산정현교회의 경우 1938년 2월 주기철 목사가 처음 투옥되었을 때 편 하설 선교사가 목회를 대신했는데, 이때 장로들도 한 마음으로 설교를 나누어 감당했다. 특히, 고당은 설교와 기도회 인도를 통해 교인들이 많 은 은혜를 받게 했으며, 일제의 형사들이 이중삼중으로 삼엄하게 감시하 는 가운데에서도 한 치의 양보도 없이 성경 말씀을 전했다. 그러나 1940 년 3월 24일 교회당은 폐쇄되었고, 고당을 비롯한 3명의 장로는 강압에 의해 사표를 내게 되었다. 그러면서 일제는 그 비밀장소까지 찾아와 불법집회라는 명목으로 성도들을 옥에 가두곤 했지만, 교인들은 여전히 임시 예배 장소나 구역별로 흩어져 예배를 드리거나 각 가정에서 기도하면서 신앙의 지조를 지켜 나갔으며, 여기에는 끝까지 창씨개명을 하지 않은 고당을 비롯한 5명의 장로와 4명의 집사가 큰 몫을 하였다.

이런 가운데 주기철 목사는, 1938년부터 다섯 차례에 걸쳐 구속되어 온갖 고문을 당하면서 감옥에서 살다가 안질과 폐병에 심장병까지 악화되어 1944년 4월 21일 하늘나라로 가서, 개신교 역사상 최초의 순교자가 되었다. 그러나 평양노회는 이미 그의 목사직을 박탈한 상태였으며, 가족마저 사택에서 추방시킨 상황이었다. 따라서 그의 장례식도 교회에서 하지 못하고 평양 서광중학교 앞 도로변에서 치렀으며, 유해는 평양 교외의 돌박산 공동묘지에 안치시켰다. 거의 모든 종교인들과 민족지도자들이 변절해간 일제의 마지막 때에 "신사참배 반대라는, 하나님의 뜻이, 산정현교회라는 장(場)에서 정치적인 면의 조만식 장로와 종교적인 면의 주기철 목사의 양립과 조화로서 영광의 승리가 성취되었다"(안도명, 「산정현교회와 고당 조만식 선생」, 『회상록』, 178).

2. 일제 치하에서의 고당의 교육적 생애와 사회적 활동

조만식은 1913년 3월 31세에 메이지대학 법문학부를 졸업하고, 미국 유학을 준비하다 뜻을 이루지 못하고 귀국하였다. 그러나 당시 수많은 독립운동가와 지사들은 조국의 광복을 기약하며 해외로 망명의 길을 떠나던 때였는데, 고당은 무슨 생각에 이미 '치욕의 땅'이 된 조국으로 서둘러 돌아왔을까(『회상록』, 31)? 조국으로 돌아온 그는 이내 남강(南岡) 이승훈(李昇薰)의 초빙을 받아 4월 평안북도 정주에 있는 오산학교 교사로 취임하였다.

그는 부임과 동시에 기숙사에서 학생들과 함께 생활하였는데, 이는 남강이 1907년 학교를 설립할 때부터 세운 전통이었다. 이곳에서 고당은 법제경제와 세계지리 및 성경을 가르쳤으며, 과외로 영어도 가르쳤는데, 고당은 교사 자체로서보다도 하나님 말씀을 전하는 일에 보다 열심이었다. 그러면서 당시 오산학교에는 사환을 따로 두지 않고, 교사와 학생이 청소를 위시하여 난로 피우기와 장작 패기 등을 함께 했는데, 고당은 이를 도맡아 했다. 그리고 아침 6시에 기상 종이 울리면 학생과 함께 일어나 운동장에서 아침체조를 하고 뒷산을 한 바퀴 돌고 온 후, 기숙사에 돌아와 방 청소를 하고 아침식사 후 기도회를 먼저 하고 나서야 수업을 시작하였다. 학생들은 오전 8시 반에 수업을 시작하여 오후 4시까지 수업을 강행하고, 6시까지 휴식을 취한 다음, 저녁 10시까지는 그날 배운 것을 복습하였다. 그리고 10시에 종이 울리면 소등을 하고 일제히 취침에 들어가야 한다.

고당은 이때 우리나라가 독립이 될 때까지는 결코 양복을 입지 않겠다고 결심을 하고, 이를 오산학교에서의 예배시간에 학생들 앞에서 선언하였다. 그리고 그 다음 날부터 그는 평생 무명으로 지은 두루마기를 입고 삼베옷 및 말총으로 만든 중절모자를 일 년 내내 쓰고 다녔다. 여기서 잠깐, "노랑수염 염소수염"에 하도 짧아 무릎까지 올라와 "정갱이 치는 두루마기"는 부인이 "죽으면 죽었지 이 이상은 더 자를 수 없습니다."고 최후 선언을 해서 입고 다닌 것이기는 하지만, "실례지만은 구루마꾼 같은" 것이었다(주요한, 「평양 명인물 조만식」, 『회상록』, 145). 이와 같이 여학생 치마보다 짧은 두루마기에는 옷고름 대신 단추를 달았는데, 이 또한 세월이 지나며 단추의 모양과 색깔이 각기 다른 것이 되어 버렸다. 그런데도 이런 두루마기를 '조만식 코트'라 부르며, 많은 애국지사들도 따라 입었다(류달영, 「계승해야 할 애국애족 정신」, 『회상록』, 288).

　　그리고 고당이 쓰고 다닌 '말총모자'는 당시 고당의 친구인 정인호라
는 애국지사가 '신안특허 제1호'로 등록시키기도 했으며(『회상록』, 205),
신발도 구두 대신 낡아서 버린 벨트를 주워 발에 맞게 꿰매어 '편리화'라
이름 지어 신고 다니거나 고무신을 신었다(『회상록』, 58~59) 이러한 자
세로 교사생활을 하자 고당이 온지 1년도 안 되어 오산은 놀랍게 변모되
었으며, "교직원과 졸업생은 다시 단결을 찾았고, 학생들 사이에는 검소
한 기풍이 번져 나가고 학교와 교회에는 새로운 신앙이 불 타 올랐다"(김
기석, 「고당 조만식의 오산시절」 『회상록』, 79).

　　고당은 2년 동안 오산학교 교사를 하다가 교감을 거쳐, 1915년 2월에
는 남강이 감옥에서 나와 학교로 돌아왔으나 자신은 운영에만 전념하고
교육은 고당에게 일임하기로 하여, 그해 5월 고당은 33세에 오산학교 교
장으로 취임하였다. 이때도 고당은 사감과 교목 역할을 함께 도맡아 하
면서, 저녁식사 후에 모든 학생이 기숙사 각 방에서 복습을 할 때 고당은
각 방을 다니면서 학생들의 공부하는 형편을 살폈을 뿐만 아니라 밤 10
시에는 학생들과 함께 운동장 한 쪽에 있는 뜰에 나가 '단심강'이란 화단
을 돌며 교가와 애국의 노래를 불렀다. 또한 가을이 되면 교직원들이 학
생들과 함께 제석산에 올라가 오리나무를 베어 메고 내려와 패서 난로에
불을 때곤 하였는데 이때에도 고당은 항상 학생들과 똑같이 일했을 뿐만
아니라, 겨울에 눈이 오면 고당은 제일 먼저 교정에 나와 교사와 학생들
이 다닐 길을 내고 운동장 눈을 쓸었다. 이런 고당의 모습을 보고, 그에
게 성경과 지리 과목을 배운 한경직 목사는 다음과 같이 고당을 회상하
였다.

　　선생의 교육 방침은 철저한 기독교 신앙으로써 새로운 사람이 되게
하며 학문과 지식을 배워서 민족중흥에 투신할 수 있는 애국자를 양성

하는 데 있었습니다.

　그리고 그 교육은 교실에서의 말만의 교육이 아니고 그의 실제 생활
로써 모범을 보여 주는 실천교육이었으며 또 학생과 모든 생활을 같이
하는 다시 말하면 하루 24시간의 교육이었습니다.

　나는 일생 동안 여러 은사들에게 배웠으나 고당 선생처럼 학생들 사
랑하고 나라를 사랑하며 실제로 모범을 보여 주며 그의 전 생애를 희생
한 교육자는 오직 고당 한 분이라고 기억합니다.

　(한경직, 「고당 선생의 신앙과 민족교육」, 『회상록』, 71).

　이때부터 1919년 3·1운동이 있기 전까지의 5년 동안은 오산학교 교
육의 황금시대가 되었다. 고당은 이후 총 3차례에 걸쳐 9년 동안 오산학
교 교장으로 봉직하였으나, 그는 전적으로 무보수로 일했다. 그러면서 정
기적인 기도회를 갖는 등 신앙 훈련과 민족교육에 주력하였다. 특히, 조
만식은 "배워라. 배워야 알고, 알아야 힘이 나고, 힘을 길러야 뭉칠 수
있다"는 격려를 아끼지 않았고, 그 결과 오산학교는 기독교계의 대표적
인 민족학교로 성장할 수 있게 되었다. 남강 이승훈이 "오산의 얼이요,
겨레의 스승"이라면 고당 조만식은 "오산의 주춧돌이요, 겨레의 등불"이
었다(김요나, 1987, 80).

　한편, 고당은 1920년 9월에는 서울형무소로 가서 이번에는 3·1운동
으로 다시 옥살이를 하고 있는 남강을 면회하고, 이때 일제가 불태워 폐
허가 된 오산학교에 교장으로 다시 부임하여 임시교사를 짓고 다시 민족
교육을 시작하였다. 그러나 학교장 인가가 나지 않자 1921년 4월에 사임
하고, 평양으로 돌아와 5월에는 숭실전문학교 강사로 봉직하면서 산정현
교회 김동원 장로가 회장으로 있는 YMCA에 총무로 취임하였다. 그러나
일제는 이 대학의 교수 자리도 승인을 해주지 않아 약 2년 동안 법제와
경제 등을 강의하다 사임을 하고 말았다.

　오산학교가 최대의 고비를 맞게 된 것은 고당이 43세에 오산학교 교

장에 세 번째 취임을 하게 된 1925년일 것이다. 당시 일제는 사립학교를 단속하기 위하여 교육법을 개정하고, 오늘날의 전문대학격인 '고등보통학교'(高普)로 승격하지 않은 일반 중학교는 무자격 학교로 만들어 학생들의 취직과 진학에 자격을 인정하지 하였다. 이때 전국 대부분의 학교들이 승격을 받았으나, 평양의 선교사가 세운 숭실학교와 신성학교 및 민족주의 계열이 세운 오산학교만이 이를 받지 않았다. 그러나 비 승격은 곧 학교의 폐문을 의미했기 때문에, 남강은 이를 타결하기 위하여 교장인 고당은 직접 나서지 못하게 하고 이사장인 자신이 나섰다. 그랬더니 평안북도 학무국에서는 승격을 조건으로 고당의 교장 직 사퇴를 요구하였다. 이 소식이 전해지자 1926년 봄 7백 명의 학생들이 동맹휴학을 하면서 적극 투쟁하자('6·10만세운동') 일제는 결국 승복하게 되고, 오산학교는 11월 고보로 승격되었다. 고당은 민족주의와 기독교 신앙이 머리에서 발끝까지 배어 있었다(『회상록』, 85). 그러나 일제는 고당의 교장직은 박탈하고 만다.

이에 고당은 평양에 돌아와, 1923년 4월 숭덕학교 고등과를 모체로 설립된 숭인(崇仁)중학교 교장직을 맡으나, 이 또한 일제의 승인 거부로 1927년 9월 사임하였다. 하지만 자신은 이사장을 맡고 제자인 김항복을 교장으로 취임하도록 하여 민족교육은 쉬지 않았다. 이쯤 되자 고당은 일제가 직접 교편을 잡지 못하게 한다면 학원을 경영하는 것이 낫겠다는 판단을 하였다. 그리고 직접 경영자가 되지 못하게 한다면 뒤에서 간접적으로라도 경영에 실질적으로 참여하겠다는 결심을 하였다. 그런데 마침 숭덕학교가 운영에 어려움을 겪고 있다는 소식을 듣고 고당은 인수할 것을 결심하고, 1928년 우리나라 최초의 실업계 학교인 '숭인상업학교'를 설립했다. 이 학교는 외국 선교사의 원조 없이 순수하게 우리 민족의 힘으로 세워졌다는 것과 고당의 구국 이념이 반영되었다는 점에서 큰 의의가 있는 것이었다(송삼용, 2006, 134).

한편, 일제하 국내에서 이루어진 민족교육운동으로 가장 컸던 것은 조선민립대학 설립운동이라 할 수 있다. 한일합방 후 일제는 조선인의 자주독립정신을 말살하고 식민지 국민화를 교육의 목표로 삼았기 때문에, 보통교육과 기술교육에 역점을 두고 대학을 두려 하지 않았다. 그래서 박은식·양기탁·조만식·남궁억 등은 1904년 국채보상운동 때 전국에서 모은 600만원을 기금으로 하여 대학 설립을 하고자 통감부에 신청했으나 허락 받지 못하였다. 그러다 일제는 3·1운동 이후 회유책의 일종으로 소위 문화정치를 표방하면서 1922년 2차 조선교육령을 공포하여, 대학 설치의 길을 열어 놓았다.

이에 이미 3·1운동을 계기로 '조선교육협회'를 조직하여 민족교육을 진흥하고 민족역량을 배양하려는 신문화운동을 전개해 온 국내에 남아 있는 민족주의자들은 대학교육을 통하여 우리의 손으로 우리 민족의 지도자가 될 수 있는 인재를 길러내고자 하였다. 그리고 이와 동시에 이 운동을 추진함으로 인하여 민족정신을 높이고 민족의 단결을 공고히 하고 민족에게 새로운 희망과 긍지를 주자는 취지 아래, 조선교육협회 내에 실행위원회를 열어, 민립대학 설립운동을 시작하였다. 여기서 고당은 중앙집행위원회 위원 겸 지방순회위원으로 활약하면서 관서지방 일대를 책임지고 분투·노력하였는데, 이후 조직된 지방부는 100여 곳에 이르렀으며, 멀리는 만주 봉천에도 조직되었다. 그리고 하와이에는 설립기금 모집운동이 일어났으며, 동아일보에서는 "민중문화운동의 선구"니 "최초의 가장 큰 민중운동"이니 하는 등의 표현을 썼을 정도로 이 운동은 전 민중이 일치단결하여 일제에 저항한 교육운동이었다.

그러자 이에 당황한 일제는 이 운동에 불온사상이 내포되어 있다고 트집을 잡아 탄압하기 시작했다. 그러면서 고등교육을 조선인 수중에 방임하는 것보다 하나의 관립대학을 세워 동화정책의 노선으로 유도하는 것이 현명한 방도라고 생각하여, 이미 1922년에 설립 계획을 발표한 바 있었던 '경성제국대학'의 창설위원회를 1923년 12월 설치하고 1924년 5월 관제를 공포하기에 이른다(강만길, 1984, 139). 그리하여 우리의 민립대학은 성사되지 못하고, 대신 일제의 제국대학이 우리의 대학을 대신하게 되었다. 어쨌든 민립대학 설립운동은 교육을 통하여 민족의 실력을 양성하려는 민족독립운동으로서의 역사적 의미를 가지는 것이다(유영렬, 『재조명』, 20).

고당은 1919년 2월 37세에 오산중학교 교장을 사임하고, 3·1운동에 참여하였다. 당일 서울 종로 태화관에서 33인의 이름으로 독립선언이 선포되는 것과 거의 같은 시간에, 평양에서는 남강 이승훈의 지휘 하에 장대현교회 옆에 있는 숭덕학교 교정과 남산현교회 뜰 안 두 곳에서 독립선언문이 낭독되었다. 이때 장대현교회에 시무하던 미국인 선교사 모펫 박사와 숭실학교의 배위량 목사 등은 당시의 정황을 세계 언론에 알리는 역할을 하였다. 당시 고당의 행적은 겉으로 뚜렷이 드러나 있지는 않으나, 두 달 여 전부터 평양 부근의 사립학교 및 공립학교에서 일어난 시위의 배경에는 아마도 고당이 있었을 것이라는 판단이다(정연선, 『재조명』, 46~47). 고당은 이승훈의 지시를 받아 평안도 일대와 함경도 원산 등지를 다니면서 동지들을 규합하는 일을 도맡아 했다.

그러다 3월 4일 대 사명을 띠고 도인권(都寅權)과 상해임시정부로 향하던 중 평남 강동군 열패라는 곳에서 일본 헌병 보조원을 사칭하는 자를 통해 피습 당하고 체포되어, 보안유지법 위반 혐의로 징역 2년의 언도를 받고 4월 평양형무소에 투옥되었다(『회상록』, 80). 그곳에서 그는 12개월 형의 만기를 2개월 남기고 일제의 독립투사 회유정책의 일환으로 가출옥의 혜택을 받게 되었는데, 고당은 이에 대해 다음과 같은 말로 단호하게 거절하였다.

> 내가 우리 조국을 위해서 만세를 부르다 10개월 동안 수감된 것 자
> 체가 불법인데 '가석방'이라는 이름으로 은전(恩典)을 받는다는 것은
> 더욱 불명예스런 일이오. 나는 가출옥을 하지 않고 이대로 잔여 형기를
> 모두 채우고 나가겠소.
> (송삼용,『하나님이 보낸 사람 민족지도자 고당 조만식』, 2006, 194).

이런 그를 형무소 측에서는 강제로 가출옥 시켰으니, 이때가 1920년 1월로 고당이 38세 때였다. 형무소에서 나온 고당은 4월에는 '평양금주동맹회'를 창립하고 8월 23일에는 '조선물산장려회'를 발기하여 임시의장을 맡음으로써, 경제 자립을 위한 애국운동을 본격적으로 시작하였다. 이 조선물산장려회가 평양에서 실제로 창립된 것은 고당이 40세가 되던 1922년 2월이었다. 그리고 1921년 5월 39세의 나이에 평양 YMCA 총무로 취임하였다. 이때 YMCA는 청년민족운동의 산실이 되어가고 있었으며, 그에 따라 지방 곳곳에 지회를 조직하면서 전국으로 퍼져갔다. 뿐만 아니라 1921년 10월에는 평양 YMCA가 주축이 되어 '평양고아구제회'와 '평양고아원'을 설립하였으며, 12월에는 '평양실업저금조합'을 설립하여 이듬해 여름부터는 '대동강'이란 상표를 붙인 잉크를 제조하여 판매하기 시작하였다.

그리고 1925년에는 '관서체육회'를 창립하였으며, 1926년 10월에는 김능수·김병연·한근조 등과 함께 '평양절약저금식산조합'을 창립하였다. 그러면서 고당은 12월에 조선YMCA연합회 도시부 위원에도 선임되며, 1928년 12월에는 오윤선·김동원·김성업 등과 함께 '평양상공협회'를 설립하였다. 이에 고당은 평양 YMCA에서 11년간 총무 일을 맡으면서 각계각층의 사람들을 만나게 되는데, 이때 고당은 이들의 어려운 문제에 대해 친절히 상담해주고 해결해주어 이들의 정신적 지도자 역할을 하였

다. 평양 언론계에서 활약하던 오기영은 당시의 상황을 다음과 같이 회상하였다.

> 선생이 매일같이 기독청년회관에 나와 앉아 있으면 그를 찾아오는 사람은 정말 각 방면 인물이다. 억울한 호소, 딱한 의논, 입학시험에 낙제한 학생의 부형, 낙제의 염려 있는 학생의 부형, 지방에서 처음으로 평양 오는 사람의 방문, 심지어 년 전에는 출분(出奔)한 계집 때문에 찾아 온 노동자도 있었다.
> 선생은 반드시 이들과 악수하고 친절로써 그의 온화한 성품을 발휘한다.
> (오기영, 「조만식 씨의 이꼴 저꼴」, 『회상록』, 61).

고당은 1927년 여름부터는 평양 YMCA 농촌사업에도 착수하며, 1929년 6월에는 자신을 따르는 배민수·유재기 등 청년학생들을 중심으로 평양에 '기독교농촌연구회'를 조직하였다. 또한 1929년 5월에는 서울에서 기독교 사회운동가를 망라한 협동전선으로 '기독신우회'를 창립하여 발기인과 평의원으로 참여한다. 그리고 이 해 11월 3일 광주학생운동이 일어났을 때 고당은 12월 초순 해뜨기 전에 숭실전문학교 기숙사에 나타나 학생의 잠을 깨우며, "지금 전국이 광주학생사건으로 말미암아 끓고 있는데 숭실은 자고 있는가?"라는 말을 남긴 것이 전 평양을 움직이는 도화선이 되기도 했다(강태국, 「"숭실은 자고 있는가?" 독립운동 일깨워」, 『회상록』, 112). 1930년 3월에는 '평양협동저금조합'을 조직하여 운영하고 숭실중학교에도 교실 하나를 활용하여 '숭실공제회'라는 것을 운영하였는데, 이는 겉으로는 학생용품과 교직원들의 생활필수품을 판매하는 것이었지만, 내부적으로는 독립운동을 위한 자금을 얻기 위한 고당의 계획이었다(『회상록』, 113). 그러나 그해 4월에는 48세인 고당의 부친이 향년 74세로 별세를 하였다.

그 사이 1927년 2월 25일에는 기독교와 공산주의 진영이 모두 참여한 민족단일운동단체인 '신간회' 창립총회가 열렸는데, 조만식은 여기서 중앙집행위원 겸 평양지회장으로 피선되어 민족을 일깨우는 일에 최선을 다했다. 이를 가지고 고당을 '기독교 사회주의자'로 규정하는 사람이 있으나, 이는 오히려 고당을 제한하는 것이다. 그는 동포를 사랑하는 마음과 조국을 걱정하는 마음으로 민족의 대동단결을 위해 '인화(人和)의 정신'을 편 것일 뿐이다. 그래서 1929년 2월 5일 경 민중대회 계획이 좌절됨에 따라 신간회 활동은 유명무실해지고, 1930년 12월 평양지회 제4회 정기대회에서 조만식은 "신간회 해체를 반대한다."는 연설을 하기도 하지만, 1931년 5월 16일 전체대회에서 신간회는 해체되게 된다. 그리고 이때쯤(음력 4월 19일) 모친마저 67세로 별세하였다.

그리고 1932년 5월 평양 장로회신학교에서 '조선기독교절제운동회'를 조직하고 공동회장에 선임되었으나, 이해 10월에는 50세에 11년간 몸담았던 평양 YMCA 총무를 사임하고 11월 15일에는 경영난과 내분으로 어려움을 겪던 조선일보사 제8대 사장으로 취임하여 서울로 활동무대를 옮겼다. 조선일보는 일제가 언론 대 언론의 견제 정책의 일환으로 1920년 창간한 동아일보를 견제하기 위하여 친일파 송병준에게 허가해 준 것이었는데, 당시에는 민족주의자인 안재홍이 사장으로 있었다. 그렇지만 경제적으로는 상당히 어려운 상황에 있었는데, 고당은 이를 인수받아 민족 언론지 육성에 주력하였다. 그는 "언론을 통해 민족을 깨우치고 결속시키며 미래에 대한 소망을 갖도록 쉬지 않고 교육하는 정치교육의 장을 제도적으로 마련하려 했던 것이다."(정연선, 『재조명』, 49).

그러나 1933년 7월 18일 만 1년을 버티지 못하고 조선일보사 사장직을, 평북 정주 출신의 광산사업가로 조선일보의 판권을 인수하여 이를 주식회사로 전환시킨, 방응모에게 물려주고 고당은 사임한다. 그는 다시 평양으로 돌아왔으나, 1935년 12월 18일 두 번째 부인인 이의식 여사가 별세하였다. 그 후 고당은 1937년 1월 8일 55세에 20세 연하의 전선애 (田善愛) 여사와 세 번째 결혼식을 하게 된다. 전선애는 1904년 9월 22일 황해도 개성에서 태어나 1925년 호수돈 여자고등학교를 졸업하고 이후 이화여전 음악과를 졸업한 뒤 모교에서 교사로 재직하고 있었는데, "한 남성을 맞아서 결혼한다는 것보다, 한 위대한 어른을 모신다는 생각에서 결혼을 결심"했다고 한다(전선애, 「그 어른, 조 선생님을 기다린 50년」, 『회상록』, 316).

한편, 고당은 1936년 평양에 '을지문덕 장군 묘산수보회'(墓山修保會) 를 창립하고 회장에 취임하나, 1937년 4월 평양경찰서로 불려가 조산물 산장려회와 관서체육회와 더불어 수보회의 해산을 강요받는다. 일제는 물산장려운동을 민족운동으로 간주하고, 고당이 관여한 모든 단체를 독립단체로 규정하여 해산하지 않으면 모두 보안법으로 구속하겠다고 협박하였던 것이다. 그리고 6월 16일에는 6월 9일 발생한 '수양동우회'(修養同友會, 당시 흥사단의 국내 명칭)사건으로 평양의 많은 애국 동지들에 대한 검거 선풍이 일어나고, 이때 조만식도 체포되어 서울로 압송되었다가 20여 일만에 풀려나는 사건도 발생한다.

1939년 9월 1일 제2차 세계대전이 발발한 후 일제는, 1940년 2월부터 창씨개명 제도를 강행하여 조선인의 성(姓)과 이름을 억지로 일본식으로 고치게 했으며, 우리말을 버리고 일본말을 국어로 사용하게 하였다. 이때 고당은 민족의 자존심을 지키기 위해 창씨개명을 거부하였다. 그리고 일제는 3월에는 신사참배를 끝까지 거부한 산정현교회의 예배당을 폐쇄하고, 10월에는 '국민총력조선연맹'을 결성하여 고당에게 평남지부 고문을 맡아줄 것을 제의하였으나, 고당은 이 또한 거절하였다. 이와 같이 일제 강점 당시에는 고등계 형사조차 "태산이 무너지면 무너졌지 조만식 씨의 의지야 무너지겠소."라는 말을 할 정도로 고당의 의지는 강했다(한근조, 「조만식 선생의 해방 직후 3개월」, 『회상록』, 231). 그러나 이때 일제는 조선총독부와 함께 조선인의 황국신민화(皇國臣民化) 정책을 강력히 추진하여 한민족 말살공작이 극도의 잔학성을 띠면서, 고당의 모든 사회사업을 완전히 중단하게 만들었다.

1941년 12월 일본이 하와이 진주만을 기습하는 것을 계기로 태평양 전쟁이 발발하게 된다. 이후 1943년 가을부터 '학도지원병제' 문제가 대두되면서 일제는 지원병제도 실시에 따른 협조를 요청하였으나, 조만식은 조선군 사령관 이타가키 세이시로(板 正四郎)의 면담 요청을 거절하고 이 제도를 끝까지 반대하다 환갑의 나이에 구금당하기도 하였다. 그런데 11월 들어 고당이 외출한 틈을 타 일본 순경들이 고당의 집을 강제수색하려고 급습하고서는, 일본어판 '조선매일신보'에 "조만식 씨 드디어 전향하다"는 표제 하에 "고당이 학도병 출정에 찬성 및 날인을 하고 자발적으로 유기(놋그릇)를 헌납하고 성전(聖戰)에 적극 협력하기로 했다"는 기사를 대서특필하여 보도하고 사진까지 실었다(유기선, 「황혼의 명상」, 『회상록』, 50~51).

그러나 이는 당시의 매일신보 평양지사장 고영환이 기사를 날조하여 실었던 것이라고 그의 제자 박재창은 증언하고 있다(자세한 내용은 박재창, 『재조명』, 58~59). 글의 맥락이 전혀 고당의 것이 아니며, 사진도 고당이 아니라는 것이다. 그러나 그때는 조선과 동아일보는 다 폐간되고 매일신보만이 남아 있었기 때문에 해명기사를 실을 기회조차 가질 수 없었지만, 당시 고당을 알고 있는 사람들과 평양 사람들은 이를 전혀 믿지 않았다는 것이다. 참고로 당시 매일신보 기자로 평양에 잠시 와 있던 김진섭 기자는 당시의 기사 원고가 가짜라는 사실을 증명한 바 있으며, 고영환 지사장은 양심의 가책을 받아 자살하였다고 한다.

어쨌든 이와 같이 시국강연과 관련하여 허위 광고 보도가 나가자 당시 평양기독병원의 김명선 원장 또한 고당을 찾아가 이것이 허위 사실임을 확인한 후, 그를 '만성신장염'이란 진단을 붙여 입원 조치하였다(김명선, 「'조만식 시국강연'의 날조와 진실」, 『회상록』, 165~166). 이로써 고당은 이후 시국강연회에 나가지 않아도 되었으나, 고당의 차남 연창은 부친의 고충을 덜어주기 위해 자진으로 학병에 지원하였다. 그리고는 1944년 4월 21일 주기철 목사가 평양형무소에서 순교하게 되자, 일제의 회유와 압박을 피해 가족들을 이끌고 1945년 4월 고향으로 낙향하여 은거생활에 들어갔다. 고당 부인은 이때가 그나마 고당에게는 가장 한가한 세월이었고, 자신에게는 가장 행복했던 기간이었다고 한다(『회상록』, 321~322).

3. 분단 상황 하에서의 고당의 정치적 생애와 활동

일제의 탄압이 극도에 달한 1943년 11월 27일 카이로선언 이루어지고, 1945년 2월 4일 얄타회담과 7월 26일 포츠담선언이 이루어지면서 8월 15일 우리나라는 해방을 맞이하게 된다. 준비 없이 맞은 혼란한 정국을 수습하기 위하여 평남도지사 니시까와(西川)가 고향에서 은거하고 있는 고당을 부르려고 16일 자신이 타던 차를 보냈다. 이때 심부름 온 김항복(金恒福) 전 숭인상업학교 교장은 고당에게 "아무래도 이북에서는 고당이 주인이니 업무를 인수해 달라"는 도지사의 지시를 전했다고 고당의 아들은 말하고 있다. 그러나 고당은 "일본 지사가 타던 차를 내가 탈 수 있겠는가. 조만식이를 그렇게밖에 보지 않았느냐"고 나무라면서 "나는 인수를 맡을 자격이 있는 사람이 아니다"라고 하면서 심부름 온 사람을 곧바로 돌려보냈다(조연명, 「민족해방과 아버님」, 『회상록』, 198).

그리고는 다음 날 은거지에 숨어 있다 찾아 온 산정현교회 오윤선 장로가 보낸 차를 타고 17일 평양으로 귀환하여, 김병연·한근조 등과 함께 건국방안에 대한 의견과 당면한 여러 문제를 해결하기 위하여 한 자리에 모였다. 그리하여 그날로 민족진영 중심의 '조선건국평남준비위원회'를 창립하고 고당이 그 위원장에 선임되었으니, 이때 고당은 63세였다. 당시 서울에서는 8월 15일 해방되자마자 여운형을 위원장으로 하고 안재홍을 부위원장으로 하는 '조선건국준비위원회'가 결성되어, 조선총독부로부터 치안권을 인수받고 활동에 들어갔다. 이는 해방 직전에 조직된 비밀결사 '조선건국동맹'을 모체로 하여 창립된 것으로, '온건한 좌우익의 통일전선체'였다.

이에 이미 중경에 '대한민국임시정부'가 있었음에도 불구하고 준비위원의 한 사람인 이주연과 서울에서 활동하고 있던 여운형은 유독 명칭을 '건국준비위원회'로 하기를 강권하였는데, 고당은 "그리 좋은 방안은 못 되지만 그 명칭을 가지고 다툴 것은 없다"고 판단하였다(『회상록』, 224~225). 그래 고당은 숙소를 백선행기념관 근처 철도호텔로 옮기고 부위원장에 오윤선 장로를 임명하는 등 16명의 간부진을 구성하였다. 이는 대략 기독교인과 우파 민족주의자가 중심이 된 조직이었는데, 그 가운데 이주연 등 3명은 공산계 인사였다.

그런데, 건준이 조직된 지 열흘도 못된 8월 25일 소련군(소련 제1극동방면군 제25군, 총사령관 N. M. 치스챠코프 대장, 정치위원 레베데프 소장)은 평양에 진주하기 시작했는데, 이들과 함께 소련계 한인과 김일성 일파 300여 명도 정치·행정요원으로 따라 왔다. 소군정은 8월 27일 "행정권을 민족대표자들에게 이양하여 줄 터이니 15명의 대표가 철도호텔에 오라"고 하여 주저 없이 달려갔더니, 이미 별실에는 15명의 공산당원이 대기하고 있었다. 소련군은 이들 30명으로 '정치위원회'를 구성할 것을 권고하였는데, 민족진영은 공산당과 함께 하고 싶지 않았으나, 그러면 그들의 흉계대로 일이 진행되어 갈 것 같아 이를 수락하기로 했다. 더욱 이 "저들이 제아무리 소련군을 배경으로 획책하더라도 민족진영 대표인 조만식 선생에 대한 국민들의 신망은 절대적인 것이어서 그들 뜻대로 하지는 못할 것"이라고 생각되었기 때문이다(『회상록』, 226).

그러나 그 명칭을 정하는 데 있어서부터 이들 간에는 의견이 대립되었으니, 민족진영은 '평남정치위원회'로 하는 것이 좋겠다고 하였으나, 공산당 측은 '인민정치위원회'로 하자고 했다. 그리하여 투표를 거쳤으나, 민족진영에 이미 이주연을 비롯한 2명의 공산당이 있었기 때문에, 그 이름은 '평남인민정치위원회'로 하게 되었다. 그나마 다른 지역에서는 대개 '인민위원회'였는데, 평양에서는 고당의 위상 때문에 타협이 이루어질 수 있었다(『회상록』, 213). 이에 따라 위원장에는 고당을 부위원장에는 건준 측의 오윤선과 조선공산당 측의 현준혁을 앉혔으니, 이는 소련군으로서는 "우선 민중의 환심을 사야 할 필요가 있었으므로, 자신들이 데려온 소련 국적을 가진 2세들을 불쑥 지도자 자리에 내밀 수도 없었고 그렇다고 북한에서 급조한 주구들을 앉힐 수도 없었기" 때문이다(『회상록』, 226~227).

정치위원회는 위원장인 고당의 숙소를 고려호텔로 정하고, 여기에서 집무를 맡아 보게 했다. 그런데 공산당 측에서는 앞으로 수립될 국호는 '인민공화국'이어야 할 것이며, 우선 지주의 토지는 무조건 몰수해야 한다는 등의 주장을 하였다. 게다가 당시 평남 개천 출신으로 연희전문과 경성제대 법문학부를 졸업하여 공산당 가운데 가장 지식파로 알려졌던, 그래서 8월 17일 김용범·박정애·장시우 등과 함께 '조선공산당 평남지구위원회'를 조직한 바 있는, 현준혁 부위원장이 9월 2-3일 경에 암살되는 사건이 벌어졌다. 이에 주로 기독교인으로 구성된 민족진영의 입장에서는 공산주의자들과 함께 하기 어렵다는 판단을 하게 되었으니, 결국 소련군이 평양에 진주하여 공식적으로 가장 먼저 한 일은 민족진영 중심의 평남건국준비위원회를 해체하는 일이 되어버린 셈이다.

게다가 소련군은 부녀자 겁탈과 약탈의 만행을 서슴지 않는 것으로 여겨졌으며, 여기에 공산주의자들이 조직한 적위대라는 집단이 이들에 편승해 시민들의 불안과 고통이 여간 아닌 것으로 생각되었다. 그러자 고당은 소련군 총사령관과 민정사령관인 A. 로마넨코 장군 등을 불러 "당신들의 군대는 우리나라를 독립국으로 만들어주기 위해 임시로 진주한 것인데 병사들의 이런 만행을 왜 다스리지 않느냐"고 여러 번 항의를 했으나 제대로 시정되지 않았다(조연명, 『회상록』, 199). 그런 가운데 이 위원회는 9월 12일 평양의 산수소학교에서 조만식의 사회로 회의를 하였는데, 공산진영 측의 공작으로 민족진영의 의견은 계속 묵살되곤 했다. 그러면서 인신공격까지 이어지자 고당은 다시 이 위원회에 참석하지 않았다.

그런 가운데 10월 초 인민위원회 회의에 제25 소련군 사령부 대표들(제7국 소속의 V. I. 코브젠코 소령과 B. 베스파로프 소령)이 참석한 적이 있는데, 이때 김일성과 박길룡이 통역자로 참석하였다고 한다. 그런데 당시 위원회 조직에 대한 문제가 검토되고 있었는데, 소련 측은 경찰 부분의 명칭을 '경찰'(러시아어로 '잔다르메리야'로, 이는 "정치적 탄압기구"라는 의미가 포함되어 있다고 함)로 할 것을 주장했는데, 고당은 이미 일본경찰의 전횡과 폭력을 당해본 경험이 있기 때문에 이 용어를 강력히 반대하고 대신 '보안대'(이는 러시아어로는 '경비자'로 번역될 수 있다 함)로 할 것을 주장하여 결국 이를 설득해 내었다 한다(박길룡, 「조만식 선생과의 만남」, 『회상록』, 257~258). 민족을 고려하는 고당의 의지가 고집과 끈기로 승리한 순간이었다.

소련군은 10월 8일에는 '5도임시인민위원회'를 구성하고 10월 28일에는 이를 '북조선5도행정국'으로 개편하여 공산진영과 민족진영의 연립정권을 만들어 고당을 위원장에 앉히려 했으나, 고당은 이를 거절하였다. 그리고 1945년 9월 중순부터 기독교인들과 민족주의자들을 중심으로 한 당 조직에 착수하여, 광주학생운동을 기념하기 위하여 11월 3일 평양에서 '조선민주당'을 창립하고 고당은 당수를 맡았다. 그러나 11월 23일 신의주에서 대규모 반공·반소 학생시위('신의주학생사건')가 발생하고 12월 27일에는 '모스크바3상회의'에서 한반도 신탁통치가 결정되고 그 다음 날 이 소식이 국내에 알려지자, 공산진영과 민족진영은 찬탁과 반탁으로 나뉘어 심각하게 대립하게 되었다.

이런 가운데 1946년 새해를 맞아 치스챠코프 장군 등 소군정 대표들이 새해 축하인사를 하러 고당을 찾아 와서는 또다시 신탁통치 결의안을 지지해줄 것을 강요하였으나 고당은 끝까지 반대하였다. 이에 따라 소련 군정 및 김일성의 '조선공산당'과의 신탁통치 문제는 결렬되게 되었는데, 이때부터 북측에서는 고당과 그의 지지자들에 대한 노골적인 중상모략이 시작되었으며, 고당을 친일분자로 몰기 시작하였다. 그러면서 군정에서는 고당을 감시하여 로비에조차 나오지 못하게 하더니, 1월 5일 소련군과 보안서원(保安署員) 10여 명을 파견하여 고당을 평양 고려호텔 1실에 가둬 버렸다. 이때부터 고당의 연금생활은 시작되었다. 이러한 고당의 태도를 본 그의 제자 박남수는 "머리에 붕대를 감고 세상을 잃던 사람"이라고 묘사하며, 해방 이후 고당 탄생 83주년을 맞은 기념식에서 다음과 같은 시를 지어 낭송하였다.

> ······
> 살눈썹에 서리는 자부러움 뒤에서
> 당신의 작은 눈은 늘 타고 있었고

옳은 일이면 동강 부러질지언정
구불어져 휘는 일이 없었다.
......
가져다 준 해방의 어려운 터전에
십자가를 스스로 지고
지금 어디서 당신은
은전(銀錢)에 팔려 간 형제들을 굽어보시는가
......
(박남수, 「세상을 앓던 사람」, 『회상록』, 348~349).

　이에 민족진영 위원의 절반 이상은 이때 월남을 하게 된다. 제자들은 고당도 월남할 것을 권유하였는데, 그는 이를 거절하였다. 대신 1946년 가을 부인이 면회 왔을 때, 그 전(3월 10일)에 이미 자신의 최후를 준비하여 자른 머리카락을 넣은 누런 봉투를 건네주며, 반동분자로 간주된 사람의 자녀들에 대해서는 초등학교 이상의 교육을 봉쇄하려 하므로 "아이들을 눈 뜬 장님으로 만들지 말라"며 서울로 데려가 공부시킬 것을 당부하였다(『회상록』, 327). 그리고 장남에게는 이승만 박사와 김구 주석 앞으로 된 친서를 써 주면서, 함께 목욕을 가서 "아버지 때문에 평양에 올 생각을 하지 말라"는 것과 "특별한 용건 없이 서울에 있는 정계 인사들을 방문하지 말라"는 엄명을 내려 월남할 것을 강권하였다(『회상록』, 201). 이때, 장남만 서울로 가고 나머지 식구들은 북쪽에 남아 있었다.

　그 이듬해인 1947년 2월 중순부터는 가족의 면회까지 사절되었는데, 산정현교회에서 함께 장로직을 맡았던 오윤선의 아들 오영진의 회고에 의하면, 고당이 그해 7월 7일 미소공동위원회의 미 측 대표로 평양에 체류 중인 브라운 소장을 면담하고 고려호텔로 돌아가는 모습을 보았다고 한다. 그리고 다음 날인 8일 고당은 연금 상태에서 구속 상태로 바뀌었는데, 당시 호텔 2층 발코니에 서 있는 모습을 길 건너편에서 그 부인이 마지막으로 접했다고 한다(『회상록』, 29). 그리고 1948년 8월 15일 '대한

민국' 단독정부가 수립되고 9월 9일 이북에도 '조선민주주의인민공화국'
이 수립되자, 11월 27일 부인 등 가족도 월남하였다.

이후 고당 소식은 전혀 알 수 없었다. 그런데 1950년 6월 10일 북한은
평양방송을 통하여 남쪽에서 공산주의 지하공작 책임자로 암약하다 붙
잡힌 남로당 중앙위원인 김삼룡·이주하와 조만식을 6월 26일에 교환하
여 석방하자고 남한에 제안을 하였으나, 이승만은 이를 거절했다(『회상
록』, 260). 왜 거절했는지 모르나, 그리고 승낙을 했다 하더라도 북쪽 동
포들과 운명을 같이하겠다던 고당이 이 제안을 받아들일지도 의문이었
지만, 바로 그 전날 6·25전쟁이 발발했기 때문에 교환 문제는 어쨌든 수
포로 돌아가게 되었다.

그리고 당시 김일성의 통역을 맡아서 하다 1950년대 후반 외무성 제1
부장(차관급)을 지낸 박길룡의 증언에 의하면(『회상록』, 260~261), 고당
은 유엔군의 반격으로 북한이 중국으로 일시 후퇴할 때 김일성의 명령으
로 처단 당하였다. 그들은 후퇴하면서 감옥소에 있는 정치범들을 어떻게
할 것인가 하는 문제가 발생을 했고, 당시 평양 형무소 소장이던 주광무
가 이 문제를 문의하자 김일성은 고당을 포함한 정치범들을 처단하라고
명령을 했다는 것이다. 이때 조선노동당 상임중앙위원회 위원이었던 허
가이와 기석복이 배석했는데, 기석복이 후에 박길룡에게 이러한 사실을
이야기해 주었다는 것이다. 정확히는 유엔군의 평양 입성 하루 전인 10
월 15일 대동강변에 있는 내무성 정보처에서 한규만 소좌가 지휘하는 내
무서원들에 의해 피살된 것으로 『동아일보』 1962년 4월 6일자에 전해졌
는데(「조만식 선생의 최후 (Ⅰ)」, 『회상록』, 262), 이때 고당은 68세였다.

동아일보에 의하면 당시 고당은 극심한 심적 고통과 심장쇠약에 복막
염이 겹쳐 남평양의학대학 부속병원 특별실에 입원해 있었는데, 유엔군
의 참전으로 전세가 역전되자 북한 정권은 내무성 구락부에 그때까지 감

금해 두었던 재북 저명인사와 종교인들을 모두 집결시키고 병상에 누워 있던 고당마저 그곳으로 옮겼다고 한다. 그곳에서 그들은 고당을 포함한 이들을 처치한 후 대동강변에 구덩이를 파고 일부 시체는 가매장하고 일부는 그대로 두고 도망쳐 버렸다. 그러다 중공군의 참전으로 12월 초순 평양을 다시 탈환하자 이들의 처형 장소를 찾아내고는 고당과 그 밖의 정치범을 사살한 것은 이승만과 미군이라고 소문을 퍼뜨렸다. 즉, "전쟁을 도발한 이승만 괴뢰군이 평양에 쳐들어오면서 조만식 선생 등 수많은 민족 지도자급 인사들을 죽인 후 구덩이에 파묻고 퇴각했다"고 선전했다는 것이다.

김일성의 통역관이었던 박길룡은 1959년 소련으로 망명하였는데, 이러한 사실을 1991년 여름 중앙일보 기자 김국후에게 모스크바 자택에서 말해주었고, 이에 따라 고당의 죽음에 대한 기사는 1991년 7월 19일자 『중앙일보』에도 실리게 되었다(「조만식 선생의 최후 (II)」, 『회상록』, 265~268. 단, 중앙일보에는 사망날짜가 10월 18일로 나와 있음). 그리고 마지막까지 고당과 함께 고려호텔에 머물면서 그를 돌보았던 차남 연창과 사위 강의홍은 1947년 3월 이후 행방불명이 되었는데, 차남은 아오지 탄광에 끌려갔다가(『회상록』, 341) 6·25전쟁이 발발하기 전에 강제노동소로 끌려가 처형을 당했다 한다.

고당의 부인 전선애 여사는 남편의 회상록을 "고당 선생님이 이 나라를 위해 하늘나라에서 기도하시는 힘은, 그분이 살아계셔서 땅에서 수고하시는 것보다 더 큰 힘일 수도 있다"고 스스로 위로하는 것으로 마무리하고 있다(『회상록』, 343).

III. 고당의 민족주의 사상과 쟁점

1. 고당의 민족주의 사상의 원천으로서의 기독교

개신교 선교사들에 의하여 이 땅에 기독교가 전파된 초기 조선 기독교인들의 중심이 되었던 개화파는, 1896년 '독립협회'를 조직하여 이 땅의 자유민권운동과 자주국가운동에 공헌한다. 그러나 이들의 활동이 활발해지자 1898년에 이르면 정부에서 독립협회에 압력을 가하는 등 충돌이 빚어지면서 보수 반동의 분위기가 감돌고 결국 협회의 운동은 좌절되게 된다. 이런 상황에서 초대총감으로 부임한 이토 히로부미(伊藤博文)는 나름대로의 기독교 정책을 구체화하고 있었으니, 그것이 바로 "정치는 통감이, 정신적 교화는 종교가 맡는다."는 정교분리의 원칙을 강조하여 선교사들을 회유하는 것이었다. 이에 선교사들은 1901년 9월 장로회 공의회의 선교사 회의에서 '교회의 비정치화를 위한 결의안'을 채택하여 전국 교회에 전달하였다.

정교분리에 입각한 선교사들의 이러한 자세가 조선의 기독교인들로 하여금 신앙에만 몰두하게 하였기 때문에 1907년의 대부흥회가 가능하였으며, 이에 따라 교회는 더 이상 정치적인 일에 직접 관여하는 일을 담당하지 않게 된다. 그러나 지도층에 있는 일부 선교사들의 친일적 자세와는 달리, 조선인들과 직접 접하고 있던 일반 선교사들은 조선이 국권을 회복하고 타국의 간섭을 받지 않는 독립국가가 되어야 할 것을 강조하였다. 특히, 우리나라 최초의 근대식 공립학교인 육영공원에서 교사로 있으면서 비교적 친일적인 경향을 띠었던 헐버트(H. B. Hulbert) 선교사 같은 경우 1904년 러일전쟁 이후의 일제 만행을 보면서 다음과 같이 반일 자세를 분명히 하였다.

> ······ 한인의 성질이 비록 참고 잠잠하나 핍박이 너무 심하면 형세가
> 반드시 죽기를 결단하여 싸울지니 일본이 비록 강하나 이천만 민족을
> 다 멸치는 못할지라. 한인이 다 분격하여 혈심으로 싸우면 삼 년을 지나
> 지 못하여 일본의 재정이 탕진할 것이오, 한국 안에 있는 일본의 권리가
> 그림자도 없어지리라 ······
> (「헐버트씨 연설」, 이만열, 1981, 75~76에서 인용)

당시의 우리나라 상황은 민족의 위기와 좌절 바로 그것이었다고 할
수 있다. 청일전쟁과 을미사변은 조선의 민중과 왕실에 심각한 타격을
주는 사건이었을 뿐만 아니라 일제의 조선침략을 보다 구체화시키는 길
이 되었다. 게다가 러일전쟁으로 인하여 1904년 2월에는 '한일의정서'를
강제로 교환하고 8월에는 '한일협정서'(제1차 한일협약)를 체결함으로써
조선의 내외 정치는 자주권을 잃게 되어 조선의 독립 유지는 사실상 불
가능한 상황에 놓이게 되었다. 더욱이 미국과 영국이 러시아의 남하정책
을 염려하여, 1905년 7월에는 미국이 일본과 '가츠라-테프트 비밀협약'
을 맺고 9월에는 영국이 일본과 '포츠머드 강화조약'을 맺어, 일제의 조
선 강점을 지지·용인하는 입장을 취함에 따라 조선에게는 국제 외교적
환경도 극히 불리하게 작용하고 있었다. 그런데 이어 11월에 '을사조약'
(제2차 한일협약)을 맺음으로써, 사실상 일제의 통치는 시작되었다. 이러
한 민족적 불행은 우리의 민중과 기독교인들의 마음을 찌르게 되었고,
이것이 1907년 대부흥운동의 한 배경으로 작용하게 되었다(자세한 논의
는 서정민, 1986, 233~283 참조).

한편, 맥켄지(F. A. Mckenzie) 선교사의 경우에도 "성서에 젖어든 한
민족이 학정에 접하게 될 때에는 그 민족이 멸절되든가, 아니면 학정이
그쳐지든가 하는 두 가지 중의 하나가 일어나게 된다."고 하였다(F. A.

McKenzie, 1969, 50). 즉, 일부 지도층 선교사가 아닌 일반 선교사들과 이에 의한 영향을 받은 조선의 기독교인들은 국가가 처한 위난의 현실에 직면하면서 국권 회복을 위한 항일 투쟁에 나서게 되었으며, 이로 인해 한국의 기독교는 '항일 구국의 민족주의'라는 형태를 띠게 된다. 그리고 이러한 민족운동의 중심에는 항상 평양을 중심으로 한 서북 기독교인들이 있었으며, 그 대표자로 우리는 고당을 뽑게 된다.

고당 조만식이 태어난 강서군 내에 있는 대동강 하류의 초리면 포리는, 본격적인 기독교 선교가 이루어지던 19세기 말보다 30여 년 앞선, 1866년 이 땅에 최초의 기독교 순교자가 된 토마스(R. J. Thomas) 선교사가 성경 말씀을 전하던 곳이다. 순교의 피를 흘리며 나눠 준 성경 이야기가 입으로 전해지면서 강서 사람들은 일찍부터 기독교를 받아들이게 되었다. 그리하여 1897년 경 기독교인 수가 약 5천 명을 넘어서고 있었는데, 이 가운데 평양 대동문 안에 있는 장로교인들만 5-6백 명에 이르렀다고 한다. 그리고 안창호·한석진·방기창 등은 독립협회의 평양지회 지도자들이었으며, 그 중 한석진과 방기창은 1907년 조선장로교에서 최초의 7인 목사가 된 사람들로, 특히 한석진은 고당의 유학 시절인 1909년 5월 동경에 조선인교회를 조직하여 영수를 맡았을 때 그 곳 초대 목사로 초빙되었던 분이다.

그 지역에서 안창호·안태국·이승훈 등 유달리 민족지도자들이 많이 배출된 것도 이러한 기독교의 영향 때문이었다고 볼 수 있다. 이러한 지역적 기반을 가지고 1904년 한정교의 전도로 고당이 신앙생활을 시작한 곳은 평양의 장대현교회였다. 이 교회는 당시 매 주일 신도가 2천 명 정도 모일 정도로 큰 교회로 성장하고 있었다. 이때부터 고당은 매일 새벽 4시만 되면 어김없이 일어나서 기도를 한 후 주변을 산책하곤 했다는 것이 그의 부인 전선애 여사의 증언이다. 즉, 고당은 자신의 문제뿐만 아니라 교회의 일과 민족 및 나라의 문제 모두를 기도로 풀어나갔다. 당시 고당이 출석하던 장대현교회는 바로 1907년 대부흥이 시작된 곳이다.

이미 1903년 겨울 원산에서부터 시작된 부흥회의 불길은 1907년 1월 연례사경회를 시작하면서 활활 타오르게 되었는데, 새 학기가 시작되면서 평양신학교와 숭실대학 및 숭실중학교 등 기독교계 학교에도 이 불길이 번지기 시작하였다. 이 당시 숭실중학교 3학년 졸업반이던 25세의 고당도 이 성령의 불길로 심령이 뜨거워져, 이후 그의 삶은 하나님과 조국을 위하여 기도로 시작하여 기도로 끝나는 기독교적 신앙이 바탕을 이루게 되었다.

평양대부흥회로 불붙기 시작한 고당의 기독교적 신앙이 민족주의적인 성격으로 성장하게 된 것은 일본에서의 유학시절이었다. 1908년 숭실중학교를 졸업하고 동경에 가자마자 고당이 가장 먼저 찾은 것은 YMCA 회관이었다. 당시 이 청년회관에는 주일마다 유학생들이 모여 예배를 드리고 있었는데, 고당의 등장으로 인하여 청년회가 조직되게 되었으며, 고당은 이 청년회에서 예배를 인도하거나 기도회를 주관하기도 하였다. 그러다가 이 해에 한인교회가 설립되었는데, 여기서 고당은 지금의 장로격인 영수 직분을 맡아, 특히 유학생 가운데 아직 기독교에 입문하지 않은 학생들에게 전도하는 일에 가장 매진하였다. 이는 청년 시절에 실력을 배양하는 것도 중요하지만, 이보다 더 우선하는 것이, 신앙으로 무장하여 조국을 위해 살아가는 것이라고 판단했기 때문이다.

그리고 고당이 성경을 집중해서 읽을 수 있었던 것은 3·1운동에 연루되어 감옥에 갇혀 있을 때였다. 37세의 나이에 감옥에서 고통스러운 나날을 보내고 있었지만, 그곳에서 신약성경을 수십 번 읽으며 성경적 세계관을 확립하였던 것이다. 특히 고당이 즐겨 읽었던 성경 내용은 '산상수훈'이었으며, 이 말씀을 통해 절제와 극기의 삶과 언행일치 정신 등을

몸에 익혔다. 그리고 세례요한의 섬김의 정신과 청빈하고 절제된 생활에
크게 감명을 받았다.

> 심령이 가난한 자는 복이 있나니 천국이 저희 것임이요
> 애통하는 자는 복이 있나니 저희가 위로를 받을 것임이요
> 온유한 자는 복이 있나니 저희가 땅을 기업(基業)으로 받을 것임이요
> 의에 주리고 목마른 자는 복이 있나니 저희가 배부를 것임이요
> 긍휼히 여기는 자는 복이 있나니 저희가 긍휼히 여김을 받을 것임이요
> 마음이 청결한 자는 복이 있나니 저희가 하나님을 볼 것임이요
> 화평케 하는 자는 복이 있나니 저희가 하나님의 아들이라 일컬음을 받을
> 것임이요
> 의를 위하여 핍박을 받은 자는 복이 있나니 천국이 저희 것임이라
> 나를 인하여 너희를 욕하고 핍박하고 거짓으로 너희를 거스려 모든 악한
> 말을 할 때에는 너희에게 복이 있나니
> 기뻐하고 즐거워하라 하늘에서 너희의 상이 큼이라 너희 전에 있었던
> 선지자들을 이같이 핍박하였느니라
> (『성경전서』 마태복음 5:3~12).

고당의 항일구국 투쟁의 기초는 기독교적 박애정신에 있었다. 그는
하나님의 자녀로서의 인간의 존엄성이 누구에게도 짓밟히거나 무시당해
서는 안 된다고 보았다. 인간은 천하 만물보다 귀한 존재라는 다음과 같
은 말씀 때문이다. 따라서 조선 땅을 침략하고 조선인의 인권을 유린한
일제의 만행을 결코 용납할 수 없었던 것이다.

> 공중의 새를 보라 심지도 않고 거두지도 않고 창고에 모아들이지도
> 아니하되 너희 천부(天父)께서 기르시나니 너희는 이것들보다 귀하지
> 아니하냐
> ……
> 또 너희가 어찌 의복을 위하여 염려하느냐 들의 백합화가 어떻게 자
> 라는가 생각하여 보라 수고도 아니하고 길쌈도 아니하느니라
> 그러나 내가 너희에게 말하노니 솔로몬의 모든 영광으로도 이 꽃 하

나만 같지 못하였느니라

　오늘 있다가 내일 아궁이에 던지우는 들풀도 하나님이 이렇게 입히
시거든 하물며 너희일까보냐 ……

　(『성경전서』 마태복음 6:26~30).

2. 교육활동에서 드러난 고당의 민족주의 사상과 쟁점

고당이 교육적으로 훌륭한 지도자가 될 수 있었던 데에는 어렸을 적
아버지의 사랑과 가르침이 남달랐기 때문이라 할 수 있다. 누군가 고당
에게 자녀교육의 비결을 물었을 때, 조만식은 아버지를 떠올리며 "좋은
자녀를 얻고 싶다면 먼저 부모가 좋은 사람이 되어야 한다."고 말했다
한다. 원래 만식의 부친은 무척 엄격한 사람이어서 고당으로 하여금 집
안일에 잔정을 붙이지 못하게 하셨다 한다. 그래서 학교 일을 볼 때에도
방학이 되어 집에 들러 어린 자녀의 손을 만지면, "남자가 집에서 아이
손이나 잡아주면 어떻게 하느냐"면서 호령하셨기 때문에 자녀 사랑도 제
대로 표현하지 못했다 한다. 이처럼 고당의 부친은 고당을 엄격하고도
사려 깊게 훈육하셨다(『회상록』, 319).

그러나 그런 아버지가 고당이 3·1운동으로 고당이 옥고를 치르고 있
었을 때, 아들이 형무소에 갇혔다는 소식을 듣고는 충격으로 기절하였다
한다. 그러다 의식을 되찾아 형무소 문 앞이라도 가봐야겠다고 지팡이를
짚고 찾아가곤 하셨는데, 이후 면회가 허락되면서 수감자용 식사를 한
숟가락 잡수어 보시고는 "아, 이만하면 됐다. 이거면 건강을 유지할 수
있겠다."고 하셨다. 그러면서 아버지는 아들에게 "어떤 경우에도 지조를
지키라"는 말과 "육신의 희생이 따를지라도 조국을 위해서라면 끝까지
견디라"는 말로 격려하셨다 한다(송삼용, 2006, 40). 이런 아버지를 보며
아들은 하나님 말씀을 전해주었고, 이러한 옥중전도를 받은 아버지는 몇

년 안 되어 장대현교회 집사가 되었다.

아버님의 엄격한 사랑으로 교육받은 고당은 학생들에게 우리 민족이 나갈 길이 교육과 산업인데, 이를 일으키기 위해서는 우선 우리들의 생활 자체가 검소하고 규율이 있어야 한다고 보았다. 그는 민족정신을 말로만 고취한 것이 아니라 자신의 생활과 신조로 몸소 불어넣어 주었던 것이다. 그러면서 항상 학생들에게 "역사 깊은 민족은 망하지 않는다. 용기를 가져라," "독수리를 말뚝에 매어두면 이놈이 날으려 올라갔다 떨어지고 올랐다 떨어진다."는 등의 말로 학생들의 애국심을 고취시켰다(김만식, 「"역사 깊은 민족은 망하지 않는다"」, 『회상록』, 123). 이런 고당을 그의 제자 김기석은, "그의 말이면 학생들은 동을 서라고 해도 듣고 쥐구멍으로 소를 끌라고 해도 끌 정도였다. 스승과 제자가 이 지상에 나타난 뒤 이렇게 심하게 제자들이 스승을 믿고 따른 일이 그렇게 없었을 것이다. 고당의 말 한 마디 행동 하나는 그대로 학생들의 전범(典範)이 되었고 곧 그들 사이에 깊은 감명과 반향을 불러 일으켰다."고 하면서, 엘리아에 견주었다.

> 고당은 이스라엘의 예언자 엘리아의 고고한 풍모가 있었고 그의 옷과 말과 기침과 걷는 걸음에서는 신을 공경하는 충성과 겨레를 사랑하는 지성이 이슬처럼 맺혀 흘렀다.
> (김기석, 「고당 조만식의 오산시절」, 『회상록』, 82).

이만큼 고당의 말에는 권위가 있었다. 그런데 보통 권위 있는 사람은 권위주의자로 여겨지기 싶다. 권위는 복종을 유발하고, 복종은 자유에 위배된다고 여겨지기 때문이다. 그러나 고당은 너무나 민주적이며 자유를 존중하고 평화를 사랑한 스승이었다(김기순, 『재조명』, 78). 그렇기 때문에 고당은 '한국의 페스탈로찌'라는 별명을 갖기도 했다(박재창, 『재조명』,

61). 이와 같이 기독교인으로서의 자세를 근간으로 하여 형성된 고당의 인도주의적 교육자로서의 민족주의의 성격을 한 마디로 표현한다면, 오산학교 시절 그가 강연했던 다음과 같은 말로 나타낼 수 있을 것이다.

> 첫째, 사람을 사랑하고 겨레를 사랑하라.
> 둘째, 옳은 사람이 되라. 그러려면 예수를 믿어야 한다.
> 셋째, 학문을 잘해서 남에게 뒤지지 말라.
> (한근조, 『위대한 한국인 ⑩ 고당 조만식』, 1972, 84~85).

민족을 사랑하는 것이 첫째이지만, 이를 위해서는 사람이 먼저 정의로운 사람이 되어야 하고, 정의로운 사람은 참된 신앙에서 나올 수 있다는 것이다. 그리고 참된 신앙인은 학문을 제대로 배우고 익혀 남, 특히 다른 나라에 뒤떨어져서는 안 된다는 것이다. 즉, 그에게 있어서는 기독교와 민족애 및 교육이 떨어질 수 없는 끈으로 엮여져 있다. 그는 "하나님도 한 분이요, 교회도 하나이며, 민족도 하나"라는 성경의 정신을 기독교 교육을 통하여 실현하고자 한 것이다. 고당에게 있어서는 기독교정신에 입각한 인도주의적인 이념과 애국애족사상을 그대로 실천하는 것이 그의 민족운동이며 교육사상이었던 것이다.

교육자로서의 고당의 자세는 오산학교가 1926년 고등보통학교로 승격되었을 때에도 나타난다. 설립자 남강은 이를 축하하기 위하여 내빈을 초청하였는데, 당연히 당시 평안북도 도지사였던 이꾸다도 포함되어 있었다. 식이 있기 전 남강은 고당에게 "외부인사가 많이 오니 한복을 벗고 프록코트 차림의 예복으로 사회를 보면 어떻겠냐?"고 부탁하자, 고당은 "한복 차림으로는 왜 기념식 사회를 보지 못하느냐? 나는 그런 예복보다 한복이 훨씬 좋다"고 일언지하에 거절했다. 그러자 남강은 "축하회에서 프록코트는 안 입어도 좋소. 그러나 학교의 존폐에 관한 권한을 쥐고 있

는 도지사가 일부러 학교까지 온다니, 우리로서는 손님 대접을 해야 하
지 않겠소? 학교를 대표하는 교장으로서 나와 함께 역까지 마중을 나갑
시다."고 하니 고당은 이에 대해서도 "나는 행사 준비 때문에 잠시도 학
교를 떠날 틈이 없습니다."고 핑계를 대면서 정중히 거절하였다.

남강은 고당의 대쪽 같은 성격을 잘 알고 있었기 때문에, 더 이상 권
고를 하지 못하고 혼자 마중을 나갔다. 그러면서 그런 고당의 지조를 보
면서 고당을 '벽창호'라 불렀다. 여기서 잠깐, 벽창호라는 말은 평안북도
의 벽동(碧潼)과 창성(昌城) 지방에서 유래된 것으로, 사람들은 몸집이 유
난히 크고 코의 힘이 세어 사람의 말을 듣지 않는 이 지방의 소를 '벽창
우'라고 불렀다 한다. 그런데 이 발음이 벽창호로 변하게 되었고, 그 뜻
도 "성격이 무뚝뚝하고 고집이 센 사람"을 가리키게 되었다는 것이다(송
삼용, 2006, 114). 고당은 황소 같은 고집으로 민족의 자존심을 자신의
생명보다 귀하게 여긴 것이다.

외국 선교사의 원조 없이 우리 민족의 힘과 고당의 구국 이념으로
1928년도에 세워진 숭인상업학교에서 고당이 이 땅의 청년들에게 미친
영향 또한 지대한 것이었다. 그가 지닌 교육적 신념은 당시 그 학교를
졸업하고 외국으로 유학 가고자 하는 청년들에게 충고한 다음과 같은 말
에서 잘 드러난다.

> 첫째, 확고부동한 신념을 가져라.
> 둘째, 사람을 사랑할 줄 아는 애국자가 되라(일본인도 사람이니 미
> 워하지 마라).
> 셋째, 남이 믿을 수 있는 전문가가 되라.
> (최봉윤, 「"조선사람은 조선말 써야 아름답다"」, 『회상록』, 109).

그러면서 그는 "산이라도 동(動)케 하는 것은 신념이요 이론이 아니
다. 선(善)한 비관은 우(愚)한 낙관보다 낫다"는 교훈을 친필로 써주었다

한다(『회상록』, 110). 고당에게는 어떤 이야기라도 끝까지 들어주는 넓은 아량이 있었으며, 학식이 많았지만 절대 내색하지 않는 겸손함도 있었다. 그러면서 누구나 쉽게 다가갈 수 있는 온화함과 따뜻함이 가득했기 때문에 고당은 자연스럽게 그 인격에서 우러나오는 진실함 때문에 사람들로부터 존경을 받게 되었다(송삼용, 2006, 131). 일제가 우리에게 행한 가장 큰 죄악은 우리 민족의 교육을 식민지화하고 억제한 우민화 교육정책일 이다. 그래서 고당의 철천의 염원은, 목숨이 끊어지는 순간까지 계속한 일편단심은 민족의 실력 배양과 나라의 번영 외에 다른 것이 있을 수 없었다(『회상록』, 291~292).

고당은 실력 없는 민족이 공연히 일본 제국주의의 굴레에서 탈피하기 위하여 급진적인 과격 행동으로 무모한 행위를 하면 그것은 민족 분열만 조장하게 될 뿐, 민족의 해방에는 전혀 도움이 되지 않는다고 보았다. 따라서 먼저 실력을 양성하여 후일의 민족독립의 기초를 확립하여야 하며, 이를 위하여 교육을 진흥하고 국산을 장려하여 산업의 자급자족을 도모하여야 한다는 것이다(구체적인 활동은 권성아, 2002, 163~175 참조). 즉, 그의 사상의 핵심은 교육과 경제 행위를 통한 민족공동체 의식의 자각과 민족애의 형성에 있었던 것이다.

당시 고당의 가르침을 받은 학생들은 이러한 고당의 강연내용을 메모하곤 했는데, 1938년 숭인상업학교를 졸업하고 일본으로 유학간 한 학생은 1939년 11월 '항일조국독립운동사건'으로 일경에 체포되어 심문을 받은 적이 있고 이때 동경 경시청에 서적과 노트가 압수되었는데, 중학 재학 중 명사들의 강연을 기록해 놓은 이 노트의 70% 이상이 고당의 강연 내용이었다고 한다(박윤옥, 「고당 강연 메모했다가 추궁 받아」, 『회상록』, 185). 또한 숭인학교를 다니면서 고당을 포함한 많은 애국지사들로부터 감명을 받은 학생들 가운데 이하전(李夏田)을 비롯한 4명은, 1940년 경

평양 제2중학교 출신 동지 2명과 함께, 독립투쟁을 목적으로 하는 '장학축산계'라는 조직체를 구성하여 그 간부 일을 맡아보았다. 이들은 다음과 같은 '우리의 맹세'를 작성하고 그 밑에 손가락을 베어 흘린 피로 혈장(血章)을 찍어 집회 때마다 제창하였다 한다.

> 1. 우리는 조선민족의 자손임을 자부한다.
> 2. 우리는 조선의 독립을 위하여 생명을 바칠 것을 맹세한다.
> 3. 우리는 이를 위하여 실력양성에 매진한다.
> (이하전, 「나의 옥고를 위로해 주셨던 선생님」, 『회상록』, 161).

그런데 중학교를 졸업한 지 1년이 못 되어 일부 동지들의 경솔한 실수로 동지 전원이 일본 형사에 발각되어 순식간에 체포되었고, 심한 고문을 받은 끝에 조직체가 노출되게 되었으며, 결국 3년 반 동안 정치범으로 옥고를 치르게 되었다. 이들 가운데 한 청년인 이하전은 출옥 후 집에서 휴양을 하고 있었는데, 하루는 고당이 당시로서는 구하기도 어려운 소고기 두 근을 사가지고 찾아와, 그의 옥고를 친히 눈물로 위로해 주었다. 그 당시 정치범으로 옥고를 치른 사람과 만난다는 것이 경찰에 알려지면 큰 곤경을 당할 각오를 해야 했음에도 불구하고, 고당이 그 일을 아무렇지도 않게 해냈다는 것은, 역시 고당이 민족적으로 큰 인물이라는 것을 다시 한 번 깨닫게 해주는 것이다.

3. 경제활동에서 드러난 고당의 민족주의 사상과 쟁점

고당이 경제활동을 하기 시작한 것은 15세 때이다. 만식이 서당을 졸업하자 아버지는 관청에 데려가 성인이 되었다고 호패를 받도록 하고 평양성 종로로 데려가 포목상을 운영하게 하였는데, 가게를 열던 날 아버지는 만식에게 다음과 같은 사항을 당부했다.

> 장사를 잘하려면 꼭 지켜야 할 것들이 있으니 명심하기 바란다. 자
> 고로 장사하는 사람은 부지런해야 한다. 남보다 일찍 가게 문을 열고,
> 가장 늦게 문을 닫을 각오를 해라. 그리고 어떤 상황에서도 정직해야 한
> 다. 신용은 장사하는 사람에게 있어 생명과도 같은 것이다. 당장의 이익
> 보다 신용을 쌓는데 주력하거라.
> (송삼용,『고당 조만식 - 하나님이 보낸 사람 민족지도자』, 2006, 50).

그래서 만식은 가게에 찾아온 모든 사람들에게 친절로 대하고 형편이
안 되는 사람들에게는 싼 값으로 무명을 팔기도 했을 뿐만 아니라 자신
의 포목점에 적당한 물건이 없으면 평양 일대를 샅샅이 뒤져서라도 물건
을 구해주고 냉면까지 대접할 정도로 성의를 다했다고 한다. 이와 같이
그는 상업에 종사할 때 아버지께서 가르쳐 주신대로 근면과 성실 및 신
용을 생명으로 삼았기 때문에 8년간 포목점을 운영하면서 상당한 재산을
모으게 되었을 뿐만 아니라 지물상까지 개업하여 성공도 하고 사업가로
크게 이름을 날릴 수 있게 되었다.

아버지로부터 사업가로서의 자질과 양식을 배운 고당은 일제가 시작
된 이후에는 사소한 일상용품에서부터 일본 것이 아닌 우리 물건을 만들
어 써야 경제침략을 막을 수 있다고 보았다. 그는 소금으로 이를 닦고
치약과 칫솔을 쓰지 않았으며, 비누도 팥가루를 풀어 쓰고 가게에서 파
는 비누는 일본 제품이라 하여 싸다 쓰지 않았다. 이러한 철저한 국산품
애용 정신 때문에 3·1운동으로 투옥된 후 다음 해 가출옥되자, 간디가
대영 비폭력 불복종 운동을 선언한 해이기도 한 1920년, "내 살림은 내
것으로"라는 모토 하에 8월 23일 '조선물산장려회'를 발기할 수 있었다
(유영렬,『재조명』, 18). 그러나 이는 간디의 영향보다는 구한말에 이루어
진 국채보상운동의 영향을 받은 것으로, 국채보상운동이 국민의 소비절

약운동 수준에 그친 것이라면, 물산장려운동은 소비절약운동을 생산운동
으로 연결시키는 데까지 나아간 것이다(김영호, 『재조명』, 115). 이때 동
아일보에 설립취지서가 실렸는데, 이는 다음과 같은 문장으로 시작되고
있다.

> 우리 조선반도는 첨부의 흙이요 부원(富源)의 땅이라. 반만년 장구
> 한 세월에 간단없이 물자를 공급하고 사업을 부여하여 종족이 번식하
> 고 문화가 계발되었도다.
> 생장력 많은 지미(地味)는 농업을 흥케 하고, 무진장의 광물을 포용
> 한 지질(地質)은 공업을 성장케 하며, 사통오달한 위치는 상업을 융성
> 케 하고, 기후와 풍토는 원예와 임업, 목축업에 적절하며 하해(河海)와
> 항만은 어업과 운수에 더없는 호조건이고 식산(植山)하므로 축적하고,
> 흥업하므로 치부케 하였으니 단연코 근역(槿域)은 이천만 민족의 보고
> 인 태창(太倉)이라 하리로다. 아니 낙원이요 에덴이라 하겠도다.
> (「조선물산장려회 설립취지서」, 『회상록』, 439).

우리 땅은 농·공·상을 포함한 모든 산업에서 흥할 수 있는 조건을 갖
추고 있다는 것이다. 따라서 "가히 고루거각(高樓巨閣)에서 금의옥식(錦
衣玉食)으로 행복과 안락의 생활을 누릴 수 있음을 의심치 않을 것"이라
는 것이다. 그러나 우리는 실제 그러지 못하니 그 이유는, 원인(遠因)으로
는 "근대에 이르러 정치, 교육, 제도, 습관이 부패하고 해이하여 농공상
(農工商)을 천시하고 오직 사(士)만 존숭하여 당쟁의 유일의 정략으로 하
고 의문(儀文)을 최선의 교육으로 하였"기 때문이며, 근인(近因)으로는
'자작자급'(自作自給)하지 않았기 때문이라는 것이다. 따라서 조선물산을
장려하고 '보호무역'을 해야 한다는 것이다. 그러면 우리는 다음과 같은
실익을 얻게 될 것이라 보았다.

1. 경제계의 진흥이니, 대체로 조선은 해마다 거액의 수입이 초과되어

경제계가 점차로 위미(萎靡)되고 쇠퇴하는지라. 그런고로 국산을 장려하여 수입 초과의 해(害)를 방지함으로써 경제의 진흥을 도모함이오.

2. 사회의 발달이니, 경제는 인류생활의 기본이오 원체(元體)라. 경제의 성하고 쇠함은 우리의 생활상 만반(萬般) 사업에 그 영향이 파급치 않는 것이 없나니. 그런고로 국산을 장려하여 경제계의 융성을 기하는 동시에 사회발달을 도모함이오.

3. 실업자 구제책이니, 농공상(農工商)은 물론하고 타화(他貨)의 세력으로 인하여 조선인 실업자가 다수 발생함은 실로 천(千)으로 계(計)하여 백(百)을 산(算)할 수 없는지라. 그런고로 국산을 장려하여 실업자를 취직케 함이 사회구제 상 막대한 효과를 거둘 것이오.

4. 국산을 애중(愛重)하려 함이니, 이는 정신 상 큰 문제라. 근대 조선인은 숭외배외심(崇外拜外心)이 성하여 국산이 우미(優美)할지라도 탁(濁)하다느니 진(陣)하다느니 하여 이를 헌지기지(獻之棄之)하고 타화는 아무리 조열(粗劣)한 것이라도 청(淸)하니 신(新)하니 하여 애지호지(愛之好之)한다. 그것이 어찌 물질 뿐이리오. 천사만반(天事萬般)이 모두 그리 하노라. 그런고로 국산을 장려하여 우선 국산애중(愛重) 사상을 발하도록 하고 아울러 자중자애심을 함양케 함이오.

5. 근검풍(勤儉風)과 용감성(勇敢性)으로 변화케 함이니, 근대 조선인은 유약하고 나타(懶惰)하여 사치와 허영을 숭상(崇尙)함이 날로 더 하는지라, 그 원인이 나변(那邊)에 있는가 함에 대하여 여러 가지의 원인이 있을 줄 알거니와 나약하고 경박하여 타화를 선호 수요(需要)하는 것이 원인이 하나 됨을 인정하지 않을 수 없을 것이다. 그런고로 견(堅)하며 후(厚)하며 질박(質朴)한 국산을 장려하여 이를 사용케 하므로 근실(勤實)과 검소(儉素)의 미풍을 낳게 하는 동시에 용감하며 쾌활한 인성으로 화하게 함을 도모함이라.

(「조선물산장려회 설립취지서」, 『회상록』, 440~441).

조선물산장려회를 창립한 것은 결국, "직접으로 실업계의 진흥과 융창(隆昌)을 도모하고 간접으로 일반 사회의 발전과 진보를 기하여 근역(槿域) 삼천리가 이천만 민족의 참된 낙원, 참된 에덴이 되기를 지성으로 갈망"하기 때문이라는 것이다. 이와 같이 고당에 의해 평양에서 시작하여 1923년에는 서울을 포함하여 전국 방방곡곡에서 광범한 민중의 참여에 의해 다양하게 전개되었다. 이 운동은 민중들의 일상생활과 직결된 토산산업이나 가내공업의 육성에만 중점을 둔 것이 아니라 민족기업의 육성과 발전에도 힘썼다. 그리하여 1925년 1월 26일자 조선일보에서에서도 "… 한층 조선물산의 보급에 힘쓰고 일반은 이것을 사랑하면 우리의 산업이 자연 진흥될 것이며 따라서 우리의 살림도 비로소 열릴 것"이라고 밝혔듯이(조만식, 「조선의 활로는 오직 조선물산장려에 있다」, 『회상록』, 356), 고당은 경제적 실력 양성이 민족독립운동의 토대가 된다고 믿고 경제자립을 위한 애국운동을 전개하였던 것이다(유영렬, 『재조명』, 18).

> 물산장려운동은 식민지체제 내에서 민족기업을 일으키고 민족기업을 위하여 보호무역을 실시해줄 민족국가가 없는 조건 속에서 생산자가 직접 소비자와 연대하여 민족경제를 재건해 보려는 모델이었다. 국가의 보호무역 기능을 생산장려운동으로 대체해 보려는 대체모델이었던 셈이다. 그리고 그것을 사회적 민족기업과 일반 소비자 그리고 민족주의적 지식인들이 연대로 추진된 연대모델이기도 했다.
> (김영호, 「경제인으로서의 조만식」, 『재조명』, 122).

이로부터 국산품 장려운동이 전개되면서, 백성들 사이에서는 고당을 본받아 무명 두루마기와 무명천으로 된 모자가 유행하기 시작하였고, 교회의 목회자들뿐만 아니라 하류계의 기생들까지도 무명옷을 입고 다니게 되었다. 게다가 평양의 기생들은 금가락지와 시계 등을 모아 사회단체나 학교에 기부하기도 하였다. 이때부터 조만식은 '조선의 간디'로 불렸다. 그러면서 우선 백성들에게 이 운동의 의미를 마음속에 담을 수 있도록 다음과 같은 '물산장려가'를 보급하였는데, 이는 당시 평양사회에서 민요 이상으로 애창되었다 한다.

산에서 금이 나고 바다의 고기

들에서 쌀이 나고 목화도 난다.
먹고 남고 입고 남고 쓰고도 남을
물건을 낳아주는 삼천리강산

조선의 동포들아 이천만민아
두 발 벗고 두 팔 걷고 나아오너라.
우리 것 우리 힘 우리 재주로
우리가 만들어서 우리가 쓰자.

조선의 동포들아 이천만민아
자작자급 정신을 잊지를 말고
네 힘껏 벌어라 이천만민아
거기에 조선이 빛나리로다.
(『회상록』, 203~204와 송삼용, 2006, 138에서 인용).

이와 같이 다른 어느 지역보다 평양이 물산장려운동을 가장 먼저 시
작하고 열심히 한 결과, 1915년부터 1924년까지 조선의 공장이 전국적으
로 4배의 증가를 나타냈는데 평양은 8배의 증가를 나타냈으며, 생산액도
전국이 평균 6배 증가했는데 평양은 30배 증가하였다(무호정인, 「평양사
회와 조만식」, 『회상록』, 118) 당시의 물산장려운동이 "좋은 외래상품에
값비싸고 쓸모적은 조선 물산을 가지고 도전한다는 것은 대포와 활의 싸
움과 같은 것"이었으나, 양말과 고무공업 등을 중심으로 꾸준히 진행한
평양에서는 매해 음력 정월 초하룻날에는 조선 물산 애용선전 행렬대가
평양을 행진했으며, 이를 선두 지휘한 고당은 "이 물산애용의 깃대를 메
는 것은 총과 대포를 메고 하는 것보다 우리에게는 영광이요 기쁨"이라
고 표현하였다(『회상록』, 121).

고당은 사회적으로만 물산장려운동을 전개한 것이 아니었다. 그는 일
상생활에 있어서도 철저히 절약과 검소를 지켜 나갔다. 한 번은 숭의학
교에 다니던 딸이 서울로 수학여행을 가게 되었는데, 고당은 그것에 소

용되는 경비가 고스란히 일제로 넘어가게 되면 그들만 좋은 일을 시키게 되는 거라며, 딸을 만류하였다. 그리고 그 딸이 결혼을 하게 되었을 때도 조선식으로 검소하게 할 것을 권유하여, 면사포를 쓰지 않고 모시 적삼과 모시 저고리를 입고 결혼식을 치르게 했다. 이와 같이 물산장려운동을 고려하여 고당이 창안해낸 예복과 결혼식은 평양의 유명한 화제거리가 되었다 한다.

뿐만 아니라 1930년 4월 그 부친이, 그리고 그 다음해 4월 그 모친이 하늘나라로 가셨을 때도 장례식에 일체의 허례허식을 피해 부의나 조화 및 만장 등을 모두 사절하였음은 물론 친지의 장지 동행까지도 허락지 않아, 이 또한 '평양, 아니 조선의 신기록'을 남겼다 한다(『회상록』, 60). 그러나 1937년 4월, 일제는 물산장려운동을 민족운동으로 간주하고 고당과 이사들에게 간판을 떼지 않으면 모두 보안법으로 구속하겠다는 최후통첩을 하였다. 물산장려운동으로 평양의 양말 공업뿐만 아니라 고무 및 메리야스 공업 등이 민족자본으로 기업체를 이루어 큰 위력을 발휘하였으나, 결국 15년 만에 물산장려운동을 통한 무저항적인 민족자각운동은 막을 내리게 되었다.

4. 사회활동에서 드러난 고당의 민족주의 사상과 쟁점

고당은 3·1운동으로 인하여 평양형무소에서 옥살이를 하고 있는 동안, 감방에서 온종일 성경을 읽고 기도하였다. 그런 그의 모습을 본 조선물산장려회의 부회장 한근조는 "몸에는 죄수복을 걸쳤을지언정 마음은 늘 진실의 옷을 입었고, 그의 모든 생활은 다른 사람에게 도움을 주는 것이었다."고 표현하였다(송삼용, 2006, 115). 왜냐하면 다른 수감자들, 특히 젊은이들에게 당시 '팔자밥'이라 하여 아이들도 남기지 않는(이윤

영, 「감옥에서 만난 고당 선생」, 『회상록』, 189) 수수 싸래기를 섞어 만
든 주먹밥을 반으로 나누어 주었을 뿐만 아니라 수감자들이 변기를 옮기
다가 실수로 쏟은 인분을 손으로 긁어모아 변기에 다시 담는 일도 마다
하지 않고 했기 때문이다. 그의 인격에 감복한 수감자들은 그를 존경하
지 않을 수가 없었다. 뿐만 아니라 이러한 그의 태도는 간수들에게까지
전해져 간수들조차 고당을 부를 때는 '조 선생'이라고 하면서 깍듯이 예
의를 갖추었다.

그러나 항상 밥을 절반밖에 먹지 않은 고당은 영양실조로 한 때 병동
으로 옮겨지기도 하였다. 그런데 그런 가운데에서도 항상 젊은이들을 돌
아보는 데 소홀하지 않은 고당을 보면서 일제는 모범수로 인정하여 형량
을 2개월 줄여 가출옥을 결정하였다. 이때 평양형무소에서 옥살이를 같
이 하고 해방 후 평남 인민정치위원회 부위원장을 맡았던 이윤영 목사는
그를 "군자요, 성자에 가까운 분"으로 묘사했다(『회상록』, 189). 고당의
사고방식이나 근본 인격을 구성하는 골수, 그것은 애국·애족이었던 것이
다(송삼용, 2006, 118). 그렇기 때문에 그는 일제강점기 당시 해외로 도피
하지 않고 끝까지 국내에 남아 무저항, 불복종한 거의 유일한 민족지도
자라 할 수 있는 것이다.

3·1운동 이후 국내의 민족진영 일각에서는 절대독립에서 후퇴하여
자치운동의 기운이 일어났고, 새로이 대두한 사회주의 세력은 일제의 철
저한 탄압으로 표면 활동이 불가능한 상태였다. 이 무렵 공산주의의 총
본산인 코민테른은 식민지하에 있는 공산주의자들에게 '반제(反帝)연합
전선'의 전략을 제시했으며, 이에 따라 중국 내 우리 민족운동자들은 '민
족유일당' 운동을 전개하고 있었다. 이와 같은 상황에서 국내에서 자치
운동에 반대하는 우익진영과 좌익진영이 민족협동전선의 일환으로 1927
년 2월 신간회를 조직하였던 것이다. 당시 일제는 표면상 문화정치를 표

방하고 있었기 때문이기도 하지만, 내적으로 조선의 민족운동 동태를 쉽
게 파악할 필요가 있었기 때문에 신간회를 합법단체로 인정하였다(자세
한 내용은 송건호, 1977 참조).

이상재(李商在)를 회장으로 하고 권동진(權東鎭)을 부회장으로 하여
출범한 신간회는 민족의 단결과 정치적·경제적 각성을 촉구하는 등의 강
령을 내걸고, 전국 149개소의 지회와 4만여 명의 회원을 거느리는 거대
한 단체로 성장하면서 우리의 민족운동을 이끌었다(자세한 내용은 강만
길, 1987 참조). 지방 순회강연과 활발한 지회활동을 통하여 노동운동·농
민운동·학생운동을 적극적으로 지도하는 한편, 식민지 지배정책에 구체
적으로 대항하여 민중의 정치의식을 높여갔고, 특별히 1929년에 발생한
광주학생운동을 강력히 지원하였다. 고당은 조선이 일제의 압박에서 해
방되기까지는 전 민족이 한 데 뭉쳐 투쟁해야 한다는 평생의 신념에 따
라 신간회에 발기인으로 참여했을 뿐만 아니라, 창립 후에는 중앙집행위
원 겸 12월에는 평양 YMCA 안에 평양지회를 조직하여 그 지회장으로
신간회운동에 전력을 다하였다. 그렇기 때문에, 본래 민족주의적 색채가
농후한 단체로 조직되었으나 사회주의자들의 조직적인 세력 확장으로
많은 지방지회에서 좌익진영이 강세를 보였음에도 불구하고, 고당이 지
도하는 평양지회는 기독교인들을 주축으로 한 민족진영이 신간회 활동
을 주도할 수 있었다.

그러나 신간회는 좌·우익 간의 주도권 다툼과 코민테른이 민족진영과
의 제휴를 거부하고 노동계급 중심의 투쟁으로 전환됨에 따라, 좌익진영
의 주장에 의해 1931년 5월 결국 중앙본부가 해체되었다. 이때 고당은
신간회 해소운동을 적극적으로 배척하면서 사상을 초월한 민족화합으로
신간회 운동이 지속되어야 할 것을 강력히 역설하였다. 그리하여 당시의
조선의 정세를 고려하여 계급적인 파벌의식을 청산할 것과 무모한 파괴

와 결렬을 일삼는 좌·우익에게 화합해야 할 것을 촉구하면서, 다음과 같이 신간회 해소 반대이유를 밝혔다.

> 해소를 주장하는 이들은 현재의 신간회는 '소(小)부르죠아적 집단이니' '적극적 투쟁이 없느니' 또는 '노농대중의 투쟁욕을 말살시키느니' 등등의 논리로 우리의 정세는 보지 아니하고 다만 일종의 계급적 의식으로만 보는 모양인 듯합니다. 그러나 나는 이하의 몇 가지를 생각할 필요가 있다고 봅니다.
> 첫째, 신간회를 계급적 파벌적인 의식으로 대하지 말 것
> 둘째, 우리는 조선의 정세로 보아 투쟁에 있어서 완급의 작량(酌量)이 있으리라는 것을 호상 양지(諒知)하고 무모한 파괴와 결렬을 일삼지 말 것
> 셋째, 조당(造黨) 자체나 우의단체가 혹 과오 침체 기타 실당(失當)한 일이 있을 때에 우리는 수술 또는 편달을 줄지언정 피차 알력하여 어인(漁人)에게 이(利)를 주게 함은 대금물(大禁物)인 것 (조만식, 「신간회 해소 반대론」, 『회상록』, 376).

고당은 신간회에서 주도권을 쥐고 있는 좌익진영이 지나치게 계급적 파벌의식을 지니고 있는 것을 경계하였다. 그것은 고당이 우익진영이어서가 아니다. 좌익진영이 우익진영을 부르주와 집단으로 취급하여 노동자·농민들의 적극적인 투쟁의욕과 행위를 말살하는 것으로 몰아갈 경우 결국은, 당시의 조선의 정세로 볼 때, 일제에게만 이익을 주게 되기 때문이라고 판단하였기 때문이다. 따라서 고당은 좌익과 우익은 완급한 투쟁을 할 수밖에 없는 당시의 상황을 받아들여 무모한 파괴나 결렬을 일삼지 말아야 할 것을 역설하였던 것이다. 그러나 결국 신간회는 5년을 넘기지 못하고 해체되고 만다.

고당이 기독교정신을 바탕으로 이념에 관계없이 좌·우익이 협력하여 함께 사회운동을 펼친 것으로는, 또한, 농촌진흥운동을 들 수 있다. 1925년경부터 기독교계에서는 일제의 경제적 착취를 목적으로 한 농촌사업

에 맞서, 민족의 경제적 자립과 경제적 실력 양성을 목적으로 한 농촌진
흥운동을 전개하기 시작하였다. 고당은 1927년 여름부터 평양 YMCA 농
촌사업에 착수하여 1929년에는 평양에 '기독교농촌연구회'를 조직하여
장로교의 농촌진흥운동을 주도하며 적극적으로 후원하였는데, 여기에는
특히 정인과·배민수·유재기 등 고당의 숭실학교 제자들이 많은 영향을
받아 적극적으로 동참하였다.

여기서 잠깐, 김일성의 아버지 김형직은 고당보다 늦게 숭실중학교를
다닐 때 비밀결사 조직인 '조선국민회'의 핵심인물로 활약하다 1918년
2월 조직이 탄로나 구속된 바 있는데, 배민수는 김형직의 숭실중학교 2
년 후배로 이 조직에서 통신원 겸 서기를 맡아 함께 했던 인물이다. 따라
서 농촌운동을 할 당시 고당은 사회주의자들의 유물론과 무신론에 대해
서는 분명한 반대 입장을 밝혔지만, 마르크스를 존경하는 사람의 하나로
꼽을 정도로 사회정책 부분에서는 그들의 주장에 귀를 기울였다. 아니
오히려 기독교 정신으로 하는 게 더 나은지 아니면 유물론으로 하는 게
더 나은지 한 번 경쟁해 보자고 할 정도였다. 그래서 이 농촌연구회 청년
들 가운데에는 고당을 '기독교 사회주의자'라고 하는 사람들도 있었다
(장규식, 2007, 236).

그러나 고당은 신간회가 해체된 이후 11년간이나 봉사해온 평양 YMCA
총무직을 사퇴하고 조선일보사 사장으로 영입되면서 서울로 활동무대를
옮기나, 1여년 만에 돌아와, 농촌진흥운동이 곧 민족중흥운동이라고 믿
어 농촌운동을 다시 재개하였다. 그는 민족운동의 주요 과제를 자립적인
민족경제의 수립에 두고 농촌의 진흥으로 민족독립의 굳건한 토대를 세
워야겠다고 생각하여, 그 필요성을 다음과 같이 역설하였다.

현하 우리 사회는 무엇이라고 말할 수 없을 만큼 혼돈몽롱의 상태이
어서 대중은 나아가려 함에 목표가 없고 살아가려 함에 의지(依支)가

없으며 일하려 함에 영도(領導)가 없어 그야말로 헤매고 방황하며 애쓰
고 규호(叫呼)할 뿐이다 ….
　　(조만식, 「중심기관의 재조직」, 『회상록』, 406).

　　고당은 이 중심기관의 재조직 사업을 도시에서 영위할 사업과 농촌에
서 영위할 사업으로 나누어, 도시에서는 산업·교육문화·사회사업 등의
기관을 설치 및 조장하여 소비 절약과 생활 검소 및 허례 폐지 등의 개선
운동을 전국적으로 전개해 나가야 한다고 보았다. 그리고 농촌에서는, 도
시에서 영위할 사업도 물론 더욱 해야 할 필요가 있지만, 이에 더하여
지도자 양성기관과 이상촌 건설 사업이 특히 필요하다고 보았다. 그러면
서 지도자 양성 문제는 "농촌사업 중 가장 크고 가장 중요한 사업"이라
고 하면서, 지도자 양성기관은 '소학생 훈육에 대한 사범학교'와 '군인지
도에 대한 사관학교'와 같은 덴마크의 국민고등학교처럼 "농민을 지도하
여 농촌을 진흥함에 동력이 될 것"이라고 보았다(『회상록』, 409).

　　그리고 이상촌 건설과 관련해서 고당은 그것이, 지도자 양성기관 설
치와 병행하여 가장 중요한 사업이라고 하면서, 인구의 8할이 넘는 농민
들을 위하여 "모범 농촌 그것보다 질(質)로 보아 좀 더 우수하고 사업의
범위로 보아 좀 더 광범할 것을 가르치기" 위하여 필요하다고 역설하였
다(『회상록』, 410). 그러면서 그 사업으로는 소비·구매·판매·신용·저축·
이용조합 등의 각종 조합을 조직할 것과 농사 개량 및 부업 장려와 아울
러 특히 문자 보급을 목표로 한 야학과 강습소 및 남녀 청소년회 등의
문화운동을 전개해 나갈 것을 강조하였다.

　　고당은 전국에 걸쳐 이러한 중심기관의 재조직운동을 펼치는 데 있어
서 특별히 유의해야 할 것은 "남녀청년 정도(正導), 민중의 권익 옹호, 엄
정한 여론 확립" 등이라고 하면서, 조직에 있어서 인물을 망라할 것을
강조하였다(『회상록』, 411). 고당의 이러한 농촌진흥운동은 일제라는 상

황과 관계없이, 그리고 참여하는 사람들이 지니고 있는 이념에 관계없이, 이 땅의 젊은이들이 나아가야 할 올바른 방향과 일반 백성들이 자신의 권익을 옹호하면서 모든 사람들이 화합하며 살아가는 방법을 구체적으로 제시한 것이다. 그러나 일제는 이를 배일운동의 일환으로 간주하여 압력을 가함에 따라, 1937년 어쩔 수 없이 종말을 고하게 된다.

그러나 고당의 화합적 민족주의는 여기서 끝나지 않는다. 신간회도 해산되고 농촌진흥운동도 종말을 맞게 된 1937년 6월 수양동우회 사건이 발생했을 때도, 많은 젊은이들이 친일 발언을 한 이광수 때문에 동우회를 '민족개량주의'로 매도하자, 고당은 동우회는 "민족 공동체에 대한 책임과 의무를 준수하기 위하여 실력과 민족애로 계급을 초월하고 단결해야 한다."고 하면서 이 둘을 분리하여 생각할 것을 강조하였다(『회상록』, 101). 민족개량주의 이론은 1932년 박일형 등 급진적 사회주의자들에 의하여 제기된 것으로, 민족주의자들이 자신들의 정치적 세력을 부르주아 인텔리층 위에 구축하여 노동자·농민·빈곤층 등을 정복하려는, 결국은 민족정신을 파괴하려는 사상이라는 것이다. 따라서 민족독립운동의 유일한 전담자는 프롤레타리아이므로, 민족독립운동에 동참하고자 하는 모든 세력은 프롤레타리아의 혁명적 투쟁에 단결하여야 한다고 보았다. 이에 대해 고당은 동우회의 민족주의는 마르크스의 유물론적 공산주의자들이 적대시하는 것과 같은 "자기의 정치적 세력을 부르주아 특수 계층과 영합하여 … 노동자·농민·빈곤층을 정복하려는 반동적·파괴적 집단이기주의"가 아니라, 진정한 민족주의적 민족공동체 의식을 그리스도의 사랑에서 발견하고 자각하고 절제하는 '민족애'와 '민족 부활'로 심화·집약해야 한다고 본 것이다(『회상록』, 102).

5. 정치활동에서 드러난 고당의 민족주의 사상과 쟁점

강서군 반일리 고향에서 해방을 맞고 다음날 평양에 돌아왔을 때 고당이 가장 염려한 것은, 일제의 통치로부터 벗어나기는 했지만 이 땅에 소련과 미-영국군이 들어오고 또 동시에 남북에 해외정부가 들어오게 됨에 따라, 한민족과 이들 간에 서로 마찰하고 충돌할 위험성이 급격히 커지게 되었다는 것이다. 따라서 8월 17일 '건국준비위원회'를 구성한 것은 이러한 상황에 민족화합의 차원에서 치안유지가 무엇보다 중요하다고 판단했기 때문이다.

> … 건국준비위원회라니까 무슨 조각(組閣)이나 하고 방금 정부가 되는 것같이 해석하는 경향이 있을지 모르나 그런 것이 아니고 주로 치안유지를 목표로 하는 기관인 것이다.
> (평양건국준비위원회 위원장 조만식, 「과거의 소사(小事)는 청산하고 동포여 건국에 돌진하자」, 『회상록』, 443).

특히, 우리가 일제의 압박 속에 있는 동안 "민족적 원한과 통분"이 없을 수 없으나 지금은 새로운 나라의 "건국이라는 위대한 사업"에 전력을 다할 때이기 때문에 일본인에게 가해(加害)하는 행위를 절대 금해야 한다고 강조하였다. 왜냐하면 당시 조선에 남아 있는 일본인은 군인을 합하여 100만 내외에 불과하지만 일본에 가 있는 동포는 700만이나 되는데, 만약 일본인에게 가해를 한다면 그들이 가만히 있지 않을 것이므로, 국내외에서 다시 유혈이 일어날 가능성이 있다고 보았기 때문이다. 그러면서 '가해'라는 것은 "반드시 육체적인 박해만을 의미하는 것이 아니고 정신상 상대의 인격이나 자존심을 상하는 것"도 속한다고 보았다(『회상록』, 443). 이는 만주에 가 있는 2-300만 명의 조선동포가 만주인에게 피해를 입을 경우에 대비하기 위함일 뿐만 아니라 친일 등의 문제로 조선동포끼리의 보복 심리를 미리 방지하자는 뜻이 담겨 있기도 한 것이니, 고당의 민족애는 끝이 없음을 다시 한 번 확인할 수 있는 장면이다.

그렇기 때문에 8월 25일 소군정이 시작되면서 건준위는 바로 해체되고 민족진영과 공산당 측이 연합하여 26일 '평남인민정치위원회'를 조직했을 때도, 조선공산당 측의 현준혁 부위원장조차 "조선에 있어서 현 단계의 문제는 부르조아 민주혁명"이라고 주장하면서 위원장인 고당의 리더십을 인정할 정도로, 당시의 대세는 민족진영이 쥐고 있었다. 소련군 사령부 또한 10월 12일 세 개의 성명을 발표하여, "조선에 소비에트 질서를 설정하거나 또는 조선 지역을 얻으려는 목적을 가지지 않았다"고 하면서 이제는 모든 것이 조선 사람들의 손에 달려 있다고 하였다(김학준, 1976, 75~76). 그러면서 이들이 내놓은 정강들은 대략 다음과 같이 프롤레타리아 혁명이 아닌 부르주아 혁명과 일제잔재의 청산을 통한 인민정권 수립을 중심으로 한 것이었다.

> ① 이북 실정에 맞지 않는 소비에트 질서를 강요하기보다, 반일적 민주정당과 연합하여 친일 요소와 봉건잔재(지주제)의 청산을 목표로 한 부르주아 민주주의 혁명을 추진한다.
> ② 친일분자를 제외한 모든 세력을 망라하여 노동자·농민을 중심으로 한 인민정권을 수립한다.
> (장규식, 『민중과 함께 한 조선의 간디―조만식의 민족운동』, 2007, 237).

그러나 소련군은, 겉으로는 이와 같이 한민족이 중심이 되어 민주국가를 세워 가는 것을 지원해주는 것처럼 행동하면서도, 안으로는 공산국가 수립을 철저히 준비하고 있었다. 즉, 소련군 사령부는 9월 중순 경 "인민정부 수립요강"(9월 14일)과 "정치노선에 관하여"(9월 15일) 등의 대북 기본정책을 발표하면서 현준혁 식의 '부르주아 민주혁명'의 노선을 비판하고, '항일민주정당'의 등록을 지시하여 일체의 반공친미단체 및 인사의 제거를 명령하는 등 친일세력을 철저히 배제한 민족통일전선을 결성해서 '프롤레타리아 혁명'의 기본조건을 준비하는 것이 당면정책임을 분명히 하였다(『조선중앙연감』, 1949, 58). 따라서 인민정치위원회는 사실상 고당이 위원장으로 있는 건국준비위원회를 해체시키기 위하여 마련된 것이라고 보아야 할 것이다.

  그러한 구체적인 일이 발생한 것은 인민정치위원회에서 1945년 10월 15일 기관지인 『평남민보』를 창간하고 그 다음 날 19개조로 구성된 '시정대강'을 발표하였을 때였다. 이때 민족진영과 공산진영 사이에 크게 마찰이 빚어졌는데, 특히 문제가 된 부분은 토지정책과 관련된 조항이었다. 지주제 개혁을 통한 토지개혁은 북쪽에서 친일청산과 더불어 해방후 최대의 사회개혁 과제로 떠올랐다. 토지를 소유하고 있다고 해서 생산의 50% 이상을 소작료로 거두어 간다는 것은 공산주의는 물론 자본주의 경제원리로 볼 때에도 비합리적이고 봉건적인 관행이라 할 수 있다. 따라서 농사를 직접 짓는 농민에게 농지를 돌려주자는 토지개혁은 당연한 역사적 과제라 할 수 있다.

  그러나 이를 무상몰수 무상분배로 할 것인가 아니면 유상매상 유상분배로 할 것인가 하는 방법론상의 문제가 있다. 당시 공산진영에서는 무상몰수 무상분배의 토지개혁을 하되, 그에 앞서 소작료를 3·7제로 한다는 조항을 넣자고 하자, 민족진영에서 크게 반발한 것이다. 그러면서 정치위의 민족진영 인사들은 토지개혁 자체에 거부감을 드러냈다. 평소에 이들과 입장을 같이 해온 고당은, 그러나, 이에 대해서만큼은 다른 입장을 취하였다. 토지개혁 문제는 고당이 일제하에서 농촌연구회를 조직해 농촌운동을 주도할 때부터 이미 거론된 내용이었기 때문이다.

이에 고당에 의해 정치위의 토지정책 조항은 무상몰수 무상분배의 토지개혁 사항은 빼고 "소작료는 3·7제로 함"이라는 조항만 명시하는 것으로 타협을 보게 되었다. 그러나 이 일로 인하여 가장 절친한 동지이자 신앙의 동반자였던 오윤선 부위원장은 정치위에서 사퇴를 하게 되고, 고당을 제외한 대부분의 민족진영 인사들은 우파적 성격을 띠게 된다. 그러면서 정치위는 11월 24일 '평남인민위원회'로 이름을 바꾸게 되니, 좌우연립정권으로서의 기능은 그만큼 약화되게 된 것이다.

이와 같이 고당과 민족진영을 제거하려는 소련의 의도는 10월 28일 '5도임시위원회'를 '5도행정국'으로 개편하는 과정에서도 드러난다. 조만식을 수반으로 앉힌 이 5도행정국은 공산진영과 민족진영 간의 연립형식을 취하고 있어서 사실상 북쪽의 '태아적 정권'이었다고 볼 수 있다(김학준, 1976, 77). 그러나 소련군 사령부는 이와 비슷한 시기에 북쪽의 소비에트화를 추진할 정치도구인 '마르크스·레닌주의적 혁명정당'을 발족시켰으니, 그것이 바로 10월 10일 "조선공산당 서북5도 책임자 및 열성자 대회"에 이어 13일에 조성한 '조선공산당 북조선분국'이다. 그리고 당시 김일성은 책임 있는 자리에 앉지는 않으나, 이미 어느 정도의 주도권은 쥐고 있었던 것 같다.

박재창에 의하면 고당이 김일성과 처음 대면한 것은 1945년 8월 말 '인민정치위원회'가 구성된 직후였던 것 같다(『회상록』, 213). 김일성·김책·최용건 등이 고당을 찾아와 귀국인사를 했다는 것이다. 그리고 해방정국에서 평양시장을 맡았던 한근조에 의하면 9월 상순경에 김일성이 공산당 본부 안에 기거하고 있다는 소문이 있었다 한다(『회상록』, 227). 그런데 중앙일보 특별취재반에 의하면 김일성이 자신의 고향 평양에 도착한 것은 9월 22일이었고, 고당과 만난 것은 9월 30일 메크레르 소련 중좌가 주선한 연회석에서였다고 한다(중앙일보 특별취재반, 1992, 51). 그

러나 고당의 비서 역할을 했던 장남의 회상에 의하면(『회상록』, 199~
200), 정치위의 집무실이었던 고려호텔에 누런 군복을 입고 가죽장화를
신은 청년 5-6명이 찾아와서 "김일성 장군이 환국했으니, 조 위원장을 만
나 뵐 수 있도록 안내를 해 달라"고 요청을 했는데, 그 중 하나가 당시
35세였던 김일성이었으며 이때가 대략 10월 10일 경이었다는 것이다.

김일성은 일제강점기 동안 백두산 일대를 근거지로 삼고 항일빨치산
투쟁을 전개하다 1937년 국경을 넘어 보천보를 공격하여 국내에 이름이
알려지기 시작했는데, 일제의 탄압으로 만주에서의 유격투쟁이 어려워져
1941년 소련으로 이동하여 '동북항일연군' 교도려의 제1교도영 영장으
로 있으면서 해방을 맞이하였다. 그래 1945년 8월 말에서 9월 사이 고향
인 평양에 도착하였는데, 소련군 사령부에서는 10월 14일 "김일성 장군
환영 평양시민대회"를 열어 성대히 김일성을 맞아주었다. 이때 고당이
준비위원장을 맡아 군중들에게 김일성을 소개했으며, 김일성은 이 환영
대회를 통하여 35세의 젊은 나이에 '민족의 영웅'으로 등장하게 된다.

이러한 상황 하에서 정치위의 위원장으로 있으면서 좌우연립정권을
꿈꾸던 고당은 1945년 10월에 "대중을 본위로 한 민주주의 정체로서의
자주독립국가를 수립하자"는 '조선민주당' 선언문을 내고 다음과 같은
강령정책을 내놓았다.

1. 국민의 창의에 의하야 민주주의 공화국의 수립을 기함.
2. 민권을 존중하여 민생을 확보하야 민족 전체의 복리증진을 도모함.
3. 민족문화를 앙양하야 세계문화에 공헌함.
4. 종교, 교육, 노동, 실업, 사회 각계 유지와 결합을 요함.
5. 반일적 민주주의 각 당파와 우호협력하야 전민족의 통일을 도모함.
6. 소련 및 민주주의 제 국가와 친선을 도모하야 세계평화의 확립을
   기함.
   (정연선, 「정치인으로서의 조만식」, 『재조명』, 43에서 인용).

민족의 자주독립과 민주주의 공화국의 수립 및 민족의 통일 등의 강령을 정하고 고당은 11월 3일 평양에서, 민족 전체의 복리를 증진하고 민족문화를 앙양할 수 있는 대중을 본위로 한 정당인 조선민주당을 창당하고 당수로 취임하였다. 조민당은 105인사건을 생각하여 발기인을 105명으로 하고 3·1운동을 계승한다는 차원에서 중앙위원을 33명으로 하였으며, 좌·우익의 협력을 위하여 부 당수에 민족진영에서 이윤영과 공산진영에서 최용건을 앉혔다. 최용건은 김일성이 평양으로 돌아올 때 함께 들어온 공산당원으로, 바로 김일성이 추천한 인물이다. 좌·우익 연합의 입장을 띤 조민당이 깃발을 올리자 각지에서 엄청난 호응이 잇따라, 창당 수개월 만에 이북 전역에 당원 50만 명을 확보할 정도로 당세가 확장되었다.

조민당이 이처럼 짧은 기간에 놀라운 발전을 한 것은 거의 전적으로 고당의 명망 덕분이었다고 봐야 할 것이다. 그러면서 고당은 민족의 독립과 남북의 통일을 추구하였기 때문에, 북쪽만의 정권기관을 구성하는 데에는 유보적인 입장을 표시하고 있었다. 즉, 고당은 어디까지나 "중앙에 단일 통일정부가 설 때까지 우리는 지방의 조직으로 유지해야 한다."고 하면서 후에 '이북5도국'이 생길 때도 같은 이유로 반대하였다(『회상록』, 218). 그러나 이러한 조민당의 창당은 고당의 완전한 자발적 의사에 의하여 이루어졌다고 보기는 어려울 것 같다. 소련군 사령부가 김일성을 통해 고당을 지지하는 대중을 조직하여 민주정당을 결성하라고 수차례에 걸쳐 권유하였기 때문에 가능한 것이었다. 김일성은 다음과 같은 말로 고당에게 당을 조직해줄 것을 간청하였다.

지금 공산당도 대중의 지지를 받지 못하고 있으니 선생님을 지지하는 대중을 집결시켜서 좋은 정당을 조직해 주시오. 그것이 하나의 튼튼한 정치적 안정 세력이 되는 것입니다. 이외에 이 혼란한 시국을 수습할 방도가 없습니다. 이것은 소련군정 당국의 희망안이자 저의 희망입니다. 선생님이 정당을 조직하시면 저도 도와드리겠습니다.
　　(정연선, 「정치인으로서의 조만식」, 『재조명』, 54).

　　그러나 신탁통치 문제가 발생하면서 고당은 최후의 난관에 부딪치게
된다. 1945년 12월 27일 '모스크바3상회의'에서 미·소·영·중 4개국의
최고 5개년에 걸친 한반도 신탁통치가 결정되자, 우리나라에서는 전국적
으로 반탁운동이 전개되었고 북쪽에서는 고당의 조민당이 이를 주도하
였다. 고당은 조민당 중앙위원회를 열어, 일본이 조선을 식민지로 만들기
전에 보호조약을 체결한 적이 있었기 때문에 '신탁'이라는 단어는 조선
인들에게 매우 부정적으로 받아들여지고 있는데다가 신탁안이 조선의
즉각적인 독립을 거부하는 소련의 작품이라 간주하여 "신탁통치는 지지
할 수 없다"는 점을 분명히 하였다(오영진, 1985, 56~57).

　　그러자 소군정에서는 3상회의 결정을 지지하라는 명령을 내렸고, 이
에 따라 소군정은 북조선 5도행정국으로 하여금 신탁통치 찬성을 결의하
도록 하는 방침을 세웠다. 이에 공산주의자들은 태도를 돌변하여 찬탁으
로 선회하게 되었으며, 최용건은 고당을 찾아와 신탁통치에 찬성해줄 것
을 19번이나 간곡히 요청하였다. 그러나 고당이 이것도 거절하자, 공산
진영은 고당을 민족반역자로 날조하고 매도하기 시작하였다. 이에 공산
진영과 민족진영은 찬탁과 반탁으로 나뉘어 심각하게 대립하게 되었으
며, 이로 인해 결국 "공산진영은 좌파로 민족진영은 우파"로 갈라서는
계기가 되고 만다. 그리고 우파인사 대부분은 월남하게 되는 사태가 벌
어지는데, 이때 이윤영 부당수도 월남하여 1946년 1월 서울에서 조선민
주당을 재창당 한다. 이에 따라 이제 북쪽에는 민족진영이면서 비 공산
당 계열로는 유일하게 고당만 남아 있게 되는 처지가 되었다.

　　이런 가운데 1946년 들어 치스챠코프 대장과 로마넨코 장군 및 코브젠
코 소령이 새해 축하인사를 하러 고당을 찾아 와서는 또다시 신탁통치 결

의안을 지지해줄 것을 강요하면서, "우리말만 잘 들으면 당신을 여기의 스탈린으로 만들어주고 김일성은 국방이나 담당케 하겠다."고 회유했다(『회상록』, 200). 그러나 고당은 이 결의안에 서명하는 것을 완강히 반대했을 뿐만 아니라 이 문제를 논의하는 것 자체를 반대했다. 그러자 치스챠코프 장군은 "죽일 놈들! 어쨌든 결국 서명하게 될 거야. 그렇지 않으면 다른 방법을 쓸 수밖에"라고 외치며 자리를 박차고 나가버렸다(『회상록』, 259).

그리고는 1월 5일 소군정은 5도행정국 행정위원회를 소집하여 모스크바 결정에 대한 찬성 결의를 독촉하였는데, 이때 행정 수반으로 사회를 맡은 고당은 책상을 주먹으로 치면서, 다음과 같은 반탁 연설을 한 후, 회의장에서 퇴장하여 버렸다. 이로 인해 고당은 친위대가 무장 해제된 상태에서 고려호텔에 연금되고 말며, 이후 일체의 공식적인 정치행위를 할 수 없게 된다.

1. 신탁을 찬성하거나 반대하거나 모든 의사는 우리 한국인의 자유이어야 한다. 그런데 신탁통치를 찬성만 하라는 것은 도대체 무슨 뜻인가? 아무리 군정이라 해도 언론이나 의사 표시를 제한하는 것은 민주주의 원칙에 어긋난다.
2. 무슨 구실을 붙이더라도 신탁통치라는 것은 어떤 나라가 남의 나라 정치에 대해서 간섭하는 것이다. 그렇기 때문에 우리나라의 주권과 이익을 주장하는 것은 당연하다. 후원제 통치라고 변명하지만 그 내용이 신탁통치와 완전히 다르지 않는 이상 결국 마찬가지가 아니냐.
3. 우리나라의 완전 독립을 진실로 원조하려는 호의라면서 신탁통치는 왜 강요하는가? 카이로선언이나 포츠담선언에서도 우리나라에 신탁통치를 실시한다는 조건이 있었다는 말을 듣지 못했다. 모스크바 삼상회의 결정은 이런 의미에서 잘못된 국제협정이다.
(정연선, 「정치인으로서의 조만식」, 『재조명』, 56에서 인용).

이러한 일을 진행하는 동안 소군정은 김일성으로 하여금, 1945년 12월 17일 "조선공산당 북조선분국 제3차 확대집행위원회"에서, 그의 공산기지 건설 노선과 조직에 관한 보고연설을 하여 책임비서로 선출되도록 하였다. 그리하여 1946년 들어 신탁통치 문제가 결렬되자 소군정과 공산주의자들은 조민당을 접수하고, 2월 5일에는 조민당 '열성자협의회'를 개최하여 "조만식 규탄 선언문"을 채택하고 최용건을 당수로 앉혔다. 그리고 2월 8일에는 김일성을 '북조선임시인민위원회' 위원장에 취임하도록 하여 북쪽 지역을 직접 통치하게 하며, 부위원장에 김두봉, 서기장에 강양욱을 앉혀 후에 이 지도부가 북한정부로 발전해 가게 한다. 이와 같이 "김일성은 소련군이라는 발전소가 송전을 해야 빛이 나지만, 고당은 스스로 자가발전해서 빛을 발하는 사람"이었던 것이다(『회상록』, 222).

해방정국에 있어서 김일성·최용건을 중심으로 한 공산진영은 소련 코민테른의 국제 공산화 프로그램과 사회주의 계급혁명의 이론체계 하에 모든 정책 수행을 기도한 데 비해, 민족진영은 해방조국의 건국 프로그램이 구체화되지 않은 상태였다(『재조명』, 54). 그렇기 때문에 신탁통치 문제가 생기자, 일제강점기 동안 국내에서 민족운동을 주도하였던 대부분의 기독교인들은 쉽게 반공을 기치로 내걸면서 우파적 입장을 띠게 된다. 그러나 일제강점기 동안에도 신간회와 농촌진흥운동 등을 통하여 이념에 관계없이 민족운동을 함께 해나가려 했던 고당은 소련과 신탁 문제에는 철저히 반대하면서도 공산진영과는 끝까지 협력하여 하나의 통일국가를 만들어가고자 하였다.

Ⅳ. 맺는말 : 민족의 영원한 희망 조만식

일제하에서의 고당은 평양이라는 지역의 특수성으로 인해 반골 기질을 타고난 데에다가 숭실학교를 다니면서 선교사들로부터 민족의식을 형성하게 된다. 그리고 유학시절 기독교인으로 활발히 활동하면서 신앙과 생활을 일치시키는 자세를 확립하게 된다. 그리하여 일제강점기 전반에는 오산학교 교사와 교장을 지내면서 교육과 종교를 일치시키며, 3·1운동 이후에는 대부분의 민족운동가들이 이 나라를 떠나가지만 고당은 정치적 망명을 하지 않고 민립대학 설립운동과 물산장려운동 등의 교육과 경제를 통한 애국계몽운동을 펼친다. 이로써 고당의 사상을 '기독교민족주의'를 바탕으로 한, 한민족이라면 누구나 함께 할 수 있는 '대중적'·'인도적'·'자립적 민족주의'라고 정의할 수 있을 것이다. 그리고 일제강점기 후반으로 넘어가면서부터는 기독교 청년운동의 일환으로 농촌진흥운동과 좌익과 우익이 함께 하는 신간회 활동 등을 통하여 이념이 아닌 민족애로 교육과 생활을 일치시키는 민족진흥운동을 펼쳐 나가는 것으로 보아, 고당의 사상은 '실천적'·'화합적 민족주의'로 확대되어 가고 있다고 볼 수 있다. 고당은 반일운동을 직접 일으키는 것보다는, 민족을 위하고 사랑하는 것으로 그의 민족주의를 실천해 나갔다. 그리고 생활로 민족주의를 구체화시켰다.

그러나 일제는 1931년 만주사변 도발을 계기로 조선을 대륙침략의 병참기지로 삼았으며, 1937년의 중일전쟁과 1941년 태평양전쟁을 도발하면서부터는 한민족 말살정책을 실시하였다. 그들은 일본어를 상용하도록 하면서 한글을 사용하지 못하게 했을 뿐만 아니라 조선사 교육도 금지시켰다. 그리고 반일적 언론기관과 학술단체를 폐쇄시켰을 뿐만 아니라 황국신민 서사(誓詞)와 신사참배 및 창씨개명 등을 강요하여 한민족을 말살하려 했다. 그러면서 우리의 식량·원료·노동력을 강제로 동원하였다. 미곡을 강제로 공출하고, 금속기를 강제로 헌납하게 했으며, 많은 조선인들을 탄광과 군수기지로 끌고 갔다. 또한 많은 젊은이들을 지원병·학병·징병 등의 제도로 강제 동원하였고, 부녀자들까지도 정신대로 끌고 가 자신들의 침략전쟁에 희생 제물로 삼았다.

　이러한 때 그나마 국내에 남아 있던 수많은 민족운동 지도자들이 가혹한 탄압과 회유로 지조를 잃어갔다. 교회와 학교도 일제의 야만적 강압에 굴복해 갔다. 그러나 고당이 교수로 있던 평양의 숭실전문학교와 고당의 출신학교인 숭실중학교 등의 기독교 장로교계 학교들은 일제의 신사참배 강요를 끝까지 거부하다 폐교로 신앙과 민족의 지조를 지켰다. 그리고 고당이 장로로 시무하던 산정현교회도 신사참배 거부로 결국 폐쇄당하고 만다. 그런데도 고당은 창씨개명을 거부했고, 황국신민화운동의 추진기구인 국민총력연맹의 고문직 수락을 거부했으며, 차남의 학병 입대 강요도 끝까지 거부하였다. 이 암흑의 시대에 고당은, 인도의 간디처럼, 비폭력과 불복종으로 일제에 저항하고 항거한 국내에 남아 있는 거의 유일한 민족지도자였던 것이다. 그런 그였기 때문에 해방 직전 아무 것도 못하고 고향에 은거하고 있을 때, 가족에게 다음과 같은 유언 비슷한 말을 남겼다.

> 　애국애족을 하다보면 내가 언제 죽을지 모른다만, 내가 죽은 뒤에 너희가 비석을 세우려거든 거기에 비문을 쓰지 마라. 그 대신 큰 눈을 두 개 새겨 다오. 그러면 저승에 가서라도 한 눈으로는 일본이 망하는 것을 보고, 또 한 눈으로는 조국의 자주독립을 지켜보리라.
> 　(한근조, 『위대한 한국인 ⑩ 고당 조만식』, 1972, 365).

　고당은 죽기 전에 일제가 망하는 것을 보게 된다. 그리고 해방을 맞게 되나, 조국이 자주독립하는 것은 보지 못하며, 기독교인으로서 공산주의와 맞부딪치게 된다. 그러나 조선건국준비위원회 위원장으로 있을 때도 조선민주당 당수로 있을 때도 고당은 항상 좌익과 우익이 함께 하는 정권을 창출하려 했다. 즉, 고당의 사상은 해방 이후에는 '통일적 민족주의'로 발전해 가는 것을 볼 수 있다. 그러나 신탁통치 문제가 발생하면서 소련군 사령부와 공산당의 교란 공작으로 인하여, 일반 기독교인과 공산주의자들은 모두 독립된 하나의 민족국가를 설립하고자 하는 진정한 민족주의는 포기하고 만다. 대신 일반 기독교인들은 반공에 입각한 '우파 민족주의'를 형성하면서 대부분 월남해 버리고, 공산주의자들은 프롤레타리아 혁명에 입각한 반일·반제의 '좌파 민족주의'를 내세우면서 북쪽 지역을 장악하게 된다.

이때 공산당이 판치는 것을 목격하고 월남한 우파진영들은 남쪽에 내려와서 보니, "남한이 너무도 어지럽고 또 남한에 있는 정치가에게만 맡겨 놓아서는 도저히 수습할 수 없다"고 판단했다. "우리 민족은 우리 사상과 우리의 손으로 독립을 해야지 절름발이 독립을 해서는 안 되겠다"는 것이다. 그래서 "유일한 대안은 고당 선생님밖에 없다"고 생각한 남한 정계 지도층과 월남한 기독인들은 몇 사람을 다시 월북하도록 하여 고당을 서울로 모셔오려 했다(『회상록』, 233~234). 1945년 11월 중순 경에는 이승만 박사가 당시 바로 전에 월남한 한근조를 만나 고당을 상경시켜 줄 것을 직접 부탁하기도 했다.

그러나 고당은 자신만 살겠다고 자신을 믿고 있는 이북 사람들을 버리고 갈 수가 없다고 하면서, "죽으나 사나 평양을 떠날 수 없다"는 각오를 단호히 말했다(『회상록』, 235). 고당은 "자기의 사명·생명을 바칠 순간이 왔을 때는 팔방미인적 타협정신은 싹 가시고 의연한 용기와 결단으로 역사의 한 선을 그었던" 것이다(『회상록』, 274). 그러면서 공산당들이 그때까지는 자신의 말을 잘 안 듣는다든가 무시하는 일은 없지만 국민들이 활동할 때 사상 면에서 좌익과 우익이 충돌할 가능성이 있기 때문에 자신이 그곳에 있으면 이런 일이 크게 번지지 않을 것이라고 하면서, 오히려 다음과 같이 모든 사람이 자신의 거주지에서 애국해야 할 것을 강조하면서 이들을 돌려보냈다.

중앙(서울)에 너무도 사람들이 많이 모인 것 같다. 지방 사람들이 자기 고향을 내버려 두고서 서울에서만 활동하면 어떻게 되겠느냐. 앞으로 독립 국가를 건설해서 운영해 나가려면 모든 사람이 있어야 할 자리에 있어야 하고 생활할 곳에 가서 생활해야지 중앙에만 다 몰려 올라가면 자기 고장은 비어버리게 된다. ……

(나병덕, 「고당 선생을 구출하러 갔던 일」, 『회상록』, 236).

일본 유학시절에도 "고향을 묻지 말고 일하라"고 하면서 언제 어떤 상황에서도 자신이 처한 자리에서 최선을 다해 민족을 사랑해야 한다고 한, 이런 고당을 보면서 그의 제자 박재창은 오스카 아메린저(Oscar Ameringer)가 말한 "정치는 부자와 가난한 자를 서로 보호한다는 명목 하에 부자로부터는 돈을, 가난한 사람들로부터는 표를 걷어 들이는 예술이다."라는 표현을 인용하면서, 고당은 이러한 술수를 쓰는 '정치꾼'(politician)이 아니라 오로지 애국애족만을 생각한 진정한 '정치가'(statesman)였다고 평가하고 있다(『재조명』, 61). 때문에 고당은 신탁통치 문제로 당시 북쪽에서 김일성 다음 가는 세력가였던 최용건이 19번이나 설득하러 왔을 때도, "그저 공산당들이 붙어 공격하고 달래고 설명하고 공갈하고 하면 가만 앉아 듣는다는 것이다. 그리고 할대로 다 한 다음에는 자기는 가만히 "아니!"해버린다는 것이다"(함석헌, 「"아니"라고 말할 수 있는 용기」, 『회상록』, 279~280).

아니라고 하는 것이 옳은 줄 분명히 알았다 하더라도, 당시는 전부가 그 반대인 줄 고당도 알았는데, 그리고 아니라고 하면 칼이 목에 들어올지도 모르는 문제인데, 그런데도 고당은 혼자서 아니라고 했다는 것이다. 함석헌은 그래서 "이보다 더 무서운 영웅이 어디 있나?"하면서, 그렇기 때문에 소련군 사령부와 공산당원들은 그를 죽이자 할 수는 없었다는 것이다. 그러나 그렇다고 죽이지 말라 하긴 더 어려웠다는 것이다. 그러니 김성식은 고당이 남한과 같은 난세에 처해 있었다면 다음과 같은 태도를 취하였을 것이라 본 바, 고당은 "21세기 이 민족의 앞날을 새롭게 할 하나님의 사람이며 2000년의 한국정치는 물론 인류정치를 이끌어가는 진정한 인간적 민주주의(Humancracy : 益民主義)의 정치적 이상 모델이 될 수 있을 것 같다"(『재조명』, 34).

① 그에게는 물욕(物慾)이 없었으니 협잡배와 같이 어울리지는 않았을 것이요
② 그는 명예에 노예가 아니었으니 권력을 잡으려고 온갖 부정 수단을 다 사용하는 사람과는 더불어 하지는 않았을 것이요
③ 그의 인도주의와 민족애는 비민주주의적 독재정치는 하지 못했을 것이다.
(김성식, 「민족주의자로 일관한 삶」, 『회상록』, 274).

이러한 고당의 민족주의 전체를 통합하여 우리는 한 마디로 '기독교 사회주의'라고 할 수 있을 것이다. 물론 고당 자신은 살아생전에 이런 표현을 한 적은 없다. 소련군 정치장교였던 레베데프 소장의 증언에 의하면, 고당은 자신의 "기본 정치노선은 민주주의이며, 자본주의에 입각한 경제제도를 채택해야 하며, 교육을 통해 인민을 깨우쳐야 하고, 피압박 민족의 한을 자주독립국가로 풀어야 하고, 이 모든 것은 언론·집회·결사의 자유 등이 보장되어야 한다."고 했다(중앙일보 특별취재반, 1992, 92). 그러나 몇 몇 학자들은 기독교적 박애주의를 바탕으로 한 고당의 평등사상과 사회정의 관념이 일제강점기부터 특정 계급을 배제하고 사유재산을 제한하는 형태로 나타났기 때문에, 고당의 민족주의를 기독교 사회주의 측면에서 다루고 있다. 그래서 이만열도 고당에게는 기독교 사회주의를 연상해주는 대목이 없지 않다고 하면서(이만열, 『재조명』, 104), 그 증거로 일제강점기 당시 "내가 만일 세계의 독재자라면 사회제도와 경제제도를 어떻게 개혁할 것인가"를 묻는 신동아와 행한 다음과 같은 인터뷰 내용을 소개하고 있다.

우선 특정계급을 배제하는 동시에 국제적으로는 강폭한 민족을 억제하여 평등과 평화를 유지하겠습니다.

사유재산을 제한하여 일가족이 10만 원 이상의 치부를 금하고 총 산업기관을 민중화하겠습니다. ……

이상의 계획을 실시하기 위하여는 박애주의를 기초로 하여 적당한 법령들을 발포하겠고 이당치세주의(以黨治世主義)로 나가겠습니다.

(「설문에 대한 고당선생의 답변(Ⅱ)」, 『회상록』, 435).

그러면서도 고당은 이러한 일을 우리나라에 제한하지 않고 국제적 평등과 평화를 유지하는 데에도 확장하고자 했으며, 모든 산업을 민중화하면서도 이 모든 일을 법에 근거하여 정당정치를 통하여 실천하고자 했으니, 고당의 민족주의는 그의 죽음과 더불어 끝난 것이 아니라 그를 북쪽에 혼자 남겨 두고 남쪽에 내려와 우파 민족주의를 형성한 대부분의 기독교인들에게 주는 시사가 크다고 할 수 있을 것이다. 또한 이러한 고당의 기독교 사회주의는 공산주의 사상 자체도 뛰어넘는 것이어서, 앞으로 우리 민족이 통일을 이루는 데에도 커다란 시사를 던져주고 있다. 이런 고당이기 때문에 그를 "신앙심과 애국심"의 화신으로 평가한 한경직 목사도, 고당이 통일에 있어서도 한 알의 밀알이 될 것이라고 보았다.

고당 선생의 이야기를 이렇게 마치고 말 것입니까? 결코 아닙니다. 고당은 북한에 떨어진 한 알의 밀알입니다. 북한 땅에 떨어진 고당을 비롯하여 많은 애국 동지들의 밀알들은 반드시 싹이 나고 줄기가 자라 많은 열매를 맺을 때가 반드시 올 것입니다.

우리가 희망하는 남북통일도 반드시 이루어질 것입니다. 앞으로 고당의 날 기념식을 서울에서 할 것이 아니고, 평양 만수대 위에서 성대히 거행할 그날이 반드시 오리라고 믿습니다.

(한경직, 「고당 선생의 신앙과 민족교육」, 『회상록』, 74).

"워낙 뚜렷하고 빛있는 일은 세소인원(世疏人遠)하여 일시 잠적되는 일은 있을지언정 결코 영멸(永滅)하는 법은 없는지라"(김성업, 「을지문덕 묘소 찾기와 조만식」,『회상록』, 141). 거의 혼자 남아 있는 고당을 구출하러 갔던 나병덕도 "이후 통일이 되면 선생님이 하시던 일이 온 나라에 알려져 북한 동포들의 정신적 지주가 되실 것이고 또 통일의 후유증을 줄일 수 있는 유일한 정신적 지도자"로 추앙되시라 믿는다고 보았다(『회상록』, 237).

> 한 알의 밀이 땅에 떨어져 죽지 아니하면 한 알 그대로 있고 죽으면 많은 열매를 맺느니라
> (『성경전서』 요한복음 12 : 24).

참고문헌

1. 『고당 조만식 회상록』 중 본문에 직접 인용된 글

(1) 고당의 글

「과거의 소사(小事)는 청산하고 동포여 건국에 돌진하자」, 1945. 8. 17, 『평양매
　　　일신문 호외』, 1945. 8. 18.
「서양인 처음 보던 인상」, 『신동아』, 1934. 6.
「신간회 해소 반대론」, 『삼천리』, 1932. 2. 5.
「조선의 활로는 오직 조선물산장려에 있다」, 『조선일보』, 1925. 1. 26.
「중심기관의 재조직」, 『신동아』, 1936. 1.

(2) 고당에 관한 글

강태국, 「"숭실은 자고 있는가?" 독립운동 일깨워」, 1995. 2. 16.
김만식, 「"역사 깊은 민족은 망하지 않는다"」, 1983. 2.
김명선, 「'조만식 시국강연'의 날조와 진실」, 『김명선 교수 일화집』, 1992.
김성식, 「민족주의자로 일관한 삶」, 『월간중앙』, 1975. 3.
김성업, 「을지문덕 묘소 찾기와 조만식」, 1936.
나병덕, 「고당 선생을 구출하러 갔던 일」, 1995. 9.
류달영, 「계승해야 할 애국애족 정신」, 1995. 8.
무호정인, 「평양사회와 조만식」, 『신동아』, 1930.
박길룡, 「조만식 선생과의 만남」, 1995. 7.
박남수, 「세상을 잃던 사람」, 1965.
박윤옥, 「고당 강연 메모했다가 추궁 받아」, 1994. 10. 28.
박재창, 「"높이 봐라! 멀리 봐라! 크게 봐라!"」, 1995. 8.
「설문에 대한 고당선생의 답변(Ⅱ)」, 『신동아』, 1932. 1.

안도명, 「산정현교회와 고당 조만식 선생」, 1995. 8.

오기영, 「조만식씨의 이꼴 저꼴」, 『동광』, 1931. 1.

오영진, 「고당 조만식 선생」, 1971.

유기선, 「황혼의 명상」, 1984.

이윤영, 「감옥에서 만난 고당 선생」, 『백사 이윤영 회고록』, 1984.

이하전, 「나의 옥고를 위로해 주셨던 선생님」, 1995. 9.

전선애, 「그 어른, 조 선생님을 기다린 50년」, 1995. 8.

「조만식 선생의 청년학도시대」, 『조선일보』, 1938. 1. 6.

「조만식 선생의 최후 (Ⅰ)」, 『동아일보』, 1962. 4. 6.

「조만식 선생의 최후 (Ⅱ)」, 『중앙일보』, 1991. 7. 19.

「조선물산장려회 설립취지서」, 『동아일보』, 1920. 8. 23.

조연명, 「민족해방과 아버님」, 『중앙일보』, 1976. 8. 10.

주요한, 「평양 명인물 조만식」, 『혜성』, 1931. 7.

최봉윤, 「"조선사람은 조선말 써야 아름답다"」, 1994. 10.

한경직, 「고당 선생의 신앙과 민족교육」, 1994. 7.

한근조, 「조만식 선생의 해방 직후 3개월」, 『眞相』, 1959. 7.

함석헌, 「"아니"라고 말할 수 있는 용기」, 『사상계』, 1956. 6.

홍만춘, 「총칼 휘두르는 자 제 총칼에 망한다」, 1994. 11.

2. 단행본

강만길, 『한국현대사』, 서울 : 창작과비평사, 1984.

고당기념사업회(편), 『고당 조만식 회상록』, 서울 : 조광출판인쇄주식회사, 1995.

김양선, 『한국 기독교사 연구』, 서울 : 기독교육사, 1971.

김요나, 『고향을 묻지 맙시다』, 서울 : 엠마오, 1987.

송건호 외, 『해방전후사의 인식』, 서울 : 한길사, 1979.

송삼용, 『고당 조만식 – 하나님이 보낸 사람 민족지도자』, 서울 : 생명의말씀사, 2006.

오영진, 『한국인물사 ⑨ 조만식』, 서울 : 양우당, 1985.

이만열 외, 『한국기독교와 민족운동』, 서울 : 종로서적, 1986.

장규식, 『민중과 함께 한 조선의 간디 – 조만식의 민족운동』, 서울 : 역사공간, 2007.

조영암, 『고당 조만식』, 부산 : 정치신문사, 1953.

한근조, 『위대한 한국인 ⑩ 고당 조만식』, 서울 : 태극출판사, 1972.

홍만춘, 『고당 조만식 사상의 연구노트』, 서울 : 혜림출판사, 2004.

홍성준, 『고당 조만식』, 서울 : 평남민보사, 1966.

3. 논문

강만길, 「신간회운동」, 『한국사연구입문』(제2판), 서울 : 지식산업사, 1987.

권성아, 「근·현대 민족교육과 한민족 공동체 문제」, 한국현대사연구회, 『근현대사강좌』 통권 제13호, 2002. 12.

김기순, 「교육사상가로서의 조만식」, 숭실대 통일정책대학원 외, 『고당 조만식 선생 사상의 재조명』, 1997. 10.

김영호, 「경제인으로서의 조만식」, 숭실대 통일정책대학원 외, 『고당 조만식 선생 사상의 재조명』, 1997. 10.

김학준, 「분단의 배경과 고정화 과정」, 『한국문제와 국제정치』, 서울 : 박영사, 1976 : 송건호 외, 『해방전후사의 인식』, 서울 : 한길사, 1979.

박재창, 「토론요지」, 숭실대 통일정책대학원 외, 『고당 조만식 선생 사상의 재조명』, 1997. 10.

서정민, 「초기 한국교회 대부흥운동의 이해 – 민족운동과의 관련을 중심으로」, 이만열 외, 『한국기독교와 민족운동』, 서울 : 종로서적, 1986.

송건호, 「신간회의 민족운동」(1977), 『한국 민족주의의 탐구』, 서울 : 한길사, 1977.

_____, 「일제하 민족과 기독교」, 강만길 외, 『민족주의와 기독교』, 서울 : 민중사, 1981.

유영렬, 「인간으로서의 조만식」, 숭실대 통일정책대학원 외, 『고당 조만식 선생 사상의 재조명』, 1997. 10.

이만열, 「기독교 신앙인으로서의 고당 조만식」, 숭실대 통일정책대학원 외, 『고당 조만식 선생 사상의 재조명』, 1997. 10.

이만열, 「한말 개신교인의 민족의식 동태화 과정」, 강만길 외, 『민족주의와 기
　　독교』, 서울 : 민중사, 1981.

정연선, 「정치인으로서의 조만식」, 숭실대 통일정책대학원 외, 『고당 조만식 선
　　생 사상의 재조명』, 1997. 10.

4. 기타 자료

『성경전서』.

『조선중앙연감』, 1949,

중앙일보 특별취재반, 『조선민주주의인민공화국』, 1992.

5. 외국

McKenzie, F. A., *Korea's Fight for Freedom, Seoul* : Reprinted by Yonsei University
　　Press, 1969.

Paik, L. G., *The History of Protestant Missions in Korea, 1832-1910*, Seoul : Yonsei
　　University Press, 1971.

제5장 고하 송진우의 민족주의 정치사상 연구

이완범(한국학중앙연구원 교수)

I. 머리말: 기존연구 검토와 고하에 대한 통설

고하 송진우(1890~1945)는 교육자이자 언론인, 정치가였다. 일제시대에는 준비론을 견지한 독립운동가였으며 해방직후에는 정당의 대표였다. 그는 한국보수정당의 비조요 태두였고 정치적 식견과 수완이 출중한 지도자였다.

그간 고하 송진우에 대해 다음과 같은 여러 연구들이 있었다. 가장 최근의 것으로는 심지연 교수의 『고하 송진우의 활동과 정치이념』, 『해방정국 정치지도자들의 사상과 행동: 한국 정치 이념의 모색』, 한국정치학회 주최, 고하송진우선생기념사업회 후원 정치리더쉽 기획학술회의 발표

논문집(2000년 9월 2일)이 있으며 김학준 교수의『고하송진우평전: 민족
민주주의 언론인－정치가의 생애』(서울: 동아일보사, 1990)도 돋보인다.

　이외에 전기물들이 많은데 고하선생전기편찬위원회(편),『독립을 향
한 집념: 고하송진우전기』(서울: 동아일보사, 1990)가 특기할 만하다. 이
는『고하송진우선생전』(서울: 동아일보사, 1965)의 증보판이다. 또한 고
하선생전기편찬위원회(편),『거인의 숨결: 고하송진우관계자료문집』(서
울: 동아일보사, 1990)은 고하 선생의 문집이다. 고하 선생은 언론인이며
정치가였지만 삭제되고 발표가 금지된 경우[1]도 있어서 그런지 남긴 글
이 그렇게 많지는 않다. 위 책은 1915년『학지광(學之光)』이라는 동경유
학생들의 기관지에 실린 "사상개혁론"에서부터 앙케이트에 대한 응답이
나 간단한 글에 이르기까지 거의 모든 논문-저술을 싣고 있다. 이외에 대
담기록이나 후일 다른 이의 인물평과 일화도 첨가되어 있다. 구습타파를
위한 당시로서는 과감한 주장[2]에서부터 동북아시아를 중심으로 한 세계
정세에 대한 분석 등이 주목할 만하다. 위 책 들 중에서 고하탄생 100주
년을 기념해 1990년에 간행한 세권의 책 즉『고하송진우평전』;『독립을
향한 집념』;『거인의 숨결』은 함께 묶여『고하송진우전집』전3권으로
동아일보사가서 간행한 것이었다. 이외의 관련 업적으로는 다음과 같은
것을 열거할 수 있다.

---

1) 「서문」, 고하선생전기편찬위원회 (편),『거인의 숨결: 고하송진우관계자료문집』,
　서울: 동아일보사, 1990, 1쪽.
2) 위 사상개혁론에서는 孔敎타파(국수발휘), 가족제 타파(개인자립), 강제연애 타파
　(자유연애 고취), 허영교육 타파(실리교육 주장), 상식실업 타파(과학실업 喚興) 등
　을 내세웠다. 「사상개혁론」,『학지광』제3권 1호, 1915년 5월 2일; 고하선생전기
　편찬위원회(편),『거인의 숨결: 고하송진우관계자료문집』, 서울: 동아일보사, 1990,
　14~21쪽. 그의 '孔敎打破論'은 전래의 尊華思想을 통렬히 비판한 것으로 국내의
　일부 老儒들 사이에 말썽이 되기도 했다. 손세일, 「송진우」,『한국근대인물백인선』,
　서울: 동아일보사, 1970, 258쪽.

강원용, 「강원용 목사의 체험 한국 현대사 (1): '찬탁론자' 의심받던 이승만, 세력구축 위해 돌연 반탁운동 나서」, 『신동아』, 2003년 12월.

강원용, 「고하 송진우의 독특한 시각」, 『역사의 언덕에서: 젊은이에게 들려주는 나의 현대사 체험』 1: 엑소더스, 서울: 한길사, 2003, 234~237쪽.

김대상, 「8·15직후의 정치현상: 건국준비위원회에 대한 재조명」, 『창작과 비평』, 1977년 4월.

金三奎, 「해방 직후의 선택: 송진우의 죽음」, 『言論人 金三奎』, 도쿄, 1989.

김을한, 『人生雜記』, 서울: 일조각, 1956.

김을한, 『한국신문 史話: 내가 만난 선구자들』, 서울: 탐구당, 1975.

김준연, 「고하 송진우 선생 2주기를 맞이하여」, 『동아일보』, 1947년 12월 29일.

金俊淵, 「국민회의 발단」, 『동아일보』, 1945년 12월 2일.

金俊淵, 「정계 회고 1년: 해방과 정치운동의 출발」, 『동아일보』, 1946년 8월 15일.

金俊淵, 『독립 노선』, 서울: 시사시보사, 1959.

金炯敏, 『김형민 회고록』, 서울: 범우사, 1987.

도진순, 『한국민족주의와 남북관계』, 서울: 서울대학교 출판부, 1997.

朴址宣, 「송진우 선생과 15인회」, 『신동아』, 1965년 3월.

박태균, 『현대사를 베고 쓰러진 거인들』, 서울: 지성사, 1994.

徐範錫, 「나만이 아는 비밀: 고하 송진우씨의 두 가지 밀령」, 『진상』, 1959년 9월.

서항석, 「사령 써놓고 입사 기다리던 동아」, 한국신문연구소(편), 『언론 비화 50편: 원로기자들의 직필 수기』, 서울: 한국신문연구소, 1978.

孫世一, 「송진우의 생애와 사상」, 『인권과 민족주의』, 서울: 홍성사, 1980.

심지연, 「송진우와 한민당」, 『월간조선』, 1985년 8월.

양근환, 「조선혼은 죽지 않는다」, 『월간 대화』, 1976년 12월.

楊在仁, 「해방정국에 있어서의 정치테러: 송진우, 장덕수, 김구 사건을 중심으로」, 『한국정치학회보』, 제20집 제2호, 1986년 12월.

와세다대학한국유학생회(편), 『와세대의 한국인: 와세대대학 한국유학생 90년사』, 서울: 한국문학사, 1983.

兪鎭午, 『養虎記: 普專–高大 35년의 회고』, 서울: 고려대학교 출판부, 1977.

李敬南, 「민족의 횃불(17): 고하 송진우」, 『월간 통일』, 1985년 7월.

李東華, 「몽양 여운형의 정치활동: 그 재평가를 위하여 (상)」, 『창작과 비평』, 제13권 제2호, 1978년 여름: 이동화, 「8·15를 전후한 여운형의 정치활동」, 송건호 (외), 『해방전후사의 인식』, 서울: 한길사, 1979.

李東華, 「해방 전후의 정치집단과 여운형」, 『오늘의 책』, 1985년 봄.

李相敦, 「고하, 일제 정권인수 교섭 끝내 거절」, 『조선일보』, 1990년 4월 4일.

李相敦, 「내가 겪은 체험 내가 본 사건」, 『조선일보』, 1990년 4월 12일.

李相敦, 「눈부신 정치공작, 쓰러진 거목: 송진우」, 『신동아』, 1977년 8월.

이상범, 「나의 교우 반세기」, 『신동아』, 1971년 7월.

李榮根, 「8·15解放前後のソウル」, 『統一朝鮮新聞』, 1970年 8月 15日.

李榮根, 「8·15해방 전후의 서울 정계: 정국 중심으로 회고한다」, 『통일조선신문』.

李桓儀, 「사라진 정치지도자 군상: 송진우론–오늘의 시점에서 본 고하의 사상과 업적」, 『정경연구』, 1965년 9월.

林炳哲, 「인물소묘 송진우」, 『신천지』, 1946년 2월.

張澤相, 「나의 교우 반세기: 고 장택상씨의 회고록」, 『신동아』, 1970년 10월.

주요한, 「만보산사건과 송사장과 그 사설」, 한국신문연구소(편), 『언론비화 50편: 원로기자들의 직필 수기』, 서울: 한국신문연구소, 1978.

중앙교우회 (편), 『중앙 60년사』, 서울: 민중서관, 1969.

진덕규, 「한국현대정치사를 어떻게 이해할 것인가」, 『언론과 비평』, 1989년 8월.

崔承萬, 「고하 송진우」, 『신문평론』, 1974년 11월.

韓賢宇, 「나의 반탁투쟁기(2): 고하 송진우 피격사건 공판정」, 『세대』, 1975년 11월.

黃錫雨, 「나의 8인觀」, 『삼천리』, 제4권 제4호 총25호, 1932년 4월.

그런데 고하에 대한 통설에는 두 가지 의문점이 있다. 첫째는 해방직전에 은둔하여 건국을 준비하는 과업에 적극적으로 나서지 않았다는 것이다. 고하는 해방 직후 정국의 중심이었던 몽양 여운형 주도의 조선건국준비위원회에 참여하지 않았으므로 이러한 평가를 받는다. 한편 고재욱 선생은『고하송진우선생전』(서울: 동아일보사, 1965), "서"에서 "세계대세에 대한 정확한 분석, 역사의 진운에 대한 예리한 선견"은 단연 타의 추종을 불허했다고 평가한다. 이와 같은 평가에 입각한다면 그의 준비부족설에 의문을 제기할 수 있다. 고하는 준비 안한 것이 아니라 그 나름대로의 세계관에 입각해 준비했다는 주장이 가능하다고 할 것이다.

둘째 오해는 고하가 찬탁론자(아니면 찬탁에 가까운 주장을 한 인사)였기 때문에 암살되었다는 것이다. 그러나 이 두 평가는 사실에 입각하면 그리 정확하지 않음을 다음과 같이 판명할 수 있다.

II. 생 애

고하 송진우는 조선왕조의 국권이 위태로웠던 1890년 5월 8일(음력) 전남 담양군 고지면 손곡리(全南 潭陽郡 古之面 巽谷里)에서 아버지 훈(壎), 어머니 양(梁)씨 사이의 8남매 중 다섯째로 태어났다. 아들로서는 막내였다. 아명(兒名)은 옥윤(玉潤)이었고, 채소밭에서 금빛의 가지를 딴 태몽에서 애칭을 '금가지'라 했다. 5대가 한 울안에 사는 대가족 속에서 그는 자랐다. 세살 때부터 한학을 배우고 일곱살에는 성리학자이며 의병장이었던 기삼연(奇參衍)의 훈도를 받았다. 기삼연의 영향은 컸던 것으로, '고하(古下)'라는 아호도 그가 동리 고비산(古比山)의 꿋꿋함을 가리키며 지어준 것이었다. 1904년 정읍(井邑)의 유(柳)씨와 결혼하고, 을사조

약(乙巳條約)이 체결된 이듬해에는 장성(長成)의 백양사(白羊寺)에 들어
가 유학자 김직부(金直夫)에게 수학했다.

담양학교를 세웠던 부친 송훈 선생은 1905년 11월 을사조약이 맺어
질 때 15세 소년이었던 고하에게 "나라를 회복하기 위해서는 신학문을
배워야 한다."는 요지의 말을 했다. 이렇게 되어 송진우(宋鎭禹)는 열일
곱 나던 1907년 창평(昌平)의 영학숙(英學塾)에 들어가 신학문을 접했다.
영학숙은 창평학교(昌平學校)와 함께 규장각직각(奎章閣直閣) 고정주(高
鼎柱)가 기우는 국운(國運)에 관직을 버리고 낙향하여 설립한 것으로 송
진우는 이곳에서 고정주의 아들 광준(光駿), 사위 김성수(金性洙) 등과 함
께 영어 등 신학문을 깨우쳤다. 1908년 김성수와 함께 가족들 몰래 일본
유학을 결심, 군산(群山)에서 머리를 깎고 두루마기 차림으로 도일(渡日)
했다. 두 사람은 먼저 정칙영어학교(正則英語學校)와 금성중학교(錦城中
學校)를 거쳐 1910년 4월 와세다대학[早稻田大學] 고등예과에 입학하였
다. 그러나 상황은 순탄한 것만은 아니었다. 그해 8월 일제에 의해 국권
이 침탈되자 충격을 받은 고하는 20세 청년의 몸으로 홀로 귀국하여 기
삼연을 찾았으나 스승은 이미 의병장으로 맹활약하다 1908년 일본군에
의해 총살된 뒤였다. 부친 송훈 옹은 흥분하는 고하를 실력배양론 전술
의 하나인 기회론의 입장에서 진정시켰다고 한다.

1911년 다시 도일하여 메이지[明治]대학 법과에 입학한 후 실력배양
론, 자강운동론의 사상적 틀을 형성했다. 광복운동을 하려면 조직을 가져
야 한다는 신념 아래 남과 별로 사귀는 일이 적었던 종래의 태도를 바꾸
어 친구를 사귀기에 힘썼다. 유학생친목회(留學生親睦會)를 조직하고 그
총무 일을 맡는가 하면 다시 호남유학생다화회(湖南留學生茶話會)를 만
들어 회장이 되기도 하고 김병로(金炳魯) 등과 함께 유학생 기관지『학지
광』을 펴내기도 했다. 26세 되던 1915년 메이지[明治]대학을 졸업할 때

까지 최남선(崔南善)·장덕수(張德秀)·현상윤(玄相允)·조만식(曹晚植)·신익
희(申翼熙)·김준연(金俊淵)·현준호(玄俊鎬)·조소앙(趙素昻) 등과 교우를
가졌고 이들의 대부분은 후일 오래도록 그의 동지가 되었다.

　1915년 귀국한 고하는 결국 애국계몽운동적 교육과 언론 사업에 정진
했다.3) 1916년 김성수가 지사 유근(柳瑾)이 경영하다 운영난에 빠져 있
던 중앙학교(中央學校)를 인수하자 1918년 만 28세 되던 해 3월 고하는
인촌 김성수에 이어 중앙학교 제10대 교장에 취임했으며 실력을 양성하
여 독립의 기회를 엿보자는 기회론을 역설했다. 3·1운동이 터질 때까지
온 정열을 학생 훈육에 쏟았던 것이다. 그런데 송진우의 교육열은 단순
한 교육만을 위한 것이 아니었다. 단군(檀君)과 세종대왕(世宗大王)과 이
순신(李舜臣)을 강조하며 민족정기(民族精氣)를 고취했는데, 이 세 위인
에 대해 송진우는 1917년 따로 삼성사(三聖祠) 건립기성회를 조직하고
남산(南山)에 삼성사를 세우는 운동을 일으켰고, 당황한 총독부는 부랴부
랴 남산에 신사(神社)를 세우고 말았다.

　전민족의 에너지가 집결되었던 3·1운동은 천도교(天道敎)·기독교(基
督敎)·불교(佛敎) 등 종교계 인사들이 협력하여 주도한 것이었지만 그 산
실은 송진우가 기거하던 중앙학교 숙직실이었다고 전해진다. 1918년 10
월 김성수·현상윤 등과 민족의 의사표시 방법을 논의하던 송진우에게 상
해로부터 장덕수가 특파되어 오고, 12월에는 미국의 이승만(李承晩)으로
부터도 밀사가 찾아 왔었으며 1919년 1월에는 동경유학생 송계백(宋繼
白)이 나타났다. 구한말(舊韓末) 원로(元老)들과의 교섭은 실패했지만 현
상윤·최린(崔麟)·최남선 등의 회합은 빈번해져 2월에는 최린을 통하여

---

3) 고하의 사상은 啓蒙運動과 불가분의 관계에 있다고 할 수 있다. 그는 '이 民族에
　게 文字를 가르쳐 啓蒙을 시키는 것이 무엇보다 急先務라.'고 하였다. 民度를 올
　리는데 가장 큰 努力을 아끼지 않았다고 평가되었다. 林炳哲,「人物素描: 宋鎭禹」,
　『新天地』제1권 1호 (1946년 1월).

천도교, 이승훈(李昇薰)을 통하여 기독교의 궐기가 확정되어 나갔다. 마지막 단계에서 불교의 한용운(韓龍雲), 백용성(白龍成) 양씨의 참가를 확정했다. 처음 계획으로는 송진우, 최남선, 함태영(咸台永), 현상윤, 정광조(鄭廣朝)는 계속적인 운동 추진을 위해 잔류간부로 남아 대표자들이 체포된 후의 제반 임무를 담당하기로 했었지만4) 고하는 곧 피검(被檢)되어 48인의 한사람으로 투옥되고 1년 반의 미감(未監)생활 끝에 경성복심법원(京城覆審法院)판결에서 무죄(無罪)로 출감했다. 그가 무죄가 된 것은 그동안 적용법이 '모의'의 처벌규정이 없는 보안법 및 출판법으로 바뀌었기 때문이라 한다.5)

---

4) 玄相允, 「3·1운동 발발의 개요」, 『사상계』 1963년 3월; 고하선생전기편찬위원회(편), 『거인의 숨결: 고하송진우관계자료문집』, 서울: 동아일보사, 1990, 118쪽. 이 글에 의하면 당초 독립선언 장소로 예정된 탑동공원은 다수의 학생이 집합하니 紛擾가 염려된다 하여 인사동 명월관지점으로 변경하여 결행했다고 한다. 3월 1일 정오 독립선언서에 서명날인한 민족대표자 33인 중 길선주, 유여대, 김병조, 정춘수 4인을 제외한 29인은 명월관 지점에 회참하여 엄숙하게 독립선언서 선포식을 거행하고 한용운의 선창으로 대한독립만세를 3창했다. 한편 탑동공원에는 예정된 시각이 되자 경성시내의 남여중등이상의 각학교 학생 4~5천 명은 각각 지정된 대표자의 명령에 따라 엄숙한 얼굴과 剛毅한 태도로 누구나 아무 말도 없이 구보로 일제히 남북문으로 집합하여 대한독립만세를 3창한 후에 독립선언서를 살포했다. 그것이 끝나자 학생들은 각각 예정된 부서에 의하여 즉각 시내로 나가 시위행렬을 했다는 것이다. 이렇게 하여 만세운동이 점화되었다. 현상윤은 위글 말미에서 1945년 8월 15일의 해방을 사다리의 최종계단이라 하면 1919년 3월 1일 운동은 확실히 그 제1계단이 되는 것이니 8·15해방을 결과라 하면 3·1운동은 그 원인이라는 독창적인 인과론을 개진했다.

5) 실제로 송진우는 3·1운동의 모의단계에는 깊이 간여했으나 만세운동에 동참하지는 않았다. "조선문제는 파리강화회의에서 안건으로 상정되지 않을 것이며, 열강 중 어느 나라도 바보처럼 조선문제를 거론해서 일본의 비위를 거스르지 않을 것"이라고 논리로 독립만세 운동참여를 거절했다고 한다. 「박찬승 교수의 주장」, in 「[정경희의 곧은소리] 위기 앞에선 언론」, 『미디어오늘』, 2002. 10. 17, http://www.mediatoday.co.kr/news/articleView.html?idxno=18364 (검색일 2009년 7월 22일). 한편 박찬승에 의하면 모의단계에서 박영효와 유성준은 송진우의 참여 권유를 받

옥중에서 어머니를 여읜 송진우는 1920년 10월 30일 출감 후 잠시
하향하여 정양하는 동안 담양 유지들과 더불어 학교설립 기금운동을 벌

고 "민족자결주의에 따른 조선의 독립은 시기상조이며 온건점진주의로써 조선도
문화의 정도가 발달하면 자치가 실시될 수 있을 것"이라면서 운동참여를 거부했다
고 한다. 「송진우검찰신문조서」, 『3·1독립운동』3, 20~23쪽; 박찬승, 『한국근대
정치사상사연구: 민족주의 우파의 실력양상운동론』, 서울: 역사비평사, 1992, 309
쪽. 그런데 그 후 송진우는 3·1운동을 매우 긍정적으로 평가했다. 고하는 3·1운동
은 선전이 부족하거나 사상이 박약한 것도 아니었으면서도 최후의 공을 奏치 못했
다면서 이 운동을 통일 계속할 만한 중심적 단결력이 부족하여 단결을 준비하여야
한다고 주장했다. 송진우, 「무엇보다도 '힘'(최근의 感)」, 『개벽』제5권 4호 1924
년 4월 1일; 고하선생전기편찬위원회(편), 『거인의 숨결: 고하송진우관계자료문집』,
서울: 동아일보사, 1990, 27쪽. 또한 3·1운동은 조선민족의 혁신운동 사상에 일대
기적이며 一大偉觀이라고 평가하면서 완벽의 功을 收치 못했다 할지라도 도덕적
승리라고 주장했다. 송진우, 「세계대세와 조선의 장래」, 『동아일보』, 1925년 8월
28일~9월 6일; 고하선생전기편찬위원회(편), 『거인의 숨결: 고하송진우관계자료
문집』, 서울: 동아일보사, 1990, 34~36쪽. 한편 이 사설을 인용한 박찬승 교수는
『한국근대정치사상사연구: 민족주의 우파의 실력양상운동론』, 서울: 역사비평사,
1992, 328쪽에서 고하가 1925년 당시 자치운동을 염두에 두고 이런 사설을 썼다고
주장했다. 또한 박 교수는 같은 책 342쪽에서 고하가 1927년 신간회에 들어가 자치
론을 구현하고자 했다고 평가했다. 또한 345쪽에서는 1927, 1928년경 고하가 겉으
로는 자치운동의 표면적 움직임을 중단하고 신간회 내부에 침투했지만 참정권 운동
을 반대하고 "조선에 조선의회를 만들어 예산은 물론이오, 조선의 정치는 조선인으
로 논의할 수 있게 해주면 좋겠다."고 말했다는 東邦生[釋尾東邦(샤쿠오 토호) 발
행인], 「東亞日報社長宋鎭禹君と語る」, 『朝鮮及滿洲』1928년 2월, 35쪽을 인
용하고 있다. 이 인터뷰에서 고하는 "조선의 독립은 조선인으로서 누구도 희망하
지 않는 사람이 않는 사람이 없지만 그런 일은 희망한다고 해서 실현되는 일은 아
니다. 우리는 그러한 이상론은 뱃속에 집어넣어두고 있다. 다만 실제론으로서는 현
총독정치하에서 가능한한 우리 조선인의 이상에 가까운 정치를 해 달라 하는 것이
희망이다."고 말했다. 따라서 고하는 조선독립의 이상론을 품고 현실론으로써 자치
론적 입장을 차선으로 개진했다고 할 수 있다. 그의 현실주의적 입장을 볼 수 있는
자료이다. 그런데 만세이전과 만세당시 고하의 활동을 묻는 인터뷰에서 고하는 말
할 수 없다면서 사상의 통일이 그때의 가장 중요한 조건이었다고 회고했다. 송진
우, 「기미년과 그 이전」, 『동광』제3권 10호 1931년 10월; 고하선생전기편찬위원
회(편), 『거인의 숨결: 고하송진우관계자료문집』, 서울: 동아일보사, 1990, 79쪽.

이다가 고광준(高光駿)과 함께 그해 겨울을 담양(潭陽)경찰서 유치장에서 지냈는데 이때 구국운동을 추진함에 있어 항상 국제정세와 연계관계를 지닐 것과 해외에 망명한 독립운동자들과 긴밀한 연락을 취할 것을 결심했는데, 이는 그의 전 생애를 통해 구현된 신념이 되었다.

송진우가 옥중 생활을 하고 있는 동안 김성수는 유근(柳瑾)·진학문(秦學文)·이상협(李相協)·장덕준(張德俊) 등과 더불어 민간신문(民間新聞) 발행을 발기, 박영효(朴泳孝)도 참가시켜 총독부로부터 허가를 얻고 1920년 4월 1일 마침내 민족주의(民族主義), 민주주의(民主主義), 문화주의(文化主義)의 삼대사시(三大社是)를 내걸고 동아일보(東亞日報)를 창간했다. 그러나 동아일보는 창간과 더불어 가시밭길을 걸어야 했다. 시세(時勢)에 뒤진 부유(腐儒)들의 각성을 촉구하는 논설로 인해 유림을 중심으로 한 불매동맹운동이 일어나는가 하면 이어 일본의 소위 삼종신기(三種神器) 비판으로 황실을 모독했다 하여 창간 5개월만에는 무기정간처분을 당했다. 정간은 이듬해 1월에야 해제되었고 속간(續刊)을 하는 데는 자금난으로 한 달 이상 걸렸다. 이 무렵 송진우는 김성수의 재혼청첩장을 받았는데 이것이 그가 동아일보와 생애를 같이하게 된 계기였다.

동아일보 운영을 통해 뜻을 펴기로 결심한 송진우는 곧 김성수와 함께 주식회사 동아일보사 설립을 위한 주식 공모 및 창립총회 준비 등을 위해 분주히 활동, 1921년 9월 14일 총주주 256인의 주식회사를 설립하고 다음 날 31세로 사장에 취임했다. 이로부터 죽는 날까지 24년(1945년 12월 1일 중간(重刊) 시 사장으로 취임)간 송진우는 상황에 따라 사장, 고문, 주필 등 직책은 달랐지만 실질적으로 동아일보를 주도했으며, 그가 부득이 사장직을 물러나야 할 경우에는 김성수가 그 자리를 맡거나 두 사람이 신뢰하는 동지에게 위촉했다.

송진우의 민족주의자로서의 정열과 패기는 그가 동아일보를 운영하면서 벌인 각종 운동 및 사업에서도 드러났다. 1932년의 '안창남고국방문대비행(安昌南故國訪問大飛行)' 주최와 물산장려(物產獎勵)운동 및 민립대학설립운동의 제창, 6·10만세 사건이 있던 1926년 융희황제(隆熙皇帝) 승하 때의 '유칙(遺勅)' 위작(僞作) 획책, 1931년 만보산(萬寶山) 사건 때의 한(韓)·중(中) 간의 보복중지를 위한 캠페인[이에 대해 후일 장개석(蔣介石)으로부터 은패(銀牌)와 족자를 보내왔다], 1931년부터 4년간 계속된 브나로드 운동, 1931~1932년의 이충무공(李忠武公)유적보존운동, 1934년의 강동단군릉수축(江東檀君陵修築) 기금모집 등을 그 대표적인 것으로 들 수 있겠지만, 그밖에도 최초의 현상소설 모집이 '춘향전(春香傳)'의 개작이었고, 국가(國歌)격의 '조선(朝鮮)의 노래'를 제정 보급시켰으며, 김구(金九)의 어머니를 아들의 망명지로 건너가게 뒷받침하고 독립투사 김상옥(金相玉)의 아들을 동아일보에 입사시킨 일 등도 그 예다.

이러한 고하에게 일제의 탄압이 따랐던 것은 당연했다. 1924년 4월에는 김성수와 함께 친일단체대표(親日團體代表) 박춘금(朴春琴)의 권총 협박을 받았으며, 또 사내의 내분도 있어 잠시 사임했다. 이승훈이 사장에 취임하고 송진우는 10월 고문이 되었다. 주필이 된 1926년에는 소련 국제농민본부에서 보내온 3·1기념사 '조선농민(朝鮮農民)에게'를 게재했다 하여 신문은 제2차 무기정간을 당하고 그는 보안법 위반으로 징역 6월을 선고받아 11월에서 이듬해 2월까지 투옥되었다.[6] 1927년 10월 다시 사장으로 복귀하여 1936년까지 10년간 동아일보의 기반을 굳혔다.[7] 그러

---

[6] 송진우, 「감옥으로 들어가면서」, 『신민』 제2권 12호 1926년 12월; 고하선생전기편찬위원회(편), 『거인의 숨결: 고하송진우관계자료문집』, 서울: 동아일보사, 1990, 52쪽.

[7] 姜東鎭 교수는 『日本の朝鮮支配政策史: 1920年代を中心として』, 東京: 東京大學出版會, 1979, 282쪽에서 동아일보가 창간 이후 10년간(1920~1929) 280일간의 정간 처분을 받았으며 차압, 판매금지도 300회 이상에 달했고 경고, 견책 기사 삭제 등은 무수하게 당했다. 또한 송진우와 장덕수가 거의 매일같이 총독부 경

나 손기정(孫基禎) 선수의 가슴에 달린 일장기를 지운 1936년 8월 25일
의 일장기(日章旗) 말소사건[8]으로 동아일보는 8월 29일 제4차 무기정간
을 당하고 송진우는 사장직을 백관수(白寬洙)에게 맡기고 물러났다. 그
사이 동아일보는 1930년 창간 10주년 기념호에 게재한 미국 네이션지 주
간의 축사 '조선현상(朝鮮現狀)밑에 귀보(貴報)의 사명은 중대하다'가 문

무국에 출두하여 차압된 기사가 어디가 나쁘냐고 항의하고 논쟁했다고 적었다. 그
럼에도 불구하고 민족주의 우파의 행동을 변절, 동조라고 했다고 이정식 교수는
『대한민국의 기원: 해방 전후 한반도 국제정세와 민족 지도자 4인의 정치적 궤적』,
서울: 일조각, 2006, 138쪽에서 비판했다. 이 교수는 '일제의 유인정책에 의해 변
절하고 동조했다'는 결론은 일부 민족주의 우파 인사들에게는 적합한 표현일지 몰
라도 김성수, 송진우 등을 포함해서 태반의 경우 그들이 가지고 있던 주체성을 무
시한 견해라고 평가했다.

8) 일장기를 지웠던 이길용 기자를 두고 "성냥개비로 고루거각(高樓巨閣)을 태워버렸
다."고 송진우 사장이 꾸짖으며 흥분을 감추지 못했다는 일화가 있다. 『동아일보사
사』, 서울: 동아일보사, 1976; 민족과 함께 한 동아일보 80년, http://www.donga.
com/docs/donga80/ch01/01-03-01-p031.htm(검색일 2007년 11월 4일). 한편 "이
사실을 전화로 연락받은 인촌은 앞이 캄캄해지는 것을 느꼈다. 급히 동아일보사로
오는 자동차 속에서 인촌은 히노마루 말소는 몰지각한 소행이라고 노여움과 개탄
을 금할 수가 없었다."고 전한다. 『인촌 김성수전』, 서울: 동아일보사, 1976. 「동아
일보 정간 진상: 손선수 국기말소 사원 10명 경찰구금 취조중」, 『삼천리』(1936년
10월)에 따르면 정간을 인한 손해는 십여 만 원으로 추정되었으니 사주의 반응은
이해가 되는 점이 없지는 않다고 할 수 있다. 위 자료에 의하면 손 선수 사진이
7~8번 동아일보에 실렸으나 늘 일장기가 흉중에 붙은 사진이었으므로 이번 失行
은 사의 전체 의사가 아니고 오직 한두 사원의 실행일 것이 분명하다면서도 동아
일보와 같이 유력한 민간지가 아직도 배일색채를 띠고 있다고 평가되었다. 또한
일장기 말소사건은 8월 13일 조선중앙일보에 의해 먼저 거행되었으며 역시 무기정
간당한 후 폐간되었다. 한편 9개월 후인 1937년 6월 2일 속간된 동아일보는 "지면
을 쇄신하고 대일본제국의 언론기관으로서 공정한 사명을 다하여 조선 통치의 익
찬을 다하려 하오니"라는 반성문을 사고(社告)로 실었다. 이 과정에서 이길용·이
상범·백운선·서영호·신낙균·장용서·현진건·최승만은 구속됐으며 이길용·현진
건·최승만·신낙균·서영호 등 5명은 동아일보를 떠났다. 김준연 주필과 설의식 편
집국장이 사임했고 이어 12월에는 이여성(李如星) 조사부장과 박찬희(朴瓚熙) 지
방부장도 사임했으며 송진우 사장도 총독부 요구에 따라 사직했다.

제되어 제3차 무기정간을 당하기도 했었다.

1937년 6월 9일 다시 고문에 취임한 고하는 1940년 8월 10일 동아일보가 조선일보와 함께 일제에 강제 폐간당할 때까지 있으면서 '파리를 잡자', '산보를 하자'는 등의 사설로 일제의 전쟁 협력강요를 우회적으로 피했다.[9]

1940년부터 1945년 해방 전까지 동아일보는 폐간당했던 와중에서 고하는 주식회사 동아일보사 청산위원회의 대표청산위원, 1943년 1월 청산위원회 해체 이후에는 주식회사 동본사 사장으로 지방으로 나가 옛 동아일보 주주들을 찾고 혹은 신병을 빙자하고 자리에 누워 견디어 냈다.[10]

고하는 언론인과 교육자로서 독립에 기여했는데 무장투쟁적 독립운동은 아니었으나 민족의 혼을 지키는 데 일정한 역할을 했으며 건국을 준비하는 준비론자의 면모를 보였다. 따라서 식민지 시대 고하 송진우 선생의 사상은 교육중심주의, 계몽주의, 신중론으로 집약될 수 있다.

고하는 1945년 8월 10일 총독부로부터 행정권 이양 교섭을 받았으나 이를 거부하였으며 8·15 광복 후 여운형(呂運亨) 등이 주동이 된 조선건국준비위원회와 맞서 우익세력을 규합, 한국민주당을 결성하고 수석총무가 되었다. 미군정에 적극 협력하면서 뒤이어 환국한 이승만 및 임시정부 지도자들과 함께 정부수립에 힘쓰는 한편 중간된 동아일보사장에 취임하였다. 그해 12월 28일 모스크바 3상회의에서 한국의 신탁통치안(信託統治案)이 전해지자, 반탁(反託)을 강력히 주장하는 임시정부 요인들과 견해를 달리하다가, 한현우(韓賢宇)에게 12월 30일 자택에서 암살당하였다. 1963년 건국훈장 독립장이 추서되었다.

부인 고흥 유씨 유차(柳且) 여사(1986년 9월 2일 별세)와의 사이에 아

---

9) 손세일, 「송진우」, 『한국근대인물백인선』, 서울: 동아일보사, 1970, 258쪽.
10) 손세일, 「송진우」, 『한국근대인물백인선』, 서울: 동아일보사, 1970, 258쪽.

들이 없어 큰 형으로부터 송영수(宋英洙)를 후사(後嗣)로 삼았으며[11] 장자
부 김현수(金賢洙)와의 사이에 손자 송상현(宋相現)을 얻어 대를 이었다.

Ⅲ. 해방직전의 활동: 일제필망의 신념 가짐

송진우는 해방직전에 비록 병을 핑계로 은둔했다고는 하나 국제적 정
세 변화 추이를 심각하게 받아들여 일제는 망할 수밖에 없다는 신념을
견지하면서 일본 패망 후에 대비했다. 1937년 11월 동아일보 사장직에서
물러난 후 국내와 일본 여행 등을 다니면서 1938년 1월 24일 삼천리 기
자와 인터뷰를 가졌다. 이 자리에서 1937년 말 오사카, 도쿄 여행에서 전
시기분을 느꼈지만 정치에 무관심하다고 말했다. 점차 사나워지는 극동
풍운에 대해 논평을 요구받고는 역시 "정치나 시사문제는 전혀 무관심하
렵니다. 그런 말씀은 물어보지 마십시오. 모릅니다."고 손사래를 쳤다.[12]

그렇지만 이러한 태도는 그를 주시하는 일제를 의식한 일종의 위장이
었다. 교육자-언론인으로서의 고하는 일제시대부터 준비-실력배양에
철저했다.[13] 실력배양론자-준비론자는 은둔하는 척하면서도 준비할 수
있었다.

그는 일제가 도발한 전쟁의 추이에 대해 확실하게 파악하고 있었으므
로 해방직전에는 일제가 패망할 것을 확실하게 알고 있었다.

송진우는 1940년 동아일보가 폐간되자 일제에 대한 협력을 거부, 회

11) 정인보, 「고하 선생 송군의 비」, 고하선생전기편찬위원회(편), 『독립을 향한 집념:
고하송진우전기』, 서울: 동아일보사, 1990, 23쪽.
12) 「송진우씨는 무엇하고 계신가: 前新聞社長의 그 뒤 소식 其二」, 『삼천리』 1938년
5월.
13) 각주 5번에서 언급한 바와 같이 그의 이러한 입장은 1920년대 후반 자치론으로
집약되었다.

피하여 왔다. 그러던 중 다음과 같은 단파방송 사건이 일어났다. 송진우
는 1940년 8월 10일 동아일보가 폐간된 이후에도 과거 동아일보에 근무
했던 사람들과 지속적으로 만났다. 홍익범도 그 중 한 명이었다. 홍익범
은 1924년에 일본 와세다대학을 졸업하고 도미하여 1931년 미국 컬럼비
아대를 졸업한 인테리로 1935년 동아일보에 정치부 기자로 입사하여 폐
간될 때까지 근무했다. 어느 날 홍익범은 송진우를 찾아가 그동안 전세
를 알 수 있었던 것은 외국인 선교사 덕택이었는데, 그들이 잡혀가고 귀
국하여 전세를 알 길이 없다고 말했다. 송진우는 어떻게 해서든지 현재
진행되고 있는 전세를 알 수 있는 방법을 강구해 봤으면 좋겠다고 얘기
했다. 홍익범은 송남헌을 찾아갔다. 송남헌은 교편을 잡고 있을 때 홍익
범의 아들을 가르친 적이 있어서 서로 가까이 지내던 사이였다. 홍익범
의 얘기를 들은 송남헌은 경성방송국 편성과 PD로 근무하고 있는 양제
현을 떠올렸다. 송남헌은 경성방송국의 어린이 방송프로와 가정물의 작
가로 문학활동을 하고 있어 방송국에 자주 출입하고 있었으며, 아동문학
동호인인 양제현과는 교분이 두터웠다. 양제현은 처음에는 난색을 표시
했으나 은밀히 단파 방송 내용을 알려주는 데는 동의했다. 그래서 송남
헌과 홍익범을 통해 단파방송 내용이 당시의 지도적 인사들에게 전해졌
는바, 송진우, 김병로, 이인, 허헌 등이 주로 그 소식에 접했다.[14] 그러나

---

14) 홍석률 선생이 분석한 바에 의하면 이 경로는 ① 일제의 관제언론에 대한 재해석,
   ② 외국 신문 탐독, ③ 미국의 소리("Voice of America") 우리말 방송(콜 사인
   KGEI)을 중심으로 한 단파방송의 청취[이는 '이승만 神話'까지 형성시킨다. 趙東
   杰, 『太白抗日史』, 춘천: 강원일보사, 1978, 312쪽], ④ 미군비행기의 출몰에 의
   한 추측 등이다. 그는 일제 패전에 대한 인식이 1940년대에는 대중들에게까지 광
   범위하게 전파되었다고 주장한다. 홍석률, 「1940~45년 학생운동의 성격변화」, 서
   울대학교 국사학과 석사학위논문, 1990, 27~32쪽. 이외에 중경임시정부와의 연락
   이나 추방되기 직전의 선교사와의 접촉 등을 통해 독립공약이나 전황 등의 정보가
   전해져 국내인사들의 일부는 패전사상을 형성하고 반전운동을 전개해 나갔다. 단

단파방송에서 들은 얘기가 세상에 나돌면서 일본 경찰의 주시를 받게 되었다. 1942년 말에서 1943년 봄에 이르는 동안 경성방송국의 단파 방송 도청으로 '유언비어'가 유포되었다고 하여 대량검거가 일어났다. 이것이 경성방송국의 단파방송 도청사건이다.

또한 1944년 말 동아일보 편집국장을 역임했던 소오 설의식(薛義植, 광산에 종사하면서 단파라디오 청취[15])은 김재중을 통해 카이로선언 (1943년 11월)의 한국독립 약속 정보를 고하에게 전해 주었다.[16] 또한 일

파 수신기를 보유한 사람들은 샌프란시스코에서 방송된 Voice of America 방송을 통해 일본의 전황이 불리하다는 사실을 1943년까지는 대개 알고 있었다. 水田直昌 (口述)－土屋喬雄 (質問), 「第一話: 總督府財政金融の基礎槪念」, 水田直昌－土屋喬雄(編述), 『財政－金融政策から見た朝鮮統治とその終局』, 東京: 友邦協會, 1962, 25頁. 그런데 이 방송을 청취하여 '경성방송국 단파사건'으로 체포된 송남헌의 회고에 의하면 경성방송국 직원 성기석은 1941년 봄 우연히 해외 우리말 방송을 청취했고 송남헌은 1942년 6월 초단파 방송을 통해 '백두산호랑이'라는 타이틀로 하루 세 번 30분간 보내지는 이승만의 육성을 들었다고 한다. 이 소식은 수십 명의 사랑방 결사를 가능하게 했으며 이들 중 수십 명이 1942년 말과 1943년 3월 25~26일에 검거되었다고 한다. 송남헌, 『시베리아의 투사 원세훈』, 서울: 천산산맥, 1990, 111~120쪽. 경성방송국 안에서만 약 40명이 체포되었으며 각 지방 방송국까지 합치면 1백 50명 가까운 한국인 방송인이 붙잡혔다. 함상훈, 백관수 등 증인신문을 받은 사람 1백 50명까지 합치면 3백여 명이 이 사건과 관련되었다고 한다. 송진우, 김병로, 이인, 허헌 등도 단파방송 내용을 알고 있었다고 한다. 『송남헌 회고록: 김규식과 함께 한 길, 민족의 자주와 통일을 위하여』(서울: 한울, 2000)에 의하면 허헌의 사무실에 안재홍도 자주 드나들었다고 한다. 따라서 해방직후 건준에 참여했던 민세도 일제의 패전 분위기를 알고 대비했을 것으로 추정된다. 또한 손수 단파수신기를 제작했던 성기석은 1941년 봄 김규식 등이 출연하는 중경 임정방송도 청취했다고 한다. 유병은, 「일제말 <단파도청사건>의 전모」, 『신동아』 1988년 3월, 591쪽. 한편 국제관계의 변동에 따라 해방을 얻으려는 이러한 인식을 일제관헌은 "조선인이 본원적으로 가지고 있는 사대성의 발로"라고 파악한다. 近藤釰一(編), 『太平洋戰下終末期朝鮮の治政』, 東京: 朝鮮史料編纂會, 1961, 66頁.

15) 손세일, 「송진우」, 『한국근대인물백인선』, 서울: 동아일보사, 1970, 258쪽.
16) 고하선생전기편찬위원회(편), 『독립을 향한 집념: 고하송진우전기』, 서울: 동아일

본 외교성 사무관 장철수(張徹壽)가 1945년 5월 경 독일의 항복 전후로 고하를 찾아와 해외 사정에 대해 전해 주기도 했다.[17] 그리하여 일본이 몇 달 안지나 항복한다고 측근들에게 공언했다고 한다.[18]

당시 지도급 인사 중 일부가 일제의 패망을 예견했으나 확신을 가진 인사는 많지 않았다. 또한 대다수의 인사들은 해방이 된다고 하더라도 분할이 되리라고는 생각하지 못했다. 그러나 고하는 해방직전 일제가 망한다는 신념을 확실하게 견지했으며 해방직후 여러 인사들에게 연합국이 상륙전이므로 경거망동하지 말라고 정세 관망을 당부했다.[19] 이는 결과적으로는 합리적인 처사였다. "일본이 정식으로 항복한 후에 연합국과 논의하여 건국을 한다 해도 조금도 늦을 것이 없"다는 생각에서였다.[20] 고하는 몽양의 건준 동참 제의에 "몽양 자중하시오. 우리에게는 중경에 임시정부가 있고 미국에는 구미위원부가 있소."[21]라고 잘라 말할 수 있

보사, 1990, 419쪽; 김학준, 『고하송진우평전: 민족민주주의 언론인－정치가의 생애』, 서울: 동아일보사, 1990, 274쪽.

17) 김학준, 『고하송진우평전: 민족민주주의 언론인－정치가의 생애』, 서울: 동아일보사, 1990, 274~275쪽.

18) 林炳哲은 「人物素描: 宋鎭禹」, 『新天地』 제1권 1호(1946년 1월)에서 1945년 2~3월경에 "독립이 몇 달 안 남았다"는 예언을 들었었다고 전하였다. 손세일, 「송진우」, 『한국근대인물백인선』(서울: 동아일보사, 1970, 258쪽)에는 1945년 5월경의 공언이 나와 있다.

19) 심지연 교수는 고하의 이러한 신중한 대처가 결국 실수였다고 평가했다. 정국의 주도권을 몽양에게 빼앗겼다는 것이다. 심지연, 「고하 송진우의 활동과 정치이념」, 『해방정국 정치지도자들의 사상과 행동: 한국 정치 이념의 모색』, 한국정치학회 주최, 고하송진우선생기념사업회 후원 정치리더쉽 기획학술회의 발표논문집, 2000년 9월 2일, 2~3쪽. 그런데 결과적으로 몽양의 건준과 인공도 미군정에 의해 부인 당하므로 고하의 노선은 타당한 선택이었다고 할 수 있다.

20) 고하선생전기편찬위원회(편), 『독립을 향한 집념: 고하송진우전기』, 서울: 동아일보사, 1990, 446쪽.

21) 이는 다른 사람들에게 되풀이 되었다고 한다. 유병은, 「일제말 <단파도청사건>의 전모」, 『신동아』 1988년 3월, 588쪽.

었던 것이다. 이 와중에 고하는 1945년 8월 10일 총독부로부터 행정권 이양 교섭을 받았으나 이를 거부할 수 있었던 것이다. 행정권을 이양 받은 것은 심부름을 하는 것밖에 되지 않는다고 하여 일제의 치안유지 교섭을 받아들인 몽양의 경거망동을 타이르기까지 했다.[22] 이렇게 대처할 수 있었던 것은 전술한 바와 같이 단파방송 청취했던 그룹과 접촉해 국제정세를 꿰뚫고 있었기 때문이라고 할 수 있다.

보다 구체적으로 이 당시 상황을 기술하면 다음과 같다. 1945년 8월 초순 일본 전쟁 지도부는 태평양전쟁의 대세가 이미 기울었음을 감지했으므로 종전 후 조선 내에 있는 일본인들의 안정적인 귀환대책을 수립해야만 했다. 조선총독부는 8월 10일부터 15일 사이에 몽양 여운형·고하 송진우[23]·민세 안재홍 등과 치안유지교섭을 개별적으로 벌였다.[24] 고하는 총독부 측 접촉 실무자에게 거절의사를 전달해 고위당국자와 직접 담판을 하지 않았다.[25] 반면 실무자의 의사타진에 긍정적으로 반응했던 몽

---

22) 고하선생전기편찬위원회(편), 『독립을 향한 집념: 고하송진우전기』, 서울: 동아일보사, 1990, 439쪽.

23) 엔도는 여운형과는 교섭했지만 송진우에게는 그러지 않았다고 증언했다. 다만 친일단체였던 總力聯盟과 관련해 협력을 요청한 것에 대해 송진우는 거부했다고 한다. 『國際タイムス』, 1957年 8月 13日; 송남헌, 『한국현대정치사』 제1권, 서울: 성문각, 1980, 32~34쪽. 같은 맥락에서 이영근·김대상·이동화·진덕규 등은 각각의 저술에서 '송진우 교섭설'이 사실이 아닐 가능성이 높다고 주장한다. 李榮根, 「8·15解放前後のソウル」, 『統一朝鮮新聞』, 1970年 8月 15日; 김대상, 「8·15 직후의 정치현상: 건국준비위원회에 대한 재조명」, 『창작과 비평』 1977년 4월; 이동화, 「8·15를 전후한 여운형의 정치활동」, 송건호 (외), 『해방전후사의 인식』, 서울: 한길사, 1979; 진덕규, 「한국현대정치사를 어떻게 이해할 것인가」, 『언론과 비평』 1989년 8월.

24) 「朝鮮總督府 警務局長 西廣忠雄 證言」, 森田芳夫, 『朝鮮終戰の記錄: 米ソ兩軍の進駐と日本人の引揚』, 東京: 巖南堂書店, 1964, 67~69頁. 최하영의 증언에 의하면 엔도가 8월 10일부터 민족주의자 3명과 개별적으로 만나 의견을 들었다고 최하영에게 말했다고 한다. 최하영, 「정무총감, 한인과장 호출하다」, 『월간중앙』 1968년 8월, 127쪽.

양은 당시 총독부 실권자인 엔도류사쿠(遠藤柳作) 정무총감과 총감관저
에서 8월 15일 새벽 6시 반에 만났다.

　일제는 단순한 치안유지권을 이양하기 위한 협상으로서 출발했지만
몽양은 이를 건국을 위한 절호의 기회로 인식해 실질적인 '정권이양'으
로 발전시켜 나가려 했다. 고하는 일제로부터 승인 받은 '괴뢰'가 되지
않기 위해 거절했다지만 몽양은 물러가는 일제의 권위를 역이용해 '해방
정국'의 주도자가 되었다. 이러한 고하와 몽양의 대립된 현실인식에서
해방정국에 지속적으로 노정된 좌우익 분열의 단초를 발견할 수 있다.[26]
송진우가 여운형의 협조제의를 거부한 이유에 대해 서중석 교수는 비판
적으로 접근한다. 첫째 송진우계열에는 적극적이건 소극적이건 민족해방

---

25). 金學俊, 『古下宋鎭禹評傳』, 서울: 동아일보사, 1990, 283~300쪽.

26) 또한 몽양과 함께 건준에 참여했던 민세는 결국 박헌영이 심어놓은 좌파세력들에
　　둘러싸여 건준을 떠났으며 건준에서의 좌우연립은 파국을 고했다. 즉 건준의 2차
　　개편(1945년 8월 22일) 때 안재홍이 추천했던 우익인사가 참여를 거부하는 한편
　　박헌영의 조선공산당 재건파 계열이 조직을 정비해 건준에 적극적으로 침투하기
　　시작했다. 또한 미군 진주가 확정되자 건준내의 유일한 우파세력이었던 중도우파
　　의 안재홍 계열은 결정적으로 흔들리기 시작했다. 미군이 진주한다면 우익의 발언
　　권이 커질 것이고 우익은 기존조직에 참여하기보다는 임시정부를 봉대할 것으로
　　예견되던 상황이었다. 안재홍은 "건준은 독자로서의 정강을 가진 정당도 아니요,
　　… 혁명전사들의 지도적 집결체인 해외정권에 대립되는 존재도 아닌 것"이므로 건
　　준에 더 이상 머물러 있을 수 없다고 말했다. 安在鴻, 「朝鮮建國準備委員會와 余
　　의 處地」, 『民世安在鴻選集』 2, 서울: 知識産業社, 1983, 13쪽. 이 성명은 9월
　　10일에 발표한 것임. 안재홍 부위원장도 임정을 의식했던 것이다. 결국 안재홍 부
　　위원장과 반박헌영계인 조선공산당 장안파 정백 등이 탈퇴하고 대신 박헌영계열의
　　조선공산당 재건파 인사들이 강화되는 3차 조직개편이 9월 4일 단행되었다. 안재
　　홍이 맡았던 부위원장에는 허헌이 임명되었다. 안재홍은 9월 4일의 제1차 위원회
　　에서 개회사를 하기는 했으나 그의 사임건에 대해 논의했으며 결국 위원회는 건강
　　상 이유를 내건 안재홍의 사임을 반려하고 대신 허헌을 또 다른 부위원장으로 내
　　정하는 선에서 종결되었다. 『每日新報』, 1945년 9월 4일. 그러나 안재홍은 이 시
　　점부터 공식적으로 탈퇴했다고 할 수 있다. 이때부터 좌우연합체적 성격은 현저히
　　약화되었으며 박헌영의 영향력이 증대되는 형세를 보였다.

운동에 관계한 인물을 찾기가 어려웠고, 둘째 일제시기에 송진우계열은 자치운동-민족개량주의의 본산으로 지목되어 사회주의자들한테 혹독히 공격당해 감정적으로 좌파에 대해 부정적이었으며, 셋째 송진우는 미국과 중경임시정부의 위력을 과신해 미군이 상륙한 후 중경임시정부를 추대하면 다른 세력을 누를 수 있다고 판단했기 때문이라는 것이다.[27]

IV. 해방 직후 민족주의 사상과 쟁점

고하의 민족주의 사상 중 쟁점으로 부각될 수 있는 것 중 해방직후의 활동과 관련된 부분은 거의 연구되지 않았다. 따라서 이 연구에서는 이에 집중하여 논구하고자 한다.

1. 고하의 건국 방식: 국민대회준비회 소집

송진우는 "연합국이 들어와 일본이 완전히 물러나고 해외에 있던 선배들과 손을 잡은 후 절차를 밟아나가야 한다."[28]고 해방 당시 주장했다. 이는 일본 총독부로부터의 행정권 이양 교섭에 단호한 태도를 보인 해방

---

27) 서중석, 『한국현대민족운동연구』, 서울: 역사비평사, 1991. 한편 서호철 교수는 임정봉대의 명분과 미군정 지지의 현실론 사이에는 괴리가 있다고 평가한다. 「서호철 교수의 '古下 宋鎭禹(1890~1945)의 민족주의 정치사상 연구'에 대한 토론문」, 서울교육문화회관, 2007년 11월 23일. 임정 봉대는 비교적 자주적 입장인 데 비해 미군정에 대한 맹목적 지지는 외세에 영합하는 의존적 입장이라는 설명이다. 또한 서 교수는 해외독립운동 세력 중 임정만을 봉대한 것은 반사회주의적 입장이 아닌 가라고 평가한다.
28) 고하선생전기편찬위원회(편), 『독립을 향한 집념: 고하송진우전기』, 서울: 동아일보사, 1990, 447쪽.

직전의 노선과 연장선상에 있는 것이었다. 해방 당시 평양에 있던 고당 조만식은 평안남도 일본인 도지사로부터 행정권 이양 제의를 받고 고하 송진우에게 의견을 물었다. 이에 고하는 "개인의 자격으로 행정권을 받지 말고 민중대회를 열어 민중의 손으로 받아야 한다."고 말했다.[29] 고하가 해방전 일본의 행정권 이양을 거부하고 해방후 '국민대회를 준비'한 것과 일관된 태도였다. 고하는 민중이 승인하지 않는 지도자는 일종의 괴뢰나 다를 바 없다고 생각했다.[30] 연합국과 민중만이 정권을 줄 수 있으며 일본 정부나 한 개인이 정권을 주고받을 수 없다는 논리였다.[31] 연합국으로부터 이양 받아야 한다는 논리는 당시 국제정세의 규정성을 인식한 견해라고 평가할 수 있다.

결국 평소에 구상하고 있던 정권 인수 체제인 국민대회를 준비하기 위해 '국민대회준비회'(위원장 고하)를 발기한 고하는 몽양의 건국준비위원회와 대립[32]했으며 1945년 9월 7일 제1회 준비회를 소집했다. 이때 발표한 취지서에 의하면 "오늘날 일본의 정권이 퇴각되는 이 순간에 있어서 이에 대위될 우리의 정부 우리의 국가대표는 기미독립 이후로 구현된 대한임시정부가 최고요 또 유일이 존재일 것이"며 "파당과 색별을 초월하여서 이를 환영하고 이를 지지하고 이에 귀일함이 현하의 내외정세에 타당한 대의명분이니 구정의 잔재가 상존한 작금에 있어서 우리 전국민의 당면한 관심사는 우선 국민의 총의로써 우리 재중경 대한임시정부의

---

29) 고하선생전기편찬위원회(편), 『독립을 향한 집념: 고하송진우전기』, 서울: 동아일보사, 1990, 440쪽.
30) 고하선생전기편찬위원회(편), 『독립을 향한 집념: 고하송진우전기』, 서울: 동아일보사, 1990, 440쪽.
31) 고하선생전기편찬위원회(편), 『독립을 향한 집념: 고하송진우전기』, 서울: 동아일보사, 1990, 450쪽.
32) 고하선생전기편찬위원회(편), 『독립을 향한 집념: 고하송진우전기』, 서울: 동아일보사, 1990, 448쪽.

지지를 선서할 것. 국민의 총의로써 연합 각국에 사의를 표명할 것. 국민의 총의로써 민정수습의 방도를 강구할 것”이라는 것이다.[33] 국민대회에서 임정을 봉대해야 한다는 논리였다. 또한 고하는 해내－해외의 민족 총역량을 집결할 것을 주장했는데 이는 당시 아직 중경에 체재하고 있던 대한민국임시정부를 염두에 둔 생각이었다. 그는 3·1운동의 정신을 지지해야한다며 임시정부가 그 정신을 이어받아 법적인 정통성을 가진 정부라고 간주했다.[34] 따라서 고하는 좌익세력들이 미군 진주(9월 7일)전에 조선인민공화국과 같은 정부를 수립(9월 6일)한 것을 경거망동이라며 비판하면서 임시정부를 봉대해야 하며 임정의 환국을 기다려야 한다고 주장했다.

이렇게 고하는 정권 인수 체제를 변화하는 국제정세에 맞추어야 한다고 생각했는데 패전국 일본인이 아닌 승전국인 연합국에게서 인수받아야 하고 임시정부를 비롯한 해내외의 민족 총역량을 집결해야 한다고 생각했던 것이다.

그런데 이런 ‘국민대회’ 방식은 좌익의 인민대회 방식과 대비되며 또한 1945년 5월 안재홍이 일제 측에 제시한 민족대회 방식과도 비견될 수 있다. 안재홍이 민족의 총의를 모아야 한다고 주장했던 것은 1920년대부터 논의되어 오던 방식이었다. 몽양의 건준, 고하의 국민대회는 권력이양의 주체가 총독부나 연합국의 차이가 있을 뿐 공통되는 부분이 있다. 그런데 이러한 방식들이 모두 성공할 수 없었는데[35] 해방 후 진주한 미·소

---

33) 「국민대회준비회 취지서」, 1945년 9월 7일, 『한국현대명논설집』, 서울: 동아일보사, 1979.

34) 고하선생전기편찬위원회(편), 『독립을 향한 집념: 고하송진우전기』, 서울: 동아일보사, 1990, 452쪽.

35) 「서호철 교수의 ‘古下 宋鎭禹(1890~1945)의 민족주의 정치사상 연구’에 대한 토론문」, 서울교육문화회관, 2007년 11월 23일.

가 각각 자국에 유리한 정권을 수립하려 했기에 이러한 민족 내부의 요
구를 용인하지 않았던 것에 주요한 원인이 있다(물론 이를 하나의 안으
로 만들어서 싸워서 쟁취하지 못했던 민족 내부의 분열과 힘의 미비에도
책임이 있으나 외세의 [분단지향적] 압력보다는 그 책임의 비중이 상대
적으로 적다고 할 것이다). 또한 고하의 국민대회, 민세의 민족대회와 좌
익의 인민대회는 모두 당시 구성원들의 총의를 하나의 대회 형식으로 모
으려는 것으로 국민, 민족, 인민의 용어차이에서 알 수 있듯이 이데올로
기적으로는 차이를 보일 수 있는 방식이었다. 즉 당시 한국인들을 우익
은 국민으로, 중간[통합]적 입장에서는 민족으로 좌익은 인민이라고 불
렀던 것이다.

국민대회 방식은 민족의 총의를 모으고 분열을 극복할 수 있는 방식
이라고 고하는 생각했다. 국민대회를 통해 정부를 구성하려 했던 고하의
구상은 준비론의 산물이었으며 국제정세의 현실을 감안한 구상으로 후
일 평가되기도 한다. 지나간 역사에 가정을 하는 것이 부질없는 짓이기
는 하지만 "만약 이러한 국민대회가 열려 모든 역량이 집결되고 연합국
들의 승인을 얻을 수 있었다면 분단과 전쟁은 막을 수 있지 않았을까"는
가정을 할 수도 있는 대목이다. 이로서 고하는 해방전후에 아무런 구상
과 준비 없이 은인자중하지만은 않았음을 증명해 주었다.[36]

고하는 건준의 실패를 예견했는데 건준-인공이 연합국의 대표격인 미
국으로부터 부정되었으므로 국민대회 방식이 결과적으로는 합리적이고
이상적인 방법이라고 생각할 수 있는 여지도 있다. 그렇지만 국민대회가

---

36) 이러한 견해에 대해 서호철 교수는 단파방송을 접했던 김병로, 이인 등이 검거되는
   등 건국준비에 적극적이었음에 비해 고하만이 은인자중 했던 것은 건국 준비에 소
   극적인 것으로 평가되어야 한다고 주장했다. 「서호철 교수의 '古下 宋鎭禹
   (1890~1945)의 민족주의 정치사상 연구'에 대한 토론문」, 서울교육문화회관,
   2007년 11월 23일.

당시 민중들의 광범한 지지를 얻지는 못했고 정치적 계산을 했던 각 정
파들이 자파중심적 노선에 따라 각각 건국에 대처했으므로 국민대회 소
집론도 여러 안중의 하나로 귀결되고 말았다.[37]

2. 민족진영의 총 집결체를 지향한 한국민주당의 수석총무

이렇듯 좌익세력의 건국노선에 대해 비판적이었던 송진우는 민족진
영의 총 집결체로서 한국민주당(약칭 한민당)을 준비했으며(9월 9일) 9월
16일 그 결성을 주도하고 사실상의 당수인 수석총무에 취임했다.

건준이 미군 진주(9월 8일) 직전인 9월 6일 '조선인민공화국'(이하 인
공으로 약함)을 수립하자 고하는 9월 7일 국민대회준비회 취지문을 발표
하면서 "정체 정당의 시비론은 이후의 일이며 정강정책의 가부론도 이후
의 일이"[38]라고 주장했지만 바로 한민당을 준비하기 시작했다. 다음과
같은 창당대회 결의안을 공포했던 것이다.

결의안

一. 연합국 총사령관 맥아더 원수에게 감사의 타전을 할 것.
二. 조선이 북위 삼십팔도선(三十八度線)을 남북으로 미소 양군에게

---

37) 김학준 교수에 의하면 고하의 행정권 이양 거부 논리는 ① 일제로부터 이양 받으
면 일제의 괴뢰 또는 민족반역자로 낙인찍히게 되고, ② 연합국으로부터 이양 받
되 조선인의 '국민대회' 또는 '민중대회'를 통해 이양 받아야 정당한 것이 되며,
③ 이양 받는 주체는 해외의 독립투사 또는 대한민국 임시정부가 되어야 한다는
것으로 집약될 수 있다는 것이었다. 김학준, "해방정국에서의 고하 송진우의 사상
과 노선", 고하 송진우선생 50주기 추념식 추도강연, 동아일보사 충정로 사옥 18
층 강당, 1995년 12월 29일 오전 11시.
38) 「국민대회준비회 취지서」, 1945년 9월 7일, 『한국현대명논설집』, 서울: 동아일보
사, 1979.

분단 점령된 것은 불편불행한 일이니 속히 이것을 철폐하여 행
정적 통일을 기할 것.

맥아더에게만 감사를 표시한 것이 특이하며 일찍부터 38선 철폐를 요
구한 것도 특기할 만하다. 이어지는 선언에서 '일본제국주의의 철쇄(鐵
鎖)가 끊어지고 광복의 대업이 완성된 것은 33년간 혈한(血汗)의 투쟁과
세계사의 대전환 덕택'이라는 복합론적 인식을 전제하고 있다. 그러면서
대한임시정부를 중심으로 집결한 동지들을 고동(鼓動)한다면서 그들이
맹방 중·미·영·소 등 연합국에 끼여 빛나는 무훈(武勳)까지 세웠다고 평
가했다. 따라서 "중경의 대한임시정부는 광복벽두(光復劈頭)의 우리 정
부로서 맞이하려고 한다."고 선언했다. 이어지는 강령과 정책은 다음과
같았다.

강 령

一. 조선민족의 자주, 독립국가 완성을 기함.
二. 민주주의 정체 수립을 기함.
三. 근로대중의 복리증진을 기함.
四. 민족문화를 앙양(昻揚)하여 세계문화에 공헌함.
五. 국제헌장을 준수하여 세계평화의 확립을 기함.

정 책

一. 국민기본생활의 확보.
二. 호혜평등의 외교정책 수립.
三. 언론, 출판, 집회, 결사, 신앙의 자유.
四. 교육 및 보건의 기회균등.
五. 중공업주의의 경제정책 수립.
六. 중요산업의 국영 또는 관제(管制) 관리(管理).
七. 토지제도의 합리적 편성.
八. 국방군의 창설.39)

8월 15일 해방 당일부터 여운형은 고하에게 직접 건준 참여를 요청했지만 고하는 이를 거절하고 사태의 추이를 관망했다. 해방된 지 이틀째인 8월 17일에 재차 건준 참여를 요청한 몽양에게 고하는 "내가 보기에는 몽양은 공산주의자가 아니오. 그러나 자칫하면 그들에게 휘감기어 공산주의자도 못되면서 공산주의자 노릇을 하게 될 위험성이 없지 않소. 내 말을 들으시오." 하면서 역시 거절했다.[40] 이러한 고하의 몽양에 대한 예언이 박헌영 주도와 여운형의 피동적 참여로 만든 인공 수립으로 적중했다고나 할까?

그렇지만 흔히 평가되는 바와 같이 고하는 민족진영만의 배타적 지도자는 아니었다. 실제로 그는 사회주의도 포용하려 했다. 단지 원칙을 강조해 원칙 면에서는 양보하지 않으려는 비타협적인 태도를 보였으므로 배타적이라는 평가를 받는 것일 뿐이다. 고하는 원칙을 벗어나는 행동을 하지 않았기에 한민당 시절 호랑이라는 별명을 얻었다.[41] 그는 먼 앞을 내다보는 형안을 가졌으며 옳다고 생각되는 일이면 끝까지 관철하는 실천력을 가지고 과단성 있는 지도력을 가졌다고 평가되었다.

예를 들어 『선봉』 1946년 1월호 9쪽에 실린 "연두소감"에는 현단계를 사회민주주의혁명단계로 보았으며 토지는 소작권 설정에 의한 국유

---

39) 「한국민주당 창당대회」, 1945년 9월 16일, 고하선생전기편찬위원회(편), 『거인의 숨결: 고하송진우관계자료문집』, 서울: 동아일보사, 1990, 176~177쪽.

40) 이철순, 「고하 송진우의 현실주의 정치노선」, 고하 송진우선생 115주년 탄신추모식 추모강연, 서울 동작동 국립현충원 애국지사묘역, 2005년 5월 7일 오전 11시 30분. 이철순 교수는 이 글에서 "고하의 말대로 건준은 공산주의자들에게 포획되어 좌익 일색의 인공으로 변질되었고 그런 의미에서 여러 정치세력의 결집체로서의 성격을 상실하게 되었다. 결과적으로 건준에 참여하지 않고 신중하게 사태를 관망한 그의 태도는 현명한 것이었다. 여기에서도 우리는 예리한 정세분석가로서의 고하의 면모를 볼 수 있다."고 평가했다.

41) 고하선생전기편찬위원회(편), 『독립을 향한 집념: 고하송진우전기』, 서울: 동아일보사, 1990, 462쪽.

제로 해야 한다고 주장했다. 이는 당시 일본제국주의가 물러간 혁명적
상황을 반영하고 있는 것이라고 할 수 있다. 그런데 그의 진보적 이념이
암살로 뜻을 못 이루었다.[42] 초기 한민당은 공산당의 평가처럼 반동적
정당이 아니었다. 단지 공산당이 너무 급진적이었으며 이를 제어했던 고
하가 '우파만의 지도자'인 것처럼 몰렸던 측면이 있다고 할 수도 있다.
실제 그의 이념은 극우는 아니었으며 민족적 우파였다. 그는 원칙을 가
진 민주주의자였으나 배타적이지 않았다. 또 부질없는 가정을 한다면 만
약 고하가 살아있었다면 한민당이 그렇게 우경화하지 않았을 수도 있으
며 1948년 정부수립 과정에 참여한 세력의 정치적 스펙트럼의 폭이 넓었
을 가능성도 있었다.

그렇지만 고하는 일제시대 이래 사회주의와는 대립되는 이념을 가진
인물로 평가되는 것이 보다 일반적이다. 고하는 1920년대 좌우 유일당
운동이 형성되는 와중에 자치론을 개진했는데 이는 사회주의와는 대립
되는 노선이었다.

그렇지만 고하의 자치론은 후일 훼절한 최린의 그것이나 총독부의 자
치정책과는 다른 것이었다. 고하는 동아일보에 "국제농민본부의 조선농
민에게 보내는 메시지"를 게재한 혐의로 1926년 11월에 구금되었는데
이것은 그의 자치론이 총독부의 자치정책과 직접적으로 연결되어 있지
않고, 일정한 긴장관계를 형성하고 있었다는 상징적인 증거이다. 최린은
1926년 10월 일본으로 건너가 직접 일본 정계를 상대로 자치제 실시를
적극적으로 추진했는데 이것은 고하와는 다른 방식이었다. 그런데 1927
년 4월 헌정회 내각이 물러나고 육군대장 출신으로 정우회 총재에 있던

---

42) 심지연, 「고하 송진우의 활동과 정치이념」, 『해방정국 정치지도자들의 사상과 행
　　동: 한국 정치 이념의 모색』, 한국정치학회 주최, 고하송진우선생기념사업회 후원
　　정치리더쉽 기획학술회의 발표논문집, 2000년 9월 2일, 15쪽.

다나카가 총리대신으로 발탁되면서 다나카 내각이 성립된다. 다나카 내각은 종전의 대중국 유화정책을 비판하면서 강경한 대외정책을 주장하고, 그 결과 5월말에 제1차 중국 산둥출병이 이루어지게 된다. 또한 1927년 12월에는 유화적 식민정책을 취했던 사이토 총독이 경질되고 다나카의 측군인 야마나시 전 육군대신이 총독으로 부임해 오게 되었다. 이러한 정세변화를 지켜보면서 고하는 자치제 실시가 불투명해졌으며, 따라서 이에 대비한 합법적 정치조직 역시 불가능한 것으로 판단했다. 결국 신간회 내에 있는 민족주의 좌파들과 연합해야 하며, 신간회 내로 들어가는 필요하다고 인식했고, 실제로 1928년 1월 경성지회를 통해 신간회에 입회했다.[43] 1927년 2월 15일 결성 당시 사회주의자들과 함께 신간회를 주도했던 민족주의 좌파는 결성 전후 시기에는 민족주의 우파를 극력 배격하는 입장을 취하였다. 1927년 말경 신간회의 지방지회 수가 140여 개를 헤아리는 등 신간회의 회세(會勢)가 급신장하자 민족주의 좌파는 이에 크게 고무되어 자신감을 얻고, '민족적 역량을 총집중한다.'는 명분을 내걸고, 신간회에 미처 포섭되지 않은 민족주의 우파까지도 포섭할 것을 주장했기 때문에 민족주의 우파의 포용이 가능하였다. 자치론자이며 민족주의 우파였던 고하는 신간회에 참여하기는 했다. 그렇지만 송진우는 민족주의 좌파들과 연합했음에 비해 사회주의자들은 그를 자치론자로 간주하여 적극적으로 연합하려 하지 않았다. 결국 1929년 12월 13일 민중대회 사건으로 신간회 중앙집행위원장 허헌이 체포되고 민족주의 우파 김병로가 중앙집행위원장이 되면서[44] 신간회 조직을 장악한 민

---

43) 이철순, 「고하 송진우의 현실주의 정치노선」, 고하 송진우선생 115주년 탄신추모식 추모강연, 서울 동작동 국립현충원 애국지사묘역, 2005년 5월 7일 오전 11시 30분.

44) 그런데 1929년 말 민중대회사건이 일어났을 때 고하는 참여하기는 했다. 당시 신간회 중앙간부진은 광주학생운동의 진상을 폭로하고 이를 민중시위로 유도하기 위

족주의 좌파는 합법운동에 집중하자고 주장하여 자치운동을 포용하는 태도로 해석되는 등 우경화 경향을 보였다. 또한 사회주의자들은 사회주의자대로 독자노선을 걷게 되었다. 즉 사회주의자들은 1920년대 말 국제공산주의 운동의 노선 변화에 영향을 받아 민족협동전선노선을 포기하고 적색노조·농조운동노선으로 전환하여 조선공산당 재건에 관심을 기울이면서 1931년 민족유일당으로서의 신간회는 해소되었다. 민족주의와 사회주의자들의 분열이 해소의 요인이었다.

그런데 해방이후 '혁명기'에 모든 정파들이 사회주의를 수용하는 듯한 태도를 취할 수밖에 없었으므로 고하의 사상도 진보주의를 포용했다.

3. 한민당과 임정의 대립: 한민당의 민족진영 총집결체 정당 표명 좌절

좌우파 갈등뿐만 아니라 우파 내부의 갈등도 해방정국의 큰 문제였다. 우파 내부의 갈등 중에서 김구의 임정과 한민당과의 갈등이 중요한 축이었다. 따라서 임정봉대론자인 고하가 왜 임정[혹은 한독당]에 들어가지 않고 별도로 정당을 창당하여 김구의 임정과 다른 길을 가게 되었을까가 중요한 문제라고 아니할 수 있다. 이 대목에서는 임정의 배타성과 고하의 자파 중심적 생각이 우파 내부의 단결을 초래했다는 양비론을

한 민중대회를 12월 13일 개최하기로 했다. 신간회 중앙집행위원장 허헌(許憲)이 중심이 되어 천도교 구파의 권동진, 동아일보 사장 송진우, 조선일보 부사장 안재홍, 그외 조병옥·홍명희·이관용·한용운(韓龍雲)·주요한(朱耀翰) 등 11명이 12월 10일 회동하여 민중대회 개최를 결의하고 준비에 돌입하였던 것이다. 그러나 이러한 사실은 11일 경찰에 탐지되어 경기도 경찰부는 이 계획을 중지할 것을 경고하였고, 신간회 측에서 이를 무시하자 경찰측은 13일 오전 6시 일제 검거에 나서서 허헌 등 20여 명을 체포하였다.

전개할 수 있다. 이러한 우익의 분열은 후일 합당[정당통합] 공작과 노선 통일[합작] 회합을 추진하게 했지만 그 결실을 거두는 데는 실패했다.

무릇 노선이 분화될 때 분화의 주체와 그 상대방이 상호 상승 작용하여 대립이 일어나고 분화가 완성되므로 분화된 입장을 분열주의자라고 그 책임을 모두 지우기보다는 양 노선에 모두 책임이 있는지 점검해 볼 필요가 있다. 즉 한민당의 책임과 임정의 책임을 나누어 볼 수 있다. 임정간부들은 국내에 남아 있던 인사를 친일파로 간주하여 포용하려하지 않았으므로 한민당 인사들이 임정과 갈라섰던 측면이 있다. 따라서 임정과 반목한 한민당의 책임도 있지만 임정 간부들의 책임도 무시하지 못할 점이라고 생각한다.

1945년 11월 23일 대한민국 임시정부의 주석 김구와 부주석 김규식 등 제1진이 귀국했다. 임정봉대를 외쳤던 고하와 한민당은 임정 인사들을 떠받들고자 했다. 실제로 한민당 지도층(송진우, 김성수, 조병옥, 백관수, 김준연, 허정, 장택상)이 경교장에 인사하러 찾아갔을 때 영하 15~16도의 추운 날 대문 밖에서 네 시간을 기다리게 했다고 한다.[45] 또한 임정의 간부들은 아래와 같이 12월 중순 「국내 인사 숙청론」을 폈으며, 이것은 고하·한민당과 임정 사이에 간격을 가져오는 계기가 됐던 것이다.[46] 그 자체가 감옥이라고 할 수 있는 국내의 악조건 속에서 자신의 지조를 지키고자 노력했던 고하의 입장에서는 모독이라고 할 수 있었다. 그는 다른 독립운동의 거두들과는 달리 구미유학이나 중국 망명을 하지 않고 국내를 지켰다. 그 와중에 합법·비합법의 아슬아슬한 선에서 때로는 감

45) 이정식, 『대한민국의 기원: 해방 전후 한반도 국제정세와 민족 지도자 4인의 정치적 궤적』, 서울: 일조각, 2006, 137쪽.
46) 김학준, 「해방정국에서의 고하 송진우의 사상과 노선」, 고하 송진우선생 50주기 추념식 추도강연, 동아일보사 충정로 사옥 18층 강당, 1995년 12월 29일 오전 11시.

옥에 갇히기도 하고 혹은 협박과 회유를 받으면서도 굽힘이 없이 민족운동을 전개해왔다.[47]

1945년 12월 중순 서울 관수동 국일관(國一館)에서 베푼 귀국환영연에서 신익희(申翼熙), 지청천(池靑天), 조소앙(趙素昻) 등 임정요인들이 친일을 하지 않고 국내에서 어떻게 생명 부지해 왔겠느냐면서 친일인사 숙청론을 폈을 때 듣다 못한 송진우가 다음과 같이 울분을 터트렸다.

　　여보 海公(申翼熙: 인용자), 국내에 발붙일 곳도 없이 된 임정을 누가 오게 하였기에 그런 큰 소리가 나오는 거요. '인공'이 했을 것 같애? 해외에서 헛고생들 했군. 더구나 일반 국민에게 모두 떠받들도록 하는 것이 3·1운동 이후 임정의 법통 때문이지, 노형들을 위해서인 줄 알고 있나. 여봐요, 중국에서 궁할 때 뭣들 해 먹고서 살았는지 여기서는 모르고 있는 줄 알어? 국외에서는 배는 고팠을 테지만 마음의 고통을 적었을 거 아니야. 가만히 있기나 해. 하여간 환국했으면 모든 힘을 합해서 건국에 힘쓸 생각들이나 먼저 하도록 해요. 국내숙청문제 같은 것은 급할 것 없으니. 임정 내부에서 이러한 말들을 삼가도록 하는 것이 현명할 거요.

이렇게 정면으로 공박했다고 한다.[48] 이 와중에도 12월 19일자 동아일보에 실린 임시정부환영사에서는 임정을 중핵으로 하여 뭉칠 것을 아래와 같이 주문하기도 했다.

임시정부 환영사(臨時政府 歡迎辭)

오늘 대한민국(大韓民國) 임시정부(臨時政府) 제위(諸位)를 맞이하

---

47) 손세일, 「송진우」, 『한국근대인물백인선』, 서울: 동아일보사, 1970, 258쪽.
48) 고하선생전기편찬위원회(편), 『독립을 향한 집념: 고하송진우전기』, 서울: 동아일보사, 1990, 476~477쪽; 이정식, 「고하의 혜안」, 고하 송진우선생 113주년 탄신 추모식 추모강연, 서울 동작동 국립현충원 애국지사묘역, 2003년 5월 8일 오전 11시 30분.

여 환영회(歡迎會)를 개최(開催)하게 된 것은 우리 삼천만(三千萬) 민중(民衆)의 무한(無限)한 감격(感激)으로 여기는 바이며 또한 이 자리에서 환영(歡迎)의 사(辭)를 올리는 본인(本人)의 무쌍(無雙)한 광영(光榮)으로 생각하는 바입니다.

생각컨대 경술이래(庚戌以來) 왜적(倭敵)은 이 땅을 유린하고 이 백성(百姓)을 가학(苛虐)할지라 정부(政府) 제위(諸位)는 사선(死線)을 뚫고 원루(怨淚)를 머금은 채 해외(海外)로 망명(亡命)한지 삼십육개 성상(三十六個星霜), 우참풍중(雨慘風中)에도 일의초일념(一意初一念)을 굽히지 않고 오직 조국(祖國)의 광복(光復)을 위(爲)하여 의연(毅然)히 혈투용전(血鬪勇戰)하여 왔습니다. 특(特)히 천구백십구년(一九一九年) 민족자결(民族自決)의 시국(時局)에 따라서 삼천리(三千里) 방방곡곡(坊坊曲曲)에 충일(充溢)한 독립만세(獨立萬歲)소리에 호응(呼應)하여 이승만박사(李承晩博士)를 초대(初代) 대통령(大統領)으로 추대(推戴)한 대한민국(大韓民國) 임시정부(臨時政府)의 수립(樹立)은 세계(世界)에 우리 민족(民族)의 존립(存立)을 선양(宣揚)하였고 천구백삼십이년(一九三二年) 사월(四月) 이십팔일(二十八日) 상해사변(上海事變)이 종국(終局)을 고(告)할 즈음 김구주석(金九主席)의 용의주도(用意周到)한 지도하(指導下)에 의사(義士) 윤봉길선생(尹奉吉先生)의 거사(擧事)는 왜장(倭將) 백천(白川)을 위시(爲始)하여 문무(文武) 거두(巨頭)를 폭사(爆死) 혹(或)은 중상(重傷)케 함으로써 우리 민족(民族)의 성가(聲價)를 천하(天下)에 주지(周知)시켰습니다. 어찌 그것뿐이셨습니까. 용략(勇略) 무비(無比)한 의혈단(義血團)의 활동(活動)을 비롯하여 허다(許多)한 혁명적(革命的) 사실(事實)은 마디마디 민족투쟁(民族鬪爭)의 역사(歷史)이었습니다.

우리가 이러한 점(點)들을 상기(想起)할 때 김구주석(金九主席) 이승만박사(李承晩博士)를 위시(爲始)하여 정부(政府) 제위(諸位)의 우리에게 준 공헌(貢獻)이야말로 실(實)로 절대(絶大)하다 하지 않을 수 없는 것이며 오늘 삼천만(三千萬) 민중(民衆)이 정부(政府) 제위(諸位)를 맞아 환호(歡呼)하는 것은 결(決)코 우연(偶然)한 일이 아니라 생각합니다.

그러나 내외정세(內外情勢)를 환시(環視)하건대 우리나라는 팔월(八月) 해방(解放)된 이래(以來) 독립(獨立)이 약속(約束)된 채 강토(彊土)는 단절(斷絶)되고 사상(思想)은 분열(分裂)하여 용이(容易)히 통일(統一)되고 독립(獨立)될 기운(氣運)이 간취(看取)되지 않을 뿐더러 연합국(聯合國)의 분할(分割) 군정(軍政)은 국제적(國際的)으로 미묘(微妙)한 동향(動向)을 시(示)하여 완전(完全)한 자주독립(自主獨立)의 달성(達成)에는 아직도 전도(前途)가 요원한 감(感)이 없지 않으니 정부(政府) 제위(諸位)를 맞이하여 환영(歡迎)하는 이날에 있어서 이러한 보고(報告)를 하지 아니할 수 없는 우리는 진실(眞實)로 유감스럽게 생각합니다.

그러나 사태(事態)는 시급(時急)한 해결(解決)을 요(要)하나니 그 해결방법(解決方法)은 오직 한가지가 있다고 믿습니다. 천구백십구(一九一九)년 이래(以來) 우리 민족(民族)의 정치력(政治力)의 본류(本流)로서 신념(信念)해 왔던 임시정부(臨時政府)가 중핵(中核)이 되어서 모든 아류(亞流) 지파(支派)를 구심적(求心的)으로 응집(凝集)함으로써 국내통일(國內統一)에 절대(絶對)의 영도(領導)를 발휘(發揮)하는 동시에 우리의 자주독립(自主獨立)의 능력(能力)을 국외(國外)에 선시(宣示)하여 급속(急速)히 연합국(聯合國)의 승인(承認)을 요청(要請)하지 않으면 아니될 것입니다.

이에 우리는 정부(政府) 제위(諸位)의 정치적(政治的) 역량(力量)과 수완(手腕)에 기대(期待)하는 바 크다 하겠거니와 우리도 정부(政府) 제위(諸位)의 현명(賢明)한 지도(指導)에 협력(協力)함으로써 국민(國民)으로서 담부(擔負)하여야 할 실무(實務)에 절대(絶對)로 충실(忠實)할 것을 맹서(盟誓)하는 바입니다. 무사(蕪辭)로서 환영사(歡迎辭)에 대신합니다.

대한민국(大韓民國) 이십칠년(二十七年) 십이월(十二月) 십구일(十九日)

이렇듯 한민당이 겉으로는 임정봉대를 외쳤지만 임정으로부터 버림을 받고 결국 1946년 이후 임정으로부터 확연히 분화된 노선을 견지했으며 1948년에 실시될 총선 참여를 놓고 완전히 대립된 노선을 걸었다. 즉 김구 중심의 임정은 5·10선거에 참여하지 않았으며 이승만의 단정 노선을 지지했던 한민당은 이승만과 함께 이 선거 참여를 주도했다. 이렇듯 민족주의자 내부에서도 심각한 대립과 반목이 해방 직후부터 표출될 여지가 있었던 것이다. 송진우는 김구와 이승만 사이를 조정할 수 있는 거의 유일한 인물이었는데 그가 세상을 뜨게 되자 대립은 더욱 더 심화되었다고 할 수 있다. 그 와중에 다음과 같이 임정 세력의 감정적 반탁론에

제동을 건 송진우를 암살한 것은 임정 세력이라는 설이 돌게 되고 양측
의 반목은 결국 돌아오지 못할 강을 건넜던 것이다.

고하의 한민당은 민족진영의 총집결을 지향했으나 그의 생전에 임정
과 균열의 조짐을 보였으며 그의 사후에는 완전히 결렬하여 민족진영의
총집결은 하나의 이상으로만 남게 되었다. 한민당과 임정의 갈등은 단락
을 달리하여 설명할 고하의 암살과도 연관이 전혀 없다고 할 수는 없다.

4. 신중한 반탁론자를 암살하고 찬탁론자로 호도하다

1945년 12월 30일 새벽 6시 15분 고하는 원서동 자택에서 암살당했
다. 고하를 암살했던 세력들은 고하가 찬탁론자이기 때문에 암살했다고
사후적으로 합리화하려 했다.[49] 이는 반대파 암살을 사후적으로 호도하

---

49) 암살자는 한현우는 이전에 송진우 선생의 경호원을 역임했다고 한다. 그런데 나중
   에 장택상이 술자리에서 미군정 인사에게 "송진우 암살사건 배후에 김구가 있었
   다", "경교장에서 모인 날 싸워서 그렇게 됐다"고 얘기했다 한다. 마이클 로빈슨,
   『미국의 배반』, 정미옥 (역), 서울: 과학과 사상, 1988. 그런데 이 소문에 대해 강원
   용 목사는 다음과 같이 증언했다. "김구 선생과는 무관하다고 봅니다. 송진우 선생
   을 죽인 한현우가 법정에서 한 얘기가 있습니다. "왜 송진우 선생을 죽였냐."고
   물으니 "좌익에선 여운형, 우익에선 송진우가 나라를 망치려 해서 둘 다 죽이려고
   했다."고 했어요. 둘 다 죽일 생각이었는데, 먼저 여운형 선생을 죽이려고 따라다
   녔답니다. 그러다 종로3가 파고다공원 근처에서 여운형 선생이 걸어오는 걸 보고
   죽이려 했는데, 그가 멀리서 자신을 알아보고 "아, 현우군! 오랜만일세." 하고 다가
   와서는 어깨를 탁탁 두드리니 차마 못 죽이겠더라는 거예요. 한현우가 두 사람을
   다 죽이고자 했다면 김구 선생이 개입됐을 리는 없습니다. 김구 선생은 1947년 장
   덕수 선생 암살 배후로도 의심받아서 미군정이 그를 법정에 불러내 조사하려 한
   일이 있죠. 미국 사람들이 송진우 선생을 죽인 배후에 김구 선생이 있다고 봤다면
   거기에는 정치적인 음모가 있을 겁니다. 미군정은 김구 선생을 싫어했으니까. 그를
   테러리스트로 봤거든요." 강원용, 「강원용 목사의 체험 한국 현대사 (1): '찬탁론
   자' 의심받던 이승만, 세력구축 위해 돌연 반탁운동 나서」, 『신동아』 2003년 12

려는 사실과 다른 명분이었다. 왜냐하면 12월 30일 아침은 아직 찬탁이 전면에 등장하지 않았던 시점이었다. 찬탁-반탁 대립의 첨예한 양극 구도는 1946년 1월 2일 조선공산당의 모스크바결정지지노선 전환이후에 등장했다. 따라서 그의 성장을 두려워하는 세력들이 암살한 후 이를 합리화하기 위해 찬탁론자로 덮어씌운 것이라고 할 수 있다.

송진우는 동아일보 1945년 12월 29일자에 실린 "최후(最後)까지 투쟁(鬪爭)하자"라는 글을 통해 "국제신의(國際信義)를 무시(無視)하고 세계사적(世界史的) 발전(發展)을 조해(阻害)하는 조선(朝鮮)의 탁치운운(託治云云)은 단연(斷然)코 배격(排擊)치 않으면 안된다. 우리는 남녀노유(男女老幼)를 막론(莫論)하고 삼천만(三千萬)이 일인(一人)도 빠짐없이 일대(一大) 국민운동(國民運動)을 전개(展開)하여 반대(反對)하지 않으면 안될 것이다. 우리의 정당(正當)한 주장(主張)을 위(爲)하여 이 강토(彊土) 위에 있는 동지(同志)는 피한방울이 남지 않도록 결사적(決死的) 용투(勇鬪)로

월; 박태균, 『현대사를 베고 쓰러진 거인들』, 서울: 지성사, 1994; 도진순, 『한국민족주의와 남북관계』, 서울: 서울대학교 출판부, 1997. 그렇지만 연합국과의 협력을 중시한 고하는 연합국의, 특히 미군정의 정책과 정면충돌하는 길을 피하고 싶었으며 고하의 그러한 태도는 전면적 반탁을 부르짖는 임정의 불만의 초점이 됐다는 사실을 명백했으므로 송진우 암살의 배후에는 김구의 임정이 있다는 풍문이 도는 것은 당연했다. 김학준, 「해방정국에서의 고하 송진우의 사상과 노선」, 고하 송진우선생 50주기 추념식 추도강연, 동아일보사 충정로 사옥 18층 강당, 1995년 12월 29일 오전 11시. 실제로 김준연은 1947년 12월 2일 설산 장덕수가 암살당한 후인 29일 고하의 2주기에 즈음하여 다음과 같이 썼다. "古下先生! 놀라지 마십시오! 선생이 遇害하신 이틀 뒤에 나는 韓國民主黨 2층에서 모씨에게서 '이번 일은 임정 가까운 측에서 한 것인데 미구에 李博士도 해댈 작정이라고 한다'는 말을 들었삽나이다. 그러나 나는 期然, 期然, 豈其然乎 하고 모략인 줄 알았던 것이외다. 그후에 선생 가해범인 韓賢宇의 입에서 某某氏의 이름이 나왔다고 하였으나 역시 모략으로 알았던 것이외다. 그리 하였더니 금번 雪山 사건을 보니 선생사건에 대한 의심도 새로 난다고 하지 아니할 수 없습니다." 김준연, 「古下 宋鎭禹先生 2周忌를 맞이하야」, 『동아일보』 1947년 12월 29일.

서 우리가 당당(當當)히 가져야 할 민족주권(民族主權)을 찾아야 할 것이
다.”라고 주장했으므로 신탁통치에 찬성하지 않았다고 할 수 있다.[50] 이

---

50) 「最後까지 鬪爭하자」는 제목으로 『東亞日報』 1945년 12월 29일자에 실린 기사
전문은 다음과 같다. “國民大會準備會 委員長 宋鎭禹氏 談. 우리가 가진 半萬年
歷史와 지나온 半世紀동안 民族 解放을 위한 血鬪는 世界 政局에 대하여 朝鮮民
族을 完全 解放하여 自主獨立시키지 않으면 東洋의 眞正한 和平을 얻을 수 없다
는 것을 敎訓하였고 따라서 朝鮮民族은 他民族의 支配나 託治 又는 國際公管을
받을 民族이 아니라는 것도 天下가 周知하게 된 事實이다. 그러므로 카이로 포츠
담 國際會議에서도 朝鮮獨立을 宣言케 된 것이다. 如斯한 國際信義를 無視하고
世界史的 發展을 阻害하는 朝鮮의 託治云云은 斷然코 排擊치 않으면 안 된다.
우리는 男女老幼를 莫論하고 三千萬이 一人도 빠짐없이 一大 國民運動을 展開
하여 反對하지 않으면 안 될 것이다. 우리의 正當한 主張을 爲하여 이 疆土 위에
있는 同志는 피한방울이 남지 않도록 決死的 勇鬪로서 우리가 當當히 가져야 할
民族主權을 찾아야 할 것이다.” 그런데 이 기사는 하나의 공식 성명서이며 이 인
터뷰 후인 29일 밤 경교장 회합에서의 의견개진에서 드러난 바와 같이 속내는 다
를 수 있다고 할 수도 있다. 한편 「사설: 瓦全보다 玉碎를」, 『東亞日報』, 1945년
12월 29일에는 미·영·소 3국 중 어느 나라가 우리에게 탁치라는 ‘不共戴天할 치
명적 모욕을 던지려 하였느냐.’라고 물었다. 이는 ‘소련 탁치 주장, 미국 즉시 독립
주장’의 『東亞日報』 1945년 12월 27일자 등의 오보와 연결되는 사설이라고 할
수 있다. 12월 27일자 보도(반탁운동이 반소－반공운동으로 격화된 후 이를 보다
못한 소련이 모스크바3상회의 논의 과정을 1946년 1월 폭로하자 오보로 판명)는
다음과 같다. “(華盛頓[Washington] 25일발 合同至急報) 莫斯科[Moscow]에서
개최된 삼국외상회의를 계기로 조선문제가 표면화하지 않는가 하는 관측이 농후하
여 가고 있다. 즉 ‘반즈[Byrnes]’ 미국무장관은 출발당시에 소련의 신탁통치안에
반대하야 즉시 독립을 주장하도록 훈령을 바닷다고 하는데 3국간에 어떠한 협정이
잇섯는지 업섯는지 불명하나 미국의 태도는 ‘카이로’선언에 의하야 조선은 국민투
표로서 그 정부의 형태를 결정할 것을 약속한 점에 잇는데 소련은 남북양지역을
일괄한 일국신탁통치를 주장하야 38도선에 의한 분할이 계속되는 한 국민투표는
불가능하다고 하고 있다.” 『東亞日報』 1945년 12월 27일; 『新朝鮮報』 1945년
12월 27일; 『中央新聞』 1945년 12월 27일; 『朝鮮日報』 1945년 12월 27일; 『서
울신문』 1945년 12월 27일. 그런데 아래 그림에 나타난 3신문 중 동아일보만이
‘소련은 신탁통치주장’이라는 것을 헤드로 뽑는 등 가장 부각시켰다.

렸듯 그의 입장은 찬탁은 아니었지만 김구 등 임시정부 요인들의 배타적 반탁론과는 다른 면모를 보인 점도 있어 후일 암살자들이 찬탁이라고 호도할 수 있는 여지도 있었다.

임시정부가 미국과 정면적으로 반대하려 했을 때 국제정세를 의식했던 고하는 다소 다른 입장을 보였다. 임정의 '감정적 반탁'과 미군정의 '질서 교란자에 대한 가혹한 처벌'이라는 양극화된 대립구조 속에서 고하는 중재를 하려 했으며 국민운동을 통해 반탁을 부르짖되 과격한 반탁운동을 하여 미군정과 충돌하는 불상사는 피해야 한다고 주장했다.[51] 12월 29일 저녁 7시 한민당원 원세훈과의 전화 통화에서 고하는 임정과 의견이 달라졌냐는 원세훈의 질문에 "반탁이 문제가 아니라 군정과 충돌을 일으켜 놓고 임정이 뒷수습을 어떻게 하려는 것인지 나도 알 수가 없소."

51) 고하선생전기편찬위원회(편), 『독립을 향한 집념: 고하송진우전기』, 서울: 동아일보사, 1990, 483쪽.

라고 답했다.[52]

고하의 연합국에 대한 타협적 노선은 식민지 시대 이래의 실력양성론, 독립준비론, 세계대세에 대한 분석과 연장선상에 있었다. 미군 상륙 후 고하는 정치훈련 이른바 '훈정'이 필요하다고 역설하였고(그러면서도 훈정을 짧게 끝내자는 토를 달았다[53]) 이에 입각하여 군정에 적극 협력하기로 당론을 결정했으며[54] 미군정의 여당격이 되었던 것이다.

후일 탁치문제가 제기되자 암살을 지시한 세력들은 그의 훈정론을 찬탁이라고 매도하면서 이용했다. 그러나 고하는 탁치에 찬성한 적은 한번도 없었으며 단지 감정적 반탁운동에 대해 방법론상 이의를 제기했을 뿐이다. 그러나 신탁통치를 지지하는 매국적 연설을 했다고 후일 매도당했다.[55] 실제로 지지 연설을 한 적은 없으며 그럴 시간도 없었다. 요인들 간의 토론만이 있었을 뿐 그렇다고 훈정론을 공개적으로 역설한 적은 없었으며 반탁의 방법을 신중하게 하자고 주장했을 뿐이다. 1945년 12월 28일 저녁 경교장에서 열렸던 대책회의에 참석했던 청년 강원용 목사의 회고를 들어 보자.

　　항상 내 머리 속에 남아있는 것은, 바로 그 신탁통치반대를 위해서 경교장에 1945년 12월 29일 겁니다. 28일 저녁인가 29일 저녁에 모였을 적에 일입니다(28일로 추정됨: 인용자 첨가[56]). 뚱뚱한 사람이 앞에

---

52) 고하선생전기편찬위원회(편), 『독립을 향한 집념: 고하송진우전기』, 서울: 동아일보사, 1990, 485쪽.

53) 고하선생전기편찬위원회(편), 『독립을 향한 집념: 고하송진우전기』, 서울: 동아일보사, 1990, 477쪽.

54) 유진산, 『해뜨는 지평선』, 89쪽.

55) 최상룡, 『미군정과 한국민족주의』, 증보판, 서울: 나남, 1989, 202쪽.

56) 고하선생전기편찬위원회(편), 『독립을 향한 집념: 고하송진우전기』, 서울: 동아일보사, 1990, 482~485쪽에 따르면 고하는 12월 28일 저녁부터 다음 날 새벽 4시까지 김준연을 대동하고 경교장 비상대책회의에 참석해 초강경론을 주장하는 임정

앉아 있는데 우리는 그때 한국민주당이라면 별로 좋은 인상을 갖고 있
지 않았는데 송진우씨, 장덕수도 그때 나왔고 다 나왔는데, 이렇게 하고
앉아서 말을 안 해요. 말을 안 하는데 김구 선생은 이제 내가 나서서 내
일부터는 짚신을 신고 나서겠다고 그러고 말이지. 김규식 박사는 내 하
지란 놈을 오늘 가 만나서 저 미국놈들 내쫓아야 한다고 소리소리 지르
고 모두 흥분을 해가지고 그러는데, 송진우씨는 한마디도 안 해요. 그러
고 그냥 앉아 있어요.

　그러니까 지금도 내가 그 사람을 참 정치가였다고 생각하는 것이 이
승만 박사 같은 형도 아니고, 그건 참 멋있는 정치가였다고 생각하는 것
은, 첫째로는 그 양반의 판단이 과연 지도자다운 판단이었다. 우리 같이
한 20대의 청년들이야 멋도 모르고 떠들지만, 그것은 참 지도자로서 으
레 한번 해야 될 판단이었다고 생각해요. 그 뭐 김구나 김규식이나 그
양반들은 화가 나지 않았어요? 그거야 뭐 청년들도 다 할 수 있는데, 지
도자라고 하는 사람은 그래도 그 합리성을 가지고 좀 냉정한 이성을 가
져야 하는 건데, 그 양반 하나가 그런 얘기라도 할 수 있었다 하는 그
점에서 내가 이제 높이 평가를 하고.

　둘째로는 그 분위기에서는 그 말은 못하는 겁니다. 그건 정말 용기
가 필요합니다. 거기서 그 뭐 전부 자기 손자들 같고 아들 같은 자들,
그 사람 눈으로 볼 적에야 다 후배라도 몇 배 후배인데 거기서 형편없
는 공격을 받았어요. 모두들 일어나서 보라고 말이야. 저러니까 저렇게
한 게 아니냐고, 막 들입다 야단치고 모두 그런데, 그 분위기 속에서 그
말을 했다는 것. 그래서 그 이틀 만에 12월 31일(30일의 기억착오; 인용
자 첨가)에 암살당하지 않았어요? 그런데 그때는 그 양반이 죽었다고
해도 별로 애석한 생각이 없었어요. 그 한국민주당 뭐하고 했는데, 세월
이 흘러가면서 늘 생각에 떠오르는 게 그 사람이라.

측에 맞서 신중론을 개진했으며 29일 낮에 다시 논의하기로 하고 헤어졌다고 한
다. 29일 낮 동아일보 사장실에서 열린 한민당 간부회의에서 고하는 탁치반대와
중경 임정 중심의 단결을 역설했다고 한다. 오후에 원세훈, 김준연, 서상일을 대동
하고 경교장 임정회의에 참석했으며 이 자리에서는 신탁통치반대 국민총동원위원
회 결성이 결의되었고 의견 대립은 없었다. 이날 저녁 전에 일찍 헤어졌다고 한다.
다른 자료들도 이 전기에 의존하고 있다. 김학준, 『고하송진우평전: 민족민주주의
언론인－정치가의 생애』, 서울: 동아일보사, 1990, 350~351쪽; 고하선생전기편
찬위원회(편), 『거인의 숨결: 고하송진우관계자료문집』, 서울: 동아일보사, 1990,
331~332쪽.

그런데 내가 보건대 그 사람이 이박사가 가지고 있는 그런 나쁜 의미에서의 tactic이 있는 사람이었으면 그 장소에서는 그 발언을 안 했으리라 생각해요. 그런 점에서 역시 하나의 어떤 정치적인 양심을 가진 사람이 아니었는가, 그래서 그 정치적인 양심과 동시에 양식(良識)을 함께 가진 사람이라면 그 시절에 흘러 지나간 사람 가운데서는 그 사람이었다.

그런데 사실에 있어 송진우라고 하는 사람에 대해서는 Background도 모르고 다른 것도 모르고 그랬지만, 내게 지금 세월이 흘러갈수록 가장 강한 인상을 남겨준 사람은 그 사람이고… 모두들 소리소리 지르고 이제 그러고 난장판이 벌어지는데, 모두 그저 흥분을 해 가지고 서로 욕설을 하고 이렇게 야단을 치는데 이 양반이 가만히 앉았다가 일어서서, 이제 정중하게 그 얘기를 하는데 그 얘기가 지금도 나는 머리에서 떠나지 않아요.

일어나서 얘기를 하는데 우리가 국가에 대한 일을 이렇게 감정으로 해결해서는 안 된다. 그 참 민족의 대계(大計)가 아니냐. 그런데 우선 여기서 모스크바 삼상회의(三相會議)의 결의문 원문을 읽은 분이 있느냐. 그래 적어도 민족의 영수들이 모여서, 철시를 하는 것도 좋고 무슨 미 군정청을 배척하고 협조를 안 한다고, 사보타주하기로 전부 그랬거든. 그런데 다 좋으나 그래 적어도 청년들이라면 몰라도, 민족의 영도자(領導者)들이 그 원문내용을 지금도 모르고 있지 않느냐.

그리고 그 둘째로 만일에 지금 듣는 대로 최고로 정말 5개년간의, 제일 길어야 5개년간의, 신탁통치를 한다 하면 뭐 그게 그리 나쁘냐? 민주주의라 하는 것도 훈련기간이 있는 거다 말이야. 그런데 그렇게 하루나 이틀에 우리 되어지는 게 아니고, 우리가 우리 손으로 쟁취를 한 독립이 아니고, 연합국에 의해서 주어진 해방이기 때문에 우리도 우리 나름대로의 준비가 필요하다고 생각한다. 그러면 나는 지금 첫째로는 그 결정의 원문을 보지 않고서는 결정을 내리기가 어렵고, 또 그 원문을 봐서 지금 듣는 것하고 같은 얘기라면 구태여 우리가 그렇게 목숨을 걸고 반대할 게 뭐 있겠느냐. 그런 의미로 얘기를 했어요.57)

---

57) 이정식, 「고하의 혜안」, 고하 송진우선생 113주년 탄신추모식 추모강연, 서울 동작동 국립현충원 애국지사묘역, 2003년 5월 8일 오전 11시 30분. 강조는 이정식 교수의 것.

밑줄 그은 부분에 주목하면 고하는 모스크바결정 원문을 보고 진지하게 고민한 후 결정하자는 신중론을 견지했으며 5년간의 훈정은 받아들일 만하다는 인식을 가지고 있었다. 그런데 당시 분위기는 '독립 아니면 죽음'을 달라는 식의 감정적 반탁이 주류를 이루었다. 따라서 현실적 상황 인식 아래[58] 보다 현실적 반탁운동방법을 모색하고자 했던[59] 고하의 노선이 감정적 민족주의자들의 눈에는 용인될 수 없었던 측면이 있었다.

한편 강원용, 「고하 송진우의 독특한 시각」, 『역사의 언덕에서』, 1: 엑소더스(서울: 한길사, 2003), 234~235쪽에는 고하가 다음과 같이 말하자 임정과 격론이 벌어졌다고 전한다.

여러분이 그런 생각이 모두 애국심에서 나온 것이란 걸 나도 알고 있지만 나라를 이끄는 지도자들로서 우리가 경박해서는 안 되겠지요. 여기 누구라도 모스크바 3상회의에서 결정된 의정서의 원본을 제대로 읽어본 분이 있습니까? 내가 알고 있기로는 그 내용이 미소공동위원회를 설치한 후 한국의 정당-사회단체들과 협의해서 남북을 통일한 임시정부를 세우고 5년 이내의 신탁통치를 하는 것으로 되어 있는데, 내가 알고 있는 게 정확하다면 길어야 5년이면 통일된 우리의 독립정부를 세울 수 있는 것을 그렇게 극단적인 방법으로 반대할 이유는 없지 않겠습니까? 어차피 우리가 우리 힘으로 정부를 세운다고 해도 현재 이렇게 분할 통치되고 있는 상황이고 강대국 간에 전후 문제가 아직 해결되지 않은 상태에서 우리가 그들의 합의 없이 마음대로 할 수 있는 게 아니지 않습니까. 신탁통치가 길어야 5년이라고 하니 3년이 될 수도 있는 것인데 그렇게 거국적으로 반대할 이유가 뭐 있습니까. 물론 나도 신탁통치는 반대합니다. 그러나 반대 방법은 다시 한 번 여유를 가지고 냉정히 생각해 봅시다.

---

58) 최상룡, 『미군정과 한국민족주의』, 증보판, 서울: 나남, 1989, 202쪽.

59) 심지연, 「고하 송진우의 활동과 정치이념」, 『해방정국 정치지도자들의 사상과 행동: 한국 정치 이념의 모색』, 한국정치학회 주최, 고하송진우선생기념사업회 후원 정치리더쉽 기획학술회의 발표논문집, 2000년 9월 2일, 12쪽.

그런데 모스크바결정문(29일 하지에게 도착되어 30일에 신문 보도)을 읽어보지 않았던 28일의 고하가 과연 미소공동위원회를 설치 → 한국의 정당·사회단체들과 협의 → 남북을 통일한 임시정부를 수립 → 5년 이내의 신탁통치의 도식을 조리 있게 얘기했을 가능성은 거의 없으므로 이는 후일 기억에 의존한 첨가라고 볼 수 있다. 따라서 이정식 교수의 인터뷰 기록이 더 사실에 바탕한 것으로 추정된다.

또한 박태균 교수가 인터뷰한 "[강원용 목사의 체험 한국 현대사①]: '찬탁론자' 의심받던 이승만, 세력구축 위해 돌연 반탁운동 나서," 신동아 (2003년 12월)에는 다음과 같이 나온다.

> 저는 송진우 선생이 당시 정치가로서는 가장 머리를 잘 썼다고 생각합니다. 그날 밤 그는 "3상회의 결의문도 읽지 않고 방송만 듣고 떠들어선 안 된다."며 "길어야 5년 이내에 끝나는 신탁통치를 하고 결국엔 한국의 정당, 사회단체들과 의논해 민주적인 통일정부를 세운다고 하는데, 이대로라면 우리가 5년을 왜 못 견딘다는 말이냐."고 했습니다. 그는 "미국과 소련이 끼어들지 않고 우리끼리 정부를 세우라고 하면 과연 우리가 5년 안에 통일정부를 세울 자신이 있느냐도 생각해봐야 한다."고 했는데, 그때만 해도 저는 '저 사람이 무슨 저 따위 소리를 하고 있냐.'며 분통을 터뜨렸습니다.

이 회고담은 이정식의 인용과 한길사 간행 회고록을 혼합한 분위기이다. 그런데 탁치안 보도 과정을 아래와 같이 보다 상세하게 검토해 보면 1945년 12월 28에는 방송에만 나왔으며 탁치안이 결정되었다는 사실에 관한 신문 보도는 29일에서야 가능했다는 것을 알 수 있다.

(모스크바 27일 AP합동)
27일로써 종결을 본 3국 외상회의에서 다음의 결정을 보았다고 관측되고 있다. … 1. 조선에 미·소·영·중의 4개국의 신탁통치위원회가 설치된다. 동위원회에는 5년 후에는 조선이 독립할 수 있다는 관측하에 5년이라는 연한을 부(附)한다. 미·소 양국은 남북조선행정의 통일을 도모하기 위하여 양지구 군정당국의 회의를 개최한다.[60]

(워싱턴 28일발 AP합동)
모스크바 3국 외상회담 협정문이 28일 3국 수도에서 동시에 발표되었다. 그 요점은 다음과 같다. … 6. 조선에 주재한 미·소 양국 군사령관은 2주간 이내에 회담을 개최 양국의 공동위원회를 설치, 조선민주주의 임시정부설립을 원조한다. 또 미·영·소·화(華) 4국에 의한 신탁통치제를 실시하는 동시에 조선임시정부를 설립케 하여 조선의 장래의 독립에 의할 터인 바 신탁통치기간은 최고 5개년으로 한다. 미·소·영 공동위원회는 임시정부와 조선 각종 민주적 단체와 협력하여 동국(同國)의 정치적 경제적 발달을 촉진하고 독립에 기여하는 수단을 강구한다. 이 신탁통치제에 관한 외상이사회의 제안을 검토하기 위하여 미·소·영·화 각국 정부에 회부된다. …[61]

이상 두 가지 보도는 조선에 신탁통치를 실시한다는 사실만을 부각시켜 다루었고, 신탁은 독립에 대립되는 개념으로서 독립이 5년이나 유보되는 것이라고 논평하였기 때문에 조선의 독립을 위한 방책으로서 신탁이 입안되었다는 모스크바결정서 원래의 논리를 찾아보기 힘들다. 한편 비교적 객관적이라고 할 수 있는 보도도 있다.

(워싱턴 28일 UP발 조선)
작야(昨夜) 3국 외상회담에 관한 보도에 의하면 조선임시정부를 수립하여 조선내의 산업·교통·농업문화의 발전에 대한 필요한 대책을 강구케 할 것을 결정하였다고 한다. 그 내용은 다음과 같다.
1. 조선임시정부의 수립을 원조하고 그에 적당한 준비공작을 하기위하

---

60) 『신조선보』 1945년 12월 29일; 『동아일보』 1945년 12월 29일; 『대동신문』 1945년 12월 29일. 세 신문 모두 1면 머리기사임. 이 보도는 미소공동위원회를 '4개국의 신탁통치위원회'로 표기하는 등 부정확하다.
61) 『중앙신문』 1945년 12월 29일; 『신조선보』 1945년 12월 29일; 『동아일보』 1945년 12월 29일; 『서울신문』 1945년 12월 29일. 중앙신문은 머리기사로, 신조선보는 1면 하단에, 동아일보는 2면에 실었다.

여 남부조선의 미군사령관 대표와 북부조선의 소군사령관 대표로서 공동위원회를 설치할 것이다.

2. 모든 제안을 작성하는 데 있어서는 동위원회는 조선의 민주주의적 각 정당과 사회단체와 협의할 것이다. 동위원회의 결정은 미·소 양 국 정부의 최후 결정에 앞서 소·미·영·중 정부에 제출하여 검토를 받을 것이다.

3. 또한 공동위원회는 조선임시정부의 조선내의 민주주의정당의 참가 하에 신탁통치원조방침을 강구(講究)하고 조선 민중의 정치적 경제 적 사회적 발전을 도모하고 민주주의적 자치정권의 발전과 조선의 국가적 독립을 조성할 것이다. 공동위원회의 제안은 조선임시정부 와 협의하여 미·소·영·중 정부에 제출하여 최고 5개년간의 4개국의 조선 신탁통치에 관한 최후 결정을 짓는 데 자(資)할 것이다.

4. 조선주둔군사령관 대표는 앞으로 2주간 이내에 회합하여 남북조선 공통의 긴급한 문제와 행정경제 방면의 항구적 조절방침을 강구할 것이다.62)

(합동통신 별보[別報])
28일 하오 4시 30분, 멜보른 방송은 다음과 같이 방송하였다. … 2. 조선에 민주주의정부수립의 제일보로서 미·소 양국 간에 위원회를 설립할 것. …63)

위의 두 가지 보도는 신탁이 조선임시정부수립과 연결되는 조치라는 점이 강조되어 있다. 특히 뒤에서 두 번째 UP발 보도는 앞의 두 AP발 보도보다 상당히 객관적인데, 모스크바결정서 본문의 2항이 보도의 1과 2 부분에, 본문의 3항과 4항이 각각 보도의 3, 4 부분에 전재되어 결정서 의 거의 전부가 수록되어 있고, 본문 1항의 일부가 보도의 도입부분에 전재되어 있다. 하지만 1항의 모두(冒頭)인 '독립의 보장' 부분이 생략되 어 있다. 그런데 이렇게 비교적 객관성을 유지한 보도들은 1면 머리기사

62)『신조선보』1945년 12월 29일;『대동신문』1945년 12월 29일;『동아일보』1945 년 12월 29일. 그러나 세 신문 모두 1면 중단에 실었다.

63)『동아일보』1945년 12월 29일. 1면 하단.

로 보도되지 못하고, 탁치실시로 인하여 독립은 5년 후에나 가능하다는 식의 보도가 거의 모든 신문의 머리기사로 보도되었다. 여기에서 역시 언론의 전반적 인식이 탁치를 독립에 대립되는 개념으로 인식하고 있음을 알 수 있다. 29일 보도를 28일 밤 고하가 미리 접했을 가능성은 거의 없다.

참고로 모스크바결정 중 한국문제에 관한 전문(全文)은 다음과 같다.

코리아

1. 코리아를 독립국가로 재건하고 또한 민주적 원칙에 바탕을 둔 발전을 이룩할 수 있는 여건의 창출을 위하여, 그리고 장기간의 일본 지배로 인한 참담한 결과를 가능한 빨리 제거하기 위하여, 코리아의 산업과 운수 및 농업 그리고 코리아인의 민족문화 발전에 필요한 모든 조치를 취할 임시적인 코리아 민주정부를 수립할 것이다.

2. 임시적인 코리아정부의 구성을 돕기 위하여 그리고 적절한 방책을 미리 만들기 위하여, 남부 코리아의 미군사령부와 북부 코리아의 소련군사령부의 대표들로써 구성되는 공동위원회를 설립할 것이다. 공동위원회는 그 제안들을 준비함에 있어서 코리아의 민주적 정당·사회단체들과 협의할 것이다. 공동위원회가 작성한 건의서는 공동위원회에 대표권을 가진 양국정부가 최종 결정을 내리기에 앞서 소·중·영·미 정부들의 심의를 위하여 제출되어야 한다.

3. 임시적인 코리아 민주정부와 코리아의 민주적 단체들의 차명 아래, 코리아인의 정치·경제·사회적 진보와 민주적인 자치정부의 발전 및 코리아의 민족적 독립의 달성을 위하여 협력·원조(신탁통치)할 수 있는 방책을 작성하는 것이 공동위원회의 임무이다.

   공동위원회의 제안은 코리아 임시정부와의 협의를 거친 후에, 최고 5개년에 걸치는 코리아의 4개국 신탁에 관한 협정의 체결을 위한 미·소·영·중의 공동심의에 회부될 것이다.

4. 남부 및 북부 코리아에 모두 영향을 미칠 긴급한 문제들을 심의하기 위해, 그리고 행정·경제적 문제들에 있어서의 남북 양사령부 간의 영구적인 협력을 가능케 할 방책을 마련하기 위해, 코리아에 있는 미국사령부와 소련사령부의 대표로 구성된 회의를 2주일내로 소집할 것이다.[64]

이 전문을 꼼꼼히 분석한다면 고하의 전문을 검토하지 않은 상태에서의 발언이 대단한 혜안(이거나 아니면 이정식 교수의 인용과 같이 아니면 단순히 미국에 대해 의식한 현실론)임을 알 수 있을 정도로 이 문건은 '한국 독립을 위한 임시정부 수립을 통한 최고 5개년의 탁치실시안'이었던 것이다.

고하는 식민지시대부터 암살당할 때까지 정치적 훈련(교육)을 강조하는 준비론자(훈정론자)로 일관했다. 그는 5년간의 신탁통치가 훈정의 기회를 제공할 수도 있다고 생각했으며 연합국의 합의를 반대한다고 무산시킬 수 없다고 판단해 미군정에 대한 정면적 반대를 다시 한번 생각해 보자고 말했던 것이다. 이정식 교수의 주장에 따르면 송진우도 원래 신탁을 반대했지만 하지 사령관의 끈질긴 설명과 설득으로 제한된 기간 내의 신탁을 받아들이는 방향으로 기울었다는 것이다.[65] 당시 임정은 반탁을 부르짖는 대중에 영합하여 감정적 명분론과 민족주의에 집착했으며 급기야는 미군정을 정면으로 부인하고자 했다. 고하는 이러한 임시정부의 반탁론에 반대했던 것이다. 고하는 "미국은 여론의 나라이니만큼 국민운동 등 민주적 방법으로 의사를 표시하면 족히 신탁통치안이 취소될 수 있고, 한국독립을 열렬히 지지하는 중국이 있음"을 상기시켰다. "만일에 군정을 부인하고 임정이름으로 독립을 선포하면 반드시 큰 혼란이 일어날 뿐더러, 결국은 공산당이 어부지리를 취할 우려가 있다"고 임정 측과 언쟁을 벌이면서 반탁의 방법론을 달리 했다는 것이다.[66] 계몽주의자

---

64) FRUS, vol. II, 1945, pp.820~821에 의존해 본 연구자가 번역.

65) 이정식, 『대한민국의 기원: 해방 전후 한반도 국제정세와 민족 지도자 4인의 정치적 궤적』, 서울: 일조각, 2006, 142쪽.

66) 고하선생전기편찬위원회(편), 『독립을 향한 집념: 고하송진우전기』, 서울: 동아일보사, 1990, 482~483쪽. 그런데 과연 고하가 임정 주도의 반탁운동 방법론을 비판하면서 공산당을 의식했는지는 의문의 여지가 있다. 한편 이철순 교수는 고하가 모스크바3상 결정 이전부터 미국 국무부 주도의 한국에 대한 다자간 신탁통치 구

로서의 면모와 국제정세를 중시하는 입장이 결합된 일견 합리적으로 보
일 수 있는 방식이었으나 절대독립론자들의 감정적 입장과는 타협하기
어려웠다.

V. 맺는말

오늘의 시점에서 그의 실력배양론과 자치론, 준비론은 토론의 여지가
있는 주장이었으나 즉시독립을 원했던 당시의 이상적 국민감정과는 어
울리지 않는 현실[타협]적 주장이었다고 할 수 있다.

고하 암살 후 김구의 임시정부는 미군정에 정면으로 대립했으므로 미
군정은 이를 쿠데타 기도라고 간주했다. 또한 조선공산당이 중심이 된
좌익들은 1946년 1월 2일 모스크바결정 지지노선으로 전환한 후 고착화
된 찬-반탁의 양극화된 대립구도 속에서 고하의 신중한 입장은 더욱 더
설 땅을 잃었다.

그러나 1946년 봄 이후 미소공동위원회(공위로 약칭)가 개최되면서

상을 알고 있었고, 또한 미군정과 맥아더사령부가 이 정책에 반대하고 있다는 것도
알고 있었다고 평가하면서 다음과 같은 논리를 전개한다. "그리하여 막상 모스크
바3상 결정이 전해졌을 때 그는 미군정을 적으로 돌리기보다는 미군정과 연합하여
국제적 여론의 환기를 통해 미국의 정책을 바꾸어야 한다는 생각을 가졌던 것이다.
고하는 현실적인 권력이었던 미군정과 충돌하지 않고 모스크바 협정의 긍정적인
면을 살리면서 우리민족의 아킬레스건인 탁치 문제를 합리적으로 해결하려고 했던
것이다." 이철순, 「고하 송진우의 현실주의 정치노선」, 고하 송진우선생 115주년
탄신추모식 추모강연, 서울 동작동 국립현충원 애국지사묘역, 2005년 5월 7일 오
전 11시 30분. 그런데 과연 고하가 신탁통치 보도 이전부터 이를 잘 알고 있었는
지는 의문의 여지가 있다. 전술한 강원용 목사의 회고에 의하면 고하는 당시까지
보도되지 않았던 모스크바결정 원문을 당연히 보지 못한 상태에서 이를 정확하게
살펴본 후에 대응하자는 신중론을 견지했던 것이다.

공위 참여를 둘러싸고 반탁의 분위기는 다소 진정되면서 한민당과 이승만의 신중한 반탁론이 다시 고개를 들었다.

1948년 미국이 신탁통치 기한 없는 독립을 추진하여 탁치는 무산되었으므로 결과적으로는 반탁운동이 승리했다고 할 수도 있으나 종국적으로는 탁치문제를 포함한 모든 정치적 문제를 경직되지 않고 융통성 있게 바라봤던 한민당과 이승만 노선이 승리하게 되었다.

따라서 고하의 국제정세를 고려한 합리적인 입장은 현실적 대안이 되었고 김구의 감성론은 이상론으로 남았다. 미국을 의식한 현실주의와 분단을 극복하려는 이상주의는 대한민국 건국 과정인 1948년 4월에 5·10 선거 참여론과 남북협상론으로 대립했으며 현재까지도 현대사해석의 논쟁 꺼리를 제공하고 있다.

해방전후 고하는 나름대로의 현실인식에 따라 건국준비에 주체적으로 나서기 보다는 연합국이 주도하는 질서에 순응하려 했다. 그 결과 고하는 임시정부를 받들고 미군정과 협력하려 했으나 임시정부가 배타적 노선을 견지하면서 배제되려는 와중에 신탁통치 문제가 제기되어 김구와 반탁운동의 방법을 달리하다가 암살당해 찬탁론자로 매도되었다. 고하는 사회주의인 좌파에 대비되는 우파인 민족주의 지도자였다. 그런데 민족주의 내부에서 다소 타협적 노선을 견지해 비타협적인 민족주의 좌파와는 대비되는 민족주의 우파를 대변했던 고하의 정치노선은 해방전에는 교육을 강조한 계몽주의적 준비론자로 그리고 해방후에는 연합국의 정치적 훈련을 감수하고자 했던 훈정론자로 집약될 수 있으며 준비론과 훈정론은 비교적 일관성이 있는 사상이었다고 할 수 있다. 또한 절대독립과 즉시독립이 아닌 자치를 추구한다는 면에서 보면 준비론과 훈정론은 일맥상통하는 사상이라고 할 수 있다. 일제와 다소간의 타협을 내포했던 준비론은 일제시기의 비타협적 절대독립론과 대비되며 훈정론은 해방직후 신탁통치를 배격했던 즉시독립론에 대비된다고 할 수 있다. 그렇지만 준비, 자치, 훈정이라는 보다 현실적 노선을 피력했던 고하의 흉중에는 다른 조선인들과 같이 절대독립과 즉시독립을 이상으로 가졌다는 것은 의심의 여지가 없다. 그는 이러한 이상(최선)을 실현하기 위해 차선을 모색한 현실적이며 타협적 정치인이었다는 점에서 이상적 정치가들과는 다른 면모를 보였다. 그렇지만 그의 차선도 미국을 의식했다는 면을 제외하고는 현실에서는 그다지 환영받지 못했으며 결국 실현되지 못했다는 점에서 또 다른 이상으로 남아 그의 암살과 같이 좌절했다고 할 것이다.

참고문헌

강원용, 「강원용 목사의 체험 한국 현대사 (1): '찬탁론자' 의심받던 이승만, 세
　　　력구축 위해 돌연 반탁운동 나서」, 『신동아』, 2003년 12월.

강원용, 「고하 송진우의 독특한 시각」, 『역사의 언덕에서: 젊은이에게 들려주는
　　　나의 현대사 체험』, 1: 엑소더스, 서울: 한길사, 2003, 234~237쪽.

고하선생전기편찬위원회 (편), 『거인의 숨결: 고하송진우관계자료문집』, 서울:
　　　동아일보사, 1990.

고하선생전기편찬위원회 (편), 『독립을 향한 집념: 고하송진우전기』, 서울: 동아
　　　일보사, 1990.

고하선생전기편찬위원회 (편), 『고하송진우선생전』, 서울: 동아일보사, 1965.

김대상, 「8·15직후의 정치현상: 건국준비위원회에 대한 재조명」, 『창작과 비평』,
　　　1977년 4월.

金三奎, 「해방 직후의 선택: 송진우의 죽음」, 『言論人 金三奎』, 도쿄, 1989.

김을한, 『人生雜記』, 서울: 일조각, 1956.

김을한, 『한국신문 史話: 내가 만난 선구자들』, 서울: 탐구당, 1975.

김준연, 「고하 송진우 선생 2주기를 맞이하여」, 『동아일보』, 1947년 12월 29일.

金俊淵, 「국민회의 발단」, 『동아일보』, 1945년 12월 2일.

金俊淵, 「정계 회고 1년: 해방과 정치운동의 출발」, 『동아일보』, 1946년 8월 15
　　　일.

金俊淵, 『독립 노선』, 서울: 시사시보사, 1959.

김학준, 『고하송진우평전: 민족민주주의 언론인－정치가의 생애』, 서울: 동아
　　　일보사, 1990.

金炯敏, 『김형민 회고록』, 서울: 범우사, 1987.

도진순, 『한국민족주의와 남북관계』, 서울: 서울대학교 출판부, 1997.

朴址宣, 「송진우 선생과 15인회」, 『신동아』, 1965년 3월.

박태균, 『현대사를 베고 쓰러진 거인들』, 서울: 지성사, 1994.

徐範錫, 「나만이 아는 비밀: 고하 송진우씨의 두 가지 밀령」, 『진상』, 1959년 9월.

서항석, 「사령 써놓고 입사 기다리던 동아」, 한국신문연구소(편), 『언론 비화 50편: 원로기자들의 직필 수기』, 서울: 한국신문연구소, 1978.

孫世一, 「송진우의 생애와 사상」, 『인권과 민족주의』, 서울: 홍성사, 1980.

심지연, 「송진우와 한민당」, 『월간조선』, 1985년 8월.

심지연, 「고하 송진우의 활동과 정치이념」, 『해방정국 정치지도자들의 사상과 행동: 한국 정치 이념의 모색』, 한국정치학회 주최, 고하송진우선생기념사업회 후원 정치리더쉽 기획학술회의 발표논문집, 2000년 9월 2일.

양근환, 「조선혼은 죽지 않는다」, 『월간 대화』, 1976년 12월.

楊在仁, 「해방정국에 있어서의 정치테러: 송진우, 장덕수, 김구 사건을 중심으로」, 『한국정치학회보』, 제20집 제2호, 1986년 12월.

와세다대학한국유학생회(편), 『와세대의 한국인: 와세대대학 한국유학생 90년사』, 서울: 한국문학사, 1983.

俞鎭午, 『養虎記: 普專－高大 35년의 회고』, 서울: 고려대학교 출판부, 1977.

李敬南, 「민족의 횃불(17): 고하 송진우」, 『월간 통일』, 1985년 7월.

李東華, 「몽양 여운형의 정치활동: 그 재평가를 위하여 (상)」, 『창작과 비평』, 제13권 제2호, 1978년 여름.

李東華, 「8·15를 전후한 여운형의 정치활동」, 송건호 (외), 『해방전후사의 인식』, 서울: 한길사, 1979.

李東華, 「해방 전후의 정치집단과 여운형」, 『오늘의 책』, 1985년 봄.

李相敦, 「고하, 일제 정권인수 교섭 끝내 거절」, 『조선일보』, 1990년 4월 4일.

李相敦, 「내가 겪은 체험 내가 본 사건」, 『조선일보』, 1990년 4월 12일.

李相敦, 「눈부신 정치공작, 쓰러진 거목: 송진우」, 『신동아』, 1977년 8월.

이상범, 「나의 교우 반세기」, 『신동아』, 1971년 7월.

李榮根, 「8·15해방 전후의 서울 정계: 정국 중심으로 회고한다」, 『통일조선신문』.

李榮根, 「8·15解放前後のソウル」, 『統一朝鮮新聞』, 1970年 8月 15日.

李桓儀, 「사라진 정치지도자 군상: 송진우론－오늘의 시점에서 본 고하의 사상과 업적」, 『정경연구』, 1965년 9월.

林炳哲, 「인물소묘 송진우」, 『신천지』, 1946년 2월.

張澤相, 「나의 교우 반세기: 고 장택상씨의 회고록」, 『신동아』, 1970년 10월.

주요한, 「만보산사건과 송사장과 그 사설」, 한국신문연구소(편), 『언론비화 50편: 원로기자들의 직필 수기』, 서울: 한국신문연구소, 1978.

중앙교우회 (편), 『중앙 60년사』, 서울: 민중서관, 1969.

진덕규, 「한국현대정치사를 어떻게 이해할 것인가」, 『언론과 비평』, 1989년 8월.

崔承萬, 「고하 송진우」, 『신문평론』, 1974년 11월.

韓賢宇, 「나의 반탁투쟁기(2): 고하 송진우 피격사건 공판정」, 『세대』, 1975년 11월.

黃錫雨, 「나의 8인觀」, 『삼천리』, 제4권 제4호 총25호, 1932년 4월.

찾아보기

필자약력

유병용 ‖ 한국학중앙연구원 교수
- 서울대 문리대, 서울대 대학원, Diplomatic Academy of Ministry of Foreign Affairs of Russia 정치학박사. 한국근현대사학회 회장, 한국정치학회 부회장, 한국국제정치학회 외교사분과위원장. 한일역사공동연구위원회 연구위원, 대통령자문정책기획위원회 자문위원.
- 주요논저: 『Britain's Foreign Policy and Korean Issue』(Moscow State University, 1999) ; 『Korea in International Politics; 1945-1954』(Jimoondang, 2003) ; 「이차대전 중 한국신탁통치문제에 관한 영국의 외교정책 연구」(『역사학보』134, 135) ; 「한국의 중도과 정치사상」(『한국정치학회보』29-4) 외 다수

오일환 ‖ 한양대 아태지역연구센터 교수
- 한양대, 파리10대학 정치사회학박사. (사)한국정치법학연구소 소장, 국가보훈처 용역 심의위원회 위원, 민주평화통일자문위원회 상임위원.
- 주요논저:『현대 한국정치의 쟁점』(을유문화사, 2000) ; 『사회과학 오디세이』(을유문화사, 2001) ; 『평화번영정책 추진성과와 향후과제』(통일연구원, 2007, 공저) 외 다수

정영순 ‖ 한국학중앙연구원 부교수
- 성균관대, 성균관대 대학원, 베를린훔볼트대학 철학박사(북한사 전공). 베를린훔볼트 대학 강사, 한국교육개발원 연구위원, 한국사회과교육연구학회 회장, 민주평화통일자문회의 상임위원, 교육과학기술부 교육과정심의회 심의위원.
- 주요논저: 『Chuch'e-Ideen und (Neo-) Konfuzianismus in Nordkorea』, (Lit Verlag, 1996);『세계의 교육혁명』(문음사, 1999, 공저) ; 『韓國の歷史』(明石書店, 2007, 공저) 「북한에서의 실학연구」(『사학연구』제90호) 외 다수

권성아 ‖ 성균관대 외래교수
- 성균관대, 서울대 대학원, 강원대학교 교육학박사. 상지대 겸임교수, 통일미래사회연구소 소장, 한국방송통신대학 연구원. 평화한국 평화연구소 소장.
- 주요논저 : 『홍익인간사상과 통일교육』; 『초록 눈으로 세상읽기 : 환경의 학제적 이해』; 『북한의 교육과 과학기술(북한의 새 인식 7)』; 『통일시대 근현대 민족정신사 연구』; 「고당 조만식 선생의 생애와 통일사상」, 「교육 분단 60년의 회고와 통일교육 이념의 모색」, 「홍익인간의 이상에서 본 한국교육」 외 다수

이완범 ‖ 한국학중앙연구원 교수
- 연세대, 연세대 대학원, 연세대 정치학박사. 국사편찬위원회 사료연구위원, 국가보훈처 국가보훈위원회 실무위원, 조지타운대학 방문학자, 하버드대학 방문학자, 한국학중앙연구원 세종국가경영연구소 소장.
- 주요논저:『38선 획정의 진실』(지식산업사, 2001) ; 『한국전쟁: 국제전적 조망』(백산서당, 2000) ; 『1980년대 한국사회 연구』(백산서당, 2005, 공저) ; 『박정희와 한강의 기적: 1차 5개년계획과 무역입국』(선인, 2006);『한국해방3년사』(태학사, 2007) 다수

근현대 민족주의 정치사상

인쇄일 : 2009년 9월 21일
발행일 : 2009년 9월 30일

집필자 : 유병용·오일환·정영순·권성아·이완범
발행처 : 경인문화사
발행인 : 한정희
주   소 : 서울시 마포구 마포동 324-3
전   화 : 02-718-4831
팩   스 : 02-703-9711
홈페이지 : www.kyunginp.co.kr | 한국학서적.kr
이메일 : kyunginp@chol.com
등록번호 : 제10-18호(1973.11.8)
값 20,000원

ISBN : 978-89-499-0663-8 93910
ⓒ한국학중앙연구원, 2009